此书为"贵州省财政厅、贵州省教育厅 2024 年支持高等教育改革发展省级补助资金"支持成果

新质生产力驱动下的农村电商之路

王 岭 著

中国纺织出版社有限公司

图书在版编目（CIP）数据

新质生产力驱动下的农村电商之路 / 王岭著.
北京：中国纺织出版社有限公司，2025. 2. --ISBN
978-7-5229-2581-3

Ⅰ．F724.6

中国国家版本馆 CIP 数据核字第 202555RX47 号

责任编辑：张　宏　　责任校对：王蕙莹　　责任印制：储志伟

中国纺织出版社有限公司出版发行
地址：北京市朝阳区百子湾东里 A407 号楼　邮政编码：100124
销售电话：010—67004422　传真：010—87155801
http://www.c-textilep.com
中国纺织出版社天猫旗舰店
官方微博 http://weibo.com/2119887771
河北延风印务有限公司印刷　各地新华书店经销
2025 年 2 月第 1 版第 1 次印刷
开本：787×1092　1/16　印张：14.5
字数：280 千字　定价：98.00 元

凡购本书，如有缺页、倒页、脱页，由本社图书营销中心调换

前　　言

《新质生产力驱动下的农村电商之路》是一部深入剖析农村电商在新质生产力推动下的发展历程的专著。

本书首先阐释新质生产力的概念与特征，展现其如何以科技创新、数字化转型和智能化发展等为核心要素，为经济发展注入新的活力。接着深入探讨新质生产力对农村电商的强大驱动作用，即在新质生产力的影响下，农村电商打破了传统的地域限制和销售模式，实现了农产品从田间地头到消费者餐桌的高效对接。

书中详细阐述了农村电商在新质生产力驱动下的发展路径，包括电商平台的搭建与优化、物流体系的完善、农产品品牌化建设以及农民电商意识的提升等方面。通过丰富的实际案例，展示了不同地区农村电商的成功经验和创新模式，为其他农村地区发展电商产业提供了宝贵的借鉴。

此外，本书还探讨了农村电商发展面临的挑战及应对策略，如技术人才短缺、基础设施薄弱等问题，并提出了相应的解决方案；强调了政府、企业和农民在农村电商发展中的角色和责任，呼吁各方共同努力，推动农村电商在新质生产力的驱动下实现可持续发展，为乡村振兴和农民增收致富开辟新的道路。

王　岭

2024 年 6 月

目 录

第一卷 新质生产力与农村电商的基础理论

第一章 新质生产力的内涵与特征 3
- 第一节 新质生产力的概念起源与发展 3
- 第二节 新质生产力的内涵 4
- 第三节 新质生产力的主要特征 6
- 第四节 新质生产力与传统生产力的对比分析 8

第二章 农村电商的基本概念与发展历程 13
- 第一节 农村电商的定义、范畴与分类 15
- 第二节 国内外农村电商的发展脉络与阶段划分 16
- 第三节 中国农村电商的独特发展路径与特点 19

第三章 新质生产力驱动农村电商的理论依据 23
- 第一节 马克思主义生产力理论与新质生产力的关联 23
- 第二节 创新驱动理论在农村电商中的体现 24
- 第三节 产业升级理论与农村电商的关联 25
- 第四节 数字经济对农村电商的推动作用原理 26

第二卷 新质生产力驱动下农村电商的技术支撑

第四章 信息技术在农村电商中的应用 31
- 第一节 互联网技术与农村电商平台建设 31
- 第二节 大数据在农村电商市场分析与精准营销中的应用 33
- 第三节 云计算对农村电商业务的支持 35

第五章 智能技术与农村电商的融合 39
- 第一节 人工智能在农村电商客服、选品等方面的应用 39

	第二节 物联网技术对农产品供应链的优化	41
	第三节 智能物流技术在农村电商配送中的实践	43

第六章 区块链技术保障农村电商的信任体系 47

	第一节 区块链技术的基本原理与特点	47
	第二节 区块链在农产品溯源、交易安全方面的应用	50
	第三节 基于区块链的农村电商信用评价体系构建	53

第三卷 新质生产力驱动下农村电商的商业模式

第七章 农村电商的主要商业模式类型 59

	第一节 B2B 模式在农村产业中的应用与发展	59
	第二节 B2C 模式下农产品的销售策略与案例	62
	第三节 C2C 模式对农村个体电商的影响	65

第八章 新兴商业模式在农村电商中的探索 67

	第一节 社交电商在农村地区的发展机遇与挑战	67
	第二节 直播电商助力农产品销售的模式与效果	71
	第三节 社区团购在农村市场的可行性与实践	76
	第四节 农村电商商业模式的创新路径	79
	第五节 基于产业链整合的农村电商商业模式创新	80
	第六节 跨界融合的农村电商创新模式分析	85
	第七节 农村电商共享经济模式的探索与实践	88

第四卷 新质生产力驱动下农村电商的产业生态

第九章 农村电商产业生态的构成要素 93

	第一节 农产品供应商在农村电商生态中的角色与作用	93
	第二节 电商平台企业的发展与竞争格局	97
	第三节 物流配送企业与农村电商的协同发展	103
	第四节 金融服务机构对农村电商的支持	106

第十章 农村电商产业生态的协同发展机制 111

	第一节 产业生态各主体之间的合作模式与利益分配	111
	第二节 政府在农村电商产业生态协同发展中的引导作用	113
	第三节 行业协会对农村电商产业生态的规范与促进	116

第十一章　农村电商产业生态的优化策略 ········· 121
第一节　提升农村电商产业生态的创新能力 ········· 121
第二节　加强农村电商产业生态的风险管理 ········· 127
第三节　推动农村电商产业生态的可持续发展 ········· 130

第五卷　新质生产力驱动下农村电商的人才培养

第十二章　农村电商人才的需求分析 ········· 135
第一节　农村电商不同岗位的人才需求特点 ········· 135
第二节　农村电商人才的素质要求与能力模型 ········· 144
第三节　未来农村电商人才需求的趋势预测 ········· 148

第十三章　农村电商人才培养的现状与问题 ········· 153
第一节　当前农村电商人才培养的主要途径与方式 ········· 153
第二节　农村电商人才培养存在的瓶颈与挑战 ········· 156
第三节　农村地区人才流失对农村电商发展的影响 ········· 160

第十四章　农村电商人才培养的策略与建议 ········· 163
第一节　构建多元化的农村电商人才培养体系 ········· 163
第二节　加强农村电商人才培训的师资队伍建设 ········· 165
第三节　制定农村电商人才激励政策与留住人才的措施 ········· 167

第六卷　新质生产力驱动下农村电商的政策环境

第十五章　国家政策对农村电商的支持 ········· 173
第一节　国家层面农村电商政策的梳理与解读 ········· 173
第二节　政策对农村电商基础设施建设的推动 ········· 178
第三节　财政政策对农村电商企业的扶持 ········· 181

第十六章　地方政策对农村电商的促进 ········· 183
第一节　各地区农村电商政策的特色与差异 ········· 183
第二节　地方政府在农村电商产业园区建设中的政策举措 ········· 186
第三节　地方政策对农村电商品牌建设的支持 ········· 187

第十七章　政策环境对农村电商发展的影响与优化 ········· 191
第一节　政策环境对农村电商企业创新的激励作用 ········· 191
第二节　农村电商政策的实施效果评估与反馈 ········· 193

第三节　不断优化农村电商政策环境的建议与对策 …………………… 194

第七卷　新质生产力驱动下农村电商的未来展望

第十八章　新质生产力的发展趋势对农村电商的影响 ………………… 201
    第一节　新技术的不断涌现对农村电商的推动作用 …………………… 201
    第二节　新产业形态对农村电商的拓展与融合 ………………………… 203
    第三节　新消费趋势下农村电商的发展机遇 …………………………… 204

第十九章　农村电商的未来发展方向与战略选择 ……………………… 207
    第一节　农村电商的智能化、绿色化、国际化发展方向 ……………… 207
    第二节　农村电商企业的战略定位与竞争策略 ………………………… 209
    第三节　农村电商与乡村振兴的深度融合战略 ………………………… 211

第二十章　应对挑战与把握机遇的策略建议 …………………………… 215
    第一节　农村电商发展面临的挑战与应对策略 ………………………… 215
    第二节　如何更好地把握新质生产力带来的机遇 ……………………… 218
    第三节　推动农村电商可持续发展的路径与措施 ……………………… 219

参考文献 …………………………………………………………………… 221

第一卷

新质生产力与农村电商的基础理论

第一章

新质生产力的内涵与特征

第一节　新质生产力的概念起源与发展

从历史唯物主义的视角来看，生产力是推动人类社会进步的核心力量。纵观历史，社会生产力的不断提升正是人类文明向前发展的关键。从18世纪的机械化，到19世纪的电气化，再到20世纪的信息化，每一次科技革命都极大地释放了生产力，提高了人们的生活水平，深刻改变了人类社会的发展轨迹。新时期面临着新一轮的科技革命和产业变革，这是一场建立在信息革命基础上的第四次科技革命。以大数据、互联网、云计算、区块链和人工智能为代表的新技术，构成了与以往截然不同的新质生产力，预示着一种全新的发展模式的诞生。当前流行的生成式人工智能和无人驾驶技术，有潜力彻底变革传统的生产和生活方式。在激烈的国际竞争中，把握机遇的国家将能够获得竞争优势，掌握发展的主动权。科技、人才和创新是推动发展的三大核心要素。历史经验表明，经济增长和生产力的提升往往源于重大的科技创新。当前，新一轮科技革命和产业变革与中国经济转型相互交织，科技创新成为形成新质生产力的关键。必须深刻理解创新在现代化进程中的核心作用，将创新理念融入现代化建设的各个方面和整个过程，不断开辟新的领域和赛道，持续塑造发展的新动力和新优势。产业是经济的基础，也是生产力变革的直接体现。面对全球化的逆流和全球产业链的深度调整，中国提出构建现代化产业体系，旨在推动经济高质量发展，赢得国际竞争的主动权。尽管中国的产业体系规模宏大、种类繁多，但整体发展水平仍有提升空间。因此，加快发展战略性新兴产业和未来产业，弥补短板，发挥优势，对于抢占未来产业竞争的制高点至关重要。顺应历史潮流是与时俱进的关键。近年来，中国正顺应数字化、网络化、智能化、绿色化的发展趋势，从互联网时代的跟随者转变为新一轮信息革命的引领者。新质生产力的提出指明了以科技创新推动产业创新、以产业升级构建竞争优势的发展方向。只有加大技术创新的投入，积极培育未来产业，才能加速形成新质生产力，促进科技成果转化为实际生产力，为中国经济发展提供新的动力和竞争力。

纵观历史发展，新质生产力的概念是在新时代背景下对马克思主义生产力理论的继承、创新和发展。它体现了中国共产党在不同历史时期对生产力发展的深刻认识和实践探索。从"解放和发展生产力"到"科学技术是第一生产力"，再到对生产力发展的进一步阐述，新时代中国特色社会主义思想实现了马克思主义中国化、时代化新的飞跃，新质生产力的概念应运而生。

新质生产力的提出，标志着中国共产党对生产力发展规律的认识达到了新的高度。它强调创新在生产力发展中的主导作用，突破了传统的经济增长方式和生产力发展路径，具有高科技、高效能、高质量特征，符合新发展理念的先进生产力质态。新质生产力由技术革命性突破、生产要素创新性配置、产业深度转型升级催生，以劳动者、劳动资料、劳动对象及其优化组合的跃升为基本内涵，以全要素生产率大幅提升为核心标志。它的特点在于创新，关键在于质量的优化，本质是先进生产力。这不仅是对马克思主义生产力理论的继承和发展，也是对中国特色社会主义政治经济学理论体系的丰富和发展，体现了新时代中国特色社会主义经济思想的创新成果，为推动经济高质量发展提供了理论指导和实践路径。新质生产力强调的是生产力的质的提升和跃迁，它不仅仅是数量的增加，更重要的是质量的优化和效率的提升。这种生产力的新质态，是由技术革命性突破、生产要素创新性配置、产业深度转型升级催生的，代表了先进生产力的发展方向。在全球化、信息化、网络化的背景下，传统的生产力发展模式已经难以适应新的发展趋势和要求。新质生产力的提出，强调了创新驱动发展的重要性，强调了科技进步在推动生产力发展中的关键作用，强调了生产要素的创新性配置和产业的深度转型升级间的紧密关系，这些都是推动经济社会发展的关键因素。

第二节　新质生产力的内涵

中国特色社会主义进入新时代，我国社会主要矛盾已经转化为人民日益增长的美好生活需要和不平衡不充分的发展之间的矛盾。新质生产力的提出，正是为了解决这一主要矛盾，推动经济社会发展质量的全面提升。它体现了中国共产党对经济社会发展规律的深刻认识和科学把握，为推动经济高质量发展提供了理论指导和实践路径；新质生产力的提出，不仅具有重大的理论意义，也具有重大的实践意义。它为新时代进一步解放和发展生产力、实现高质量发展、推进和拓展中国式现代化提供了根本遵循和行动指南。

新质生产力，作为当代先进生产力的代表，其诞生与发展深刻影响着全球经济格局与社会进步。这一概念的核心在于技术革命性突破、生产要素创新性配置以及产业深度转型升级的有机结合，共同催生出一种全新的生产力形态。纵观历史发展，应该从三个维度认识新质生产力在新时代新征程高质量发展中的由来和必然性。第一个是历史逻辑，新质生产力由技术革命性突破、生产要素创新性配置、产业深度转型升级催生而来；第二个是理论逻辑，新质生产力以劳动者、劳动资料、劳动对象及其优化组合的跃升为基本内涵；第三个是实践逻辑，新质生产力已在实践中形成，需要大力推动生产力迭代发展和质的跃升。下面将从三个维度对新质生产力的基本内涵进行深度解读。

一、技术革命性突破是新质生产力的先导力量

首先，技术革命性突破是新质生产力的首要特征和核心驱动力。它不仅仅是技术层面的简单进步，更是具有原创性、颠覆性的科技创新，能够引发生产方式的根本性变革。这种突破往往体现在关键性、颠覆性技术的涌现及其广泛应用中，如人工智能、量子信息、生物技术等前沿领域。其次，技术革命性突破注重原创性与颠覆性。新质生产力的技术基础是原创性、颠覆性的科技创新。这些技术能够打破传统技术的束缚，开辟全新的技术路径和应用场景，从而催生新的产业和经济增长点。人工智能技术的快速发展，不仅推动了智能制造、智慧医疗等领域的变革，还催生了新的商业模式和服务形态。最后，技术革命性突破的价值在于其广泛深入的应用。只有当这些先进技术被广泛应用于生产实践中，才能真正转化为现实生产力。因此，推动技术成果的转化和应用，是新质生产力发展的关键所在。

二、生产要素创新性配置是新质生产力的关键内核

生产要素是构成生产力的基本要素，包括劳动者、劳动资料和劳动对象。第一是新质生产力的形成离不开生产要素的创新性配置。这种配置不仅体现在要素本身的升级换代上，更体现在要素之间的优化组合和高效协同上。第二是新型劳动者。更高素质的劳动者是新质生产力的第一要素。新质生产力要求劳动者具备更高的知识水平和技能素养，能够熟练掌握和应用新技术、新工具。因此，培养新型劳动者队伍，提高劳动者的综合素质和创新能力是新质生产力发展的重要保障。第三是新型劳动资料。更高技术含量的劳动资料是新质生产力的动力源泉。随着科技的进步，生产工具不断向智能化、高效化、绿色化方向发展。新一代信息技术、先进制造技术、新材料技术等新技术的应用，孕育出一大批更

智能、更高效、更低碳、更安全的新型生产工具。这些新型生产工具不仅提高了生产效率，还降低了生产成本，为新质生产力的形成提供了有力支撑。第四是新型劳动对象。更广范围的劳动对象是新质生产力的物质基础。得益于科技创新的广度延伸和深度拓展，劳动对象的种类和形态大大拓展。数据作为新型生产要素成为重要劳动对象，既直接创造社会价值，又通过与其他生产要素的结合、融合进一步放大价值创造效应。

三、产业深度转型升级是新质生产力的主要载体

产业是生产力的载体和表现形式。新质生产力的形成和发展，离不开产业的深度转型升级。这种转型升级不仅体现在产业结构的优化调整，更体现在产业技术水平的提升和产业创新能力的增强当中。战略性新兴产业是新质生产力的主要载体之一。这些产业以重大前沿技术突破和重大发展需求为基础，对经济社会全局和长远发展具有重大引领带动作用。通过大力发展战略性新兴产业，可以推动产业结构的优化升级和经济增长方式的转变。未来产业代表着科技和产业的发展方向，即科技水平高、绿色含量足、产业关联强、市场空间大的产业。通过布局建设未来产业新赛道，可以抢占科技和产业制高点，引领未来经济发展潮流。传统产业是经济发展的重要基础，通过广泛应用新技术、新工艺、新装备，推动传统产业向高端化、智能化、绿色化方向转型升级，可以焕发传统产业新的生机和活力，为新质生产力的形成提供有力支撑。

综上所述，新质生产力是由技术革命性突破、生产要素创新性配置和产业深度转型升级共同催生出的当代先进生产力形态。它以更高素质的劳动者、更高技术含量的劳动资料和更广范围的劳动对象为基本内涵，以全要素生产率提升为核心标志。新质生产力的形成和发展不仅推动了经济社会的快速发展和变革，也为人类社会的可持续发展提供了有力支撑。

第三节　新质生产力的主要特征

在当今快速发展的时代背景下，新质生产力作为推动社会进步与经济发展的核心力量，其重要性日益凸显。高科技生产力、高效能生产力、高质量生产力三大维度凸显了新质生产力的主要特征。

第一，高科技生产力是新质生产力中创新驱动的引擎。新质生产力的首要特征在于其高科技含量，这是对传统生产力模式的根本性超越。以创新为第一动力不仅是新质生产力

的灵魂所在，也是其持续发展的不竭源泉。在新质生产力的构建中，技术创新占据了核心地位。它涵盖了从基础科学研究到应用技术研发的各个环节，是推动产业升级和转型的关键。高科技生产力强调以战略性新兴产业和未来产业为主要载体，而这些产业往往依赖于最前沿的科技成果，如人工智能、量子信息、生物技术等。这些技术的突破和应用，不仅极大地提高了生产效率，还催生了新的产业形态和商业模式，为经济发展注入了强大动力。高科技生产力的另一个显著特点是科技融合。随着信息技术的飞速发展，不同领域之间的技术壁垒逐渐被打破，科技融合成为推动产业升级的重要趋势。在新质生产力的框架下，传统产业通过引入高新技术进行改造升级，实现了生产方式的根本性变革。同时，新兴产业也借助传统产业的资源和市场优势，实现了快速发展和壮大。这种科技融合的过程，不仅促进了产业结构的优化升级，还提高了整个经济体系的运行效率。

第二，高效能生产力是新质生产力资源优化的典范。高效能生产力是新质生产力的又一重要特征，它强调在资源有限的情况下，通过优化资源配置和提高资源利用效率，实现生产效益的最大化。在新质生产力的实践中，资源配置的精准化成为关键。通过运用大数据、云计算等现代信息技术手段，企业能够实时掌握市场需求和资源供给情况，实现资源的精准配置和高效利用。这种精准化的资源配置方式，不仅减少了资源浪费和环境污染，还提高了产品质量和生产效率，增强了企业的市场竞争力。此外，高效能生产力的实现还离不开生产流程的智能化改造。随着智能制造技术的不断发展，越来越多的企业开始引入智能机器人、自动化生产线等先进设备，实现生产流程的自动化和智能化。这种智能化的生产方式，不仅提高了生产效率和产品质量稳定性，还降低了人力成本和劳动强度，为企业创造了更大的经济效益和社会效益。

第三，高质量生产力是新质生产力品质为先的标杆。高质量生产力是新质生产力的最终追求，它强调在追求高效益的同时，更加注重产品和服务的品质提升。在新质生产力的框架下，品质至上的理念深入人心。企业不再单纯追求产品生产的产量和速度，而是更加注重产品的品质和服务的质量。这种理念的转变，促使企业通过不断加强质量管理和品牌建设，提升产品和服务的附加值和市场竞争力。同时，消费者也更加注重产品的品质和服务的体验，对高品质的产品和服务有着更高的需求和期待。此外，高质量生产力的实现也离不开持续改进的机制。企业通过建立完善的质量管理体系和持续改进机制，不断发现和解决生产过程中的问题和不足，推动产品和服务品质的持续提升。这种持续改进的机制不仅有助于企业保持竞争优势和领先地位，还有助于推动整个行业的进步和发展。

新质生产力的基本特征包括高科技生产力、高效能生产力和高质量生产力三个方面，三者相互关联、相互促进共同构成了新质生产力的完整体系，以创新驱动为核心、以资源优化为手段、以品质提升为目标不断推动新质生产力的发展和壮大，实现经济社会的全面进步和可持续发展。

第四节　新质生产力与传统生产力的对比分析

在人类历史的长河中，生产力的发展一直是推动社会进步的关键因素。随着科技的不断进步和全球化的深入发展，生产力形态也在不断演变。传统生产力与现代新质生产力作为两个不同阶段的生产力形态，各自具有独特的特点和优势。传统生产力一般指那些采用传统手工工艺、技术和方法的生产力。它主要依赖人力完成生产过程，高科技含量较少，创新驱动力不足。传统生产力通常具有以下特点：①劳动密集型：主要依赖人力完成生产过程，机械化、自动化程度低。②生产效率低下：由于依赖人工操作，生产效率相对较低，单位时间内生产的产品数量有限。③生产方式单一：生产方式相对固定，难以灵活应对市场需求的变化。④产品质量和稳定性差：受人为因素影响较大，产品质量和稳定性难以保证。⑤资源利用率低，浪费严重：传统生产方式往往导致资源的大量浪费和环境污染。新质生产力是融合国际社会大背景、国内发展阶段和生产力表现形式等方面，积极适应时代变化的产物。它以科技创新为核心，涉及新能源、新材料、先进制造、电子信息等战略性新兴产业以及未来产业，如人工智能、量子信息、脑机接口等。新质生产力通常是技术含量高，创新驱动明显，以科技创新为核心，涉及多个高新技术领域。并且通过引入先进的自动化和智能化设备，大幅降低人力成本，提高了生产效率和产品质量。新质生产力支持定制化生产，快速适应市场变化，注重资源的高效利用和循环利用，减少浪费现象。

一、新质生产力与传统生产力的区别分析

（一）技术含量与创新驱动力的区别

传统生产力技术含量较低，主要依赖传统手工工艺和简单机械化设备，创新驱动力不足。而新质生产力以科技创新为核心，涉及多个高新技术领域，创新驱动明显。新质生产力的发展离不开科技创新的支撑，通过引入新技术、新设备和新工艺，不断提高生产效率和产品质量。在传统制造业中，许多生产环节仍然依赖人工操作，生产效率低下且难以保证产品质量。而在新质生产力模式下，通过引入智能制造技术、自动化生产线和智能机器人等设备，可以实现生产过程的自动化和智能化，大幅提高生产效率和产品质量。

（二）生产效率与成本的区别

传统生产力生产效率低下，同样时间内生产的产品数量少，且成本高昂。这主要是因

为传统生产方式主要依赖人力操作，机械化、自动化程度低。而新质生产力通过自动化、智能化手段大幅提高生产效率，降低了人力成本。以汽车制造业为例，传统汽车生产线需要大量工人进行手工组装和调试，生产效率低下且成本高昂。而现代汽车制造业通过引入智能制造技术、自动化生产线和智能机器人等设备，实现了生产过程的自动化和智能化，大幅提高了生产效率和产品质量，同时降低了人力成本。

（三）生产方式与市场适应性的区别

传统生产力生产方式单一，难以灵活应对市场需求变化。而新质生产力生产方式多样化，可以定制化生产，能够快速适应市场变化。在服装制造业中，传统生产方式往往采用大规模、标准化生产模式，难以满足消费者个性化、差异化的需求。而新质生产力模式下，通过引入数字化、网络化、智能化技术，可以实现定制化生产，快速响应市场需求变化。消费者可以通过互联网平台下单，企业根据订单信息进行个性化设计和生产，从而满足消费者的个性化需求。

（四）资源利用与环保性的区别

传统生产力资源利用率低，浪费严重，且往往导致环境污染。而新质生产力注重资源的高效利用和循环利用，减少浪费现象，同时注重环保和可持续发展。以农业为例，传统农业生产方式往往导致水资源、土壤资源的浪费和环境污染。而新质农业生产力模式下，通过引入精准农业技术、智能灌溉系统和有机农业等理念和技术手段，可以实现水资源的节约和土壤资源的保护，同时减少化肥、农药的使用量，降低环境污染。

（五）市场竞争力与发展潜力

传统生产力由于生产效率低下、产品质量不稳定、资源利用率低等问题，市场竞争力较弱。而新质生产力通过提高生产效率、产品质量和资源利用率等方面的优势，增强了市场竞争力，并具有更大的发展潜力。随着科技的不断进步和全球化的深入发展，市场竞争日益激烈。传统生产力模式下的企业往往难以适应市场需求的变化和技术进步的要求，面临被淘汰的风险。而新质生产力模式下的企业能够紧跟科技发展趋势和市场需求变化，不断创新和升级产品和服务，从而保持竞争优势并拓展市场份额。

二、新质生产力与传统生产力的联系分析

尽管新质生产力和传统生产力在多个方面存在显著差异，但它们之间也保持着一定的联系。纺织业作为传统产业之一，新质生产力的推动下，正在经历深刻的转型升级。传统

纺织业依赖大量人力进行手工操作，生产效率低下且难以保证产品质量。然而，在现代纺织业中，通过引入智能制造技术、自动化生产线和智能机器人等设备，实现了生产过程的自动化和智能化。这不仅提高了生产效率和产品质量，还降低了人力成本、减少了环境污染。同时，一些高端纺织产品仍然需要依赖传统手工技艺来完成，如手工刺绣、手工编织等。因此，在纺织业中，传统生产力和新质生产力可以相互补充、相互促进，共同推动行业的发展和进步。另外，农业是国民经济的基础产业之一，但传统农业的生产方式，不仅资源利用率低且易导致环境污染。而在新质生产力的推动下，农业正在经历现代化的转型。精准农业技术、智能灌溉系统和有机农业等理念和技术手段的使用，节约水资源，保护土壤资源，同时化肥、农药的使用量减少，降低环境污染。这种现代化的农业生产方式不仅提高了农业生产效率和产品质量，还促进了农业可持续发展。可以看出，新质生产力与传统生产力虽然在多个方面存在显著区别，如技术含量、生产效率、生产方式、资源利用和市场适应性等方面，但是它们之间也保持着一定的联系和互补性。

第一，历史传承与发展创新。新质生产力是在传统生产力的基础上发展而来的，是对传统生产力的继承和创新。传统生产力为新质生产力的形成提供了基础条件和经验积累，而新质生产力则通过引入新技术、新设备和新工艺等手段对传统生产力进行改造和升级。在传统制造业中，许多生产环节仍然依赖人工操作，生产效率低下且难以保证产品质量。然而，这些传统制造业企业可以通过引入智能制造技术、自动化生产线和智能机器人等设备，实现生产过程的自动化和智能化，从而提高生产效率和产品质量。这种改造和升级的过程正是新质生产力对传统生产力的继承和创新。

第二，相互补充与协同发展。在某些领域和环节中，传统生产力和新质生产力可以相互补充、相互促进。在保留传统手工工艺优点的同时，引入新技术、新设备来提升生产效率和产品质量，这种相互补充和协同发展的方式有助于实现生产力的全面提升和经济社会的高质量发展。以陶瓷制造业为例，传统陶瓷工艺注重手工技艺和个性化定制，但生产效率低下且难以保证产品质量。现代陶瓷制造业通过引入智能制造技术、自动化生产线和智能机器人等设备，实现了生产过程的自动化和智能化，提高了生产效率和产品质量。然而，一些高端陶瓷产品仍然需要依赖传统手工技艺来完成，如手工雕刻、手绘等。因此，在陶瓷制造业中，传统生产力和新质生产力可以相互补充、相互促进，共同推动行业的发展和进步。

第三，共同的目标与愿景。无论是传统生产力还是新质生产力，其最终目标都是推动社会经济的发展和进步。传统生产力在特定历史时期发挥了重要作用，为经济社会发展奠定了基础；新质生产力则通过引入新技术、新设备和新工艺等手段，进一步提高生产效率、产品质量和资源利用率等方面的优势，为经济社会发展注入新的动力和活力。在当今时代背景下，面对日益激烈的市场竞争和不断变化的市场需求，传统生产力和新质生产力需要实现有机结合和协同发展。通过发挥各自的优势和特点，共同推动生产力的全面提升和经济社会的高质量发展。这种有机结合和协同发展的方式有助于实现资源的优化配置和高效利用，提高经济社会的整体效益和可持续发展能力。

在推动社会经济发展的过程中，想要实现传统生产力和新质生产力的有机结合和协同发展，需要辩证地看待两者的关系。未来，随着科技的不断进步和全球化的深入发展，新质生产力将发挥越来越重要的作用。政府和企业应加大对科技创新的支持力度，鼓励企业加大研发投入，推动新质生产力的快速发展。同时，也应关注传统生产力的发展状况，通过引入新技术、新设备和新工艺等手段对传统生产力进行改造和升级。只有实现传统生产力和新质生产力的有机结合和协同发展，才能推动社会经济的全面进步和可持续发展。

第二章

农村电商的基本概念与发展历程

农村电商的萌芽可以追溯至20世纪90年代末期，那是我国互联网初步兴起的时代。1994年，中国农业信息网和中国农业科技信息网的相继开通，为我国农产品的信息化揭开了序幕。这两个平台的建立，初衷在于利用互联网技术提升农产品的信息传播效率，打破地域限制，让更多人了解农产品信息。然而，这一时期的农村电商还处于非常初级的阶段，功能局限于信息的发布和查询，真正的线上交易尚未形成规模，也缺乏完善的交易体系来支撑。随着21世纪互联网技术的不断革新，电子商务开始在我国崭露头角。2003年，淘宝网的成立为农产品销售打开了一扇新的大门。一些具有前瞻眼光的农民敏锐地捕捉到了这一商机，开始尝试在淘宝网上开设网店，销售自家的农产品。这些早期尝试虽然规模较小，但无疑为后来的农村电商发展播下了希望的种子。

2005年，中央一号文件首次将电子商务纳入其中，这标志着国家对农村电商的重视和支持上升到政策层面。各级政府积极响应，纷纷出台相关政策措施，为农村电商的发展提供政策支持和引导。2006年，商务部启动的"农村商务信息服务"工程，这是一项旨在促进农村信息化和流通业发展，进而增加农民收入的重要举措。这一工程的实施，不仅提升了农村地区的信息化水平，更为农村电商的发展奠定了坚实的基础。在政策的东风下，农村电商开始步入初步发展阶段，各地纷纷探索适合本地特色的电商发展模式。江苏省睢宁县沙集镇就是一个典型的例子。当地村民通过自发开设网店，自产自销板式拼装家具，迅速形成了包括加工、物流、原材料供应、电子商务服务等在内的完整产业链条。这种以村民自发组织、形成产业集聚的"沙集模式"，不仅带动了当地农民的收入增长，更成为农村电商发展的一个典范。

进入21世纪的第二个十年，农村电商迎来了快速发展的春天。随着淘宝、京东等大型电商平台在农村地区的深入布局，农村电商的规模迅速扩大，越来越多的农民开始通过电商平台销售农产品。以沙集镇为例，截止到2010年，家具网销额已经超过3亿元，申请家具注册商标达到50多个，同时还购买了100多个外地的商标使用权。这不仅极大地提升了农产品的附加值，更推动了农村经济和农村社会的快速转型。在规模迅速扩大的同时，农村电商也开始注重品牌化建设。农民和企业逐渐意识到，只有打造出自己的品牌，才能在激烈的市场竞争中脱颖而出。四川省青川县的赵海伶就是一个典型的例子。她通过淘宝网店销售自家和当地农户的蜂蜜、竹荪、木耳等土特产，凭借货真价实、物美价廉的优势，赢得了全国各地客户的青睐。2010年，她的网店销售额突破100万元，还被全球网商大会评为"年度十佳网商"。赵海伶的成功，不仅为她自己带来了可观的经济收益，更为其他农民树立了品牌化经营的榜样。然而，随着农村电商的快速发展，物流体系的不完善成为制约其进一步发展的瓶颈。为了解决这一问题，各级政府与电商平台合作，加大物流基础设施建设力度，致力于完善农村物流体系。2016年，国家发展改革委与阿里巴巴集团签署战略合作协议，共同支持300余个试点县（市、区）结合返乡创业试点发展农村电商。这一协议的签署，为农村电商物流体系的建设提供了强有力的支持。在政府和电商平台的共同努力下，农村物流体系不断完善。各地纷纷通过探索建设县级物流中心、乡镇配送站和村级服务点等方式，实现农产品的快速集散和配送。同时，电商平台也开始利用大数据、云计算等技术手段，优化供应链管理，提高农产品的流通效率和质量安全水平。这些措施的实施，不仅解决了农产品流通中的"最后一公里"问题，更为农村电商的持续发展提供了有力保障。

进入21世纪的第三个十年，农村电商开始迈入转型升级的新阶段。随着数字化、智能化技术的快速发展，农村电商开始探索利用数字化、智能化手段提高农产品的生产效率和销售效率。一些地区开始利用物联网技术，实现农产品的全程可追溯和智能化管理；电商平台则利用大数据、人工智能技术，为农民提供精准的市场信息和销售建议，帮助他们更好地把握市场需求，调整生产策略。数字化、智能化转型不仅极大地提升了农产品的生产效率和销售效率，更为农村电商的发展注入了新的活力。一些有远见的农民和企业开始通过数字化、智能化手段打造农产品品牌，提高农产品的知名度和附加值。成都惠丰生态农业科技有限公司自创品牌农场，整合崇州26家涉农企业产品，逐步构建起一个完整的农业农村电商品牌营销体系。这一举措不仅提升了企业的经济效益，更带动了当地农民的收入增长。在农村电商转型升级的过程中，其发展模式也开始呈现出多元化和跨界融合的特点。一些地区开始探索通过"农村电商+乡村旅游""农村电商+文化创意"等方式，推动农村电商与其他产业的融合发展。一些地区利用电商平台推广当地的乡村旅游产品，吸引更多游客前来体验农村风情；还有一些地区则通过电商平台推广当地的手工艺品、文化产品等，实现农产品文化附加值的挖掘和提升。这种多元化与跨界融合的发展模式，不仅为农村电商提供了新的增长点和发展机遇，更为农村经济的转型升级注入了新的动力。通过推动农村电商与其他产业的融合发展，可以实现资源的优化配置和高效利用，提高农村经济的整体效益和可持续发展能力。同时，这种发展模式也有助于提升农村地区的整体形象和文化内涵，为乡村振兴战略的实施提供有力支撑。

第一节　农村电商的定义、范畴与分类

农村电商是指围绕农村的农产品生产、经营而开展的一系列电子化的交易和管理活动，包括农业生产的管理、农产品的网络营销、电子支付、物流管理以及客户关系管理等。它是以信息技术和网络系统为支撑，对农产品从生产地到顾客手上进行全方位管理的全过程。通过网络平台为农村资源嫁接各种服务，拓展农村信息服务业务和服务领域，使之进而成为遍布乡、镇、村的"三农"信息服务站。农村电商具有以下几个显著特点：

第一，农村电商是一种深度植根于互联网的商业模式，它充分利用了互联网的开放性、互动性、共享性和智能化等特性。开放性意味着电商平台为农民提供了前所未有的市场准入机会，使他们能够轻松触达更广泛的消费者群体。互动性则增强了农民与消费者之间的直接联系，使得产品需求、反馈和改进能够迅速传递。共享性让农村电商成为知识、技能和资源的共享平台，助力农民不断提升自身能力。智能化则是平台通过数据分析和预测，为农民提供更加精准的市场信息和决策支持。通过电商平台，农民可以实时了解市场需求，调整种植结构，实现农产品的精准营销。

第二，农村电商以其独特的优势，成功打破了地域、时间和空间的界限。它不仅使农村与城市之间的信息交流变得畅通无阻，还促进了农村与农村之间的资源共享和协同发展。农民可以通过电商平台，将自家的农产品销往全国各地，甚至出口到海外，实现了农产品市场的全球化。同时，消费者也能轻松购买到来自遥远产地的优质农产品，享受到了前所未有的购物体验。比如，某个偏远山区的农民通过电商平台，成功将自家的特色水果销往了全国多个城市，既拓宽了销售渠道，又提高了收入。

第三，农村电商充分利用大数据、云计算、物联网和人工智能等前沿技术，实现了运营效率的显著提升。通过数据分析，农民可以精准掌握市场需求和消费者偏好，从而优化生产计划和库存管理。云计算和物联网技术的应用，让农产品的追溯、监控和管理变得更加高效和透明。人工智能的加入为农村电商带来了智能化的客服、推荐和预测功能，极大地提升了用户体验和服务质量。此外，一些电商平台通过智能算法，为农民提供个性化的种植建议和销售策略，有效提高了农产品的产量和销量。

第四，农村电商作为一种以农业为基础的商业模式，深深烙印着农业、农村和农民的属性。它不仅关注农产品的生产和销售，更致力于推动农业产业的升级和转型。通过电商

平台，农民可以更加便捷地获取农业技术、市场信息和政策支持，从而提升自身的生产能力和竞争力。同时，农村电商还促进了农产品的品牌化和标准化进程，提高了农产品的附加值和市场竞争力。一些电商平台通过打造农产品品牌，帮助农民实现了从"卖产品"到"卖品牌"的转变，显著提升了农产品的市场价值和知名度。

第五，农村电商在推动经济发展、助力乡村振兴方面发挥着举足轻重的作用。它具有显著的扶贫效应、增收效应和活力效应，为农民提供了新的增收渠道和就业机会。通过电商平台，农民可以更加便捷地销售农产品，拓宽了销售渠道，提高了产品附加值。同时，农村电商还促进了农村物流、金融和电商服务等相关产业的发展，为农村经济注入了新的活力。许多地区通过农村电商的发展成功实现了农村人口的致富，为乡村振兴战略的实施奠定了坚实的基础。

第二节 国内外农村电商的发展脉络与阶段划分

一、国内农村电商的发展脉络与阶段划分

中国农村电商的发展是一个循序渐进、不断演进的过程，其历程可以鲜明地划分为从无到有、从自发到规范、从单一到多元的几个关键阶段。首先，是从无到有的初创阶段。在这一阶段，农村电商的概念尚未普及，但随着互联网的逐步渗透和电子商务的兴起，一些先驱者开始尝试将农产品与电商平台相结合，探索新的销售模式。尽管这一时期的尝试规模较小，且面临诸多挑战，但它为农村电商的后续发展奠定了基础。其次，进入从自发到规范的成长阶段。随着互联网技术的不断成熟和电子商务市场的日益扩大，越来越多的农民和涉农企业开始自发地参与到农村电商中来。然而，由于缺乏统一的规范和标准，这一时期的营商环境相对混乱。为了引导农村电商健康有序发展，政府开始出台相关政策，加大监管力度，推动农村电商逐步走向规范化。最后，是从单一到多元的成熟阶段。在这一阶段，农村电商不仅涵盖了农产品的销售，还逐渐扩展到农村金融、乡村旅游、物流配送等多个领域，形成了多元化的服务体系。同时，随着技术的不断进步和市场的日益成熟，农村电商的模式也不断创新，如直播带货、社区团购等新兴方式不断涌现，为农村电商的发展注入了新的活力。中国农村电商的演进过程不仅见证了农村电商自身的成长与变革，也反映了中国经济社会的快速发展和数字化转型的深刻影响，大致划分为以下几个阶段：

（一）萌芽阶段（1994—2005年）

1994年，随着中国农业信息网和中国农业科技信息网的相继开通，我国农产品信息化迈出了关键的第一步。这些网站的建立，不仅为农民提供了丰富的农业技术信息，也为农产品市场的透明化奠定了基础。在这一阶段，农村电商还处于萌芽状态，主要表现为农业信息网站的建立。这些网站通过发布农产品市场信息、农业技术知识等内容，初步搭建起农民与外界沟通的桥梁。1998年，中国完成了第一笔农产品电子交易，这标志着农产品电商初步尝试的开始。尽管规模有限，但这一事件无疑为后续的农村电商发展播下了种子。

（二）探索阶段（2006—2011年）

随着互联网技术的快速发展和电子商务的逐渐普及，农村电商开始进入探索期。农民和涉农企业开始意识到电商平台在农产品销售中的巨大潜力。在这一阶段，农民和涉农企业开始尝试通过电商平台销售农产品。然而，由于技术和基础设施的限制，这些尝试大多规模较小，且主要集中在一些经济较为发达的地区。在2005年，生鲜农产品网上交易的出现，被视为生鲜农产品电商的元年。同时，一些地区开始积极探索农村电商的发展模式，如浙江义乌的青岩刘村模式。青岩刘村通过鼓励村民开设网店销售农产品，逐渐形成了具有一定规模的电商产业集群。

（三）发展阶段（2012—2020年）

随着政府对农村电商发展的重视度不断提升，一系列扶持政策相继出台，为农村电商的快速发展提供了有力保障。2014年，商务部、财政部、国务院扶贫办联合开展了电商进农村综合示范项目，有效推动了农村电商的普及和发展。同时，阿里巴巴、京东等电商平台纷纷进入农村市场，通过开设农村淘宝店、京东帮服务店等方式，为农民提供了便捷的电商服务。这些平台的进入不仅丰富了农产品的销售渠道，也提升了农民的电商意识和技能。在这一阶段，农村电商进入了快速发展期。电商平台数量显著增多，农村网民规模持续扩大，农产品网络销售额实现了大幅增长。农村电商不仅成为农产品销售的重要渠道，也带动了农村物流、金融等相关产业的发展。截至2020年年底，全国农村网络零售额达到了1.8万亿元，是2015年的5.1倍。这一数据充分展示了农村电商在推动农村经济发展中的重要作用。

（四）转型升级阶段（2021年至今）

随着"数商兴农"工程的提出和实施，农村电商进入了高质量发展阶段。政府和企业开始更加注重农村电商的品牌化、标准化建设以及数字化、智能化技术的应用。在这一阶段，农村电商开始从简单的农产品销售向品牌化、标准化方向转型。同时，数字化、智能化技术在农村电商中得到了广泛应用，如大数据分析、人工智能推荐等技术的应用有效提升了用户体验和销售效率。自2021年起，中国农村电商步入了转型升级的关键阶段，政府与企业携手推进，通过一系列政策支持和创新实践，不断推动农村电商向高质量、品牌化、标准化方向迈进。这一年，农村电商的发展得到了前所未有的重视。中央一号文件明确提出实施"数商兴农"工程，标志着农村电商进入了数字化、智能化的新发展阶段。政府加大对农村电商基础设施建设的投入，推动农村网络、物流等基础设施的完善。同时，鼓励电商平台与地方政府合作，共同打造农产品上行渠道，提升农产品品牌影响力和市场竞争力。随着"数商兴农"工程的深入实施，2022年农村电商转型升级步伐加快。政府继续出台扶持政策，加大对农村电商人才的培训力度，提升农民的电商操作技能和市场意识。电商平台也积极响应政策号召，通过直播带货、短视频营销等新兴方式，拓宽农产品销售渠道，提高农产品附加值。此外，农村电商与乡村旅游、民宿等产业的融合发展也成为新趋势。2023年，农村电商转型升级进入深化阶段。政府加大对农村电商品牌的培育力度，鼓励农产品进行标准化、品牌化包装，提升农产品品质和市场竞争力。同时，推动农村电商与供应链金融、冷链物流等深度融合，降低物流成本，提高物流效率。电商平台则利用大数据、云计算等先进技术，为农民提供更加精准的市场分析和营销服务，助力农产品精准对接市场需求。截止到2024年，农村电商转型升级成效显著。政府继续优化农村电商发展环境，加强农村电商监管和服务体系建设，保障农村电商健康有序发展。电商平台则不断创新服务模式，拓展农村电商应用场景，如通过社区团购、微信小程序等新兴渠道，进一步拓宽农产品销售渠道。同时，农村电商与数字乡村建设的紧密结合，也为农村电商的转型升级注入了新的动力。未来，随着技术的不断进步和政策的持续支持，农村电商将继续发挥其在推动农村经济发展、助力乡村振兴方面的重要作用。

二、国外农村电商的发展脉络与阶段划分

国外农村电商的发展经历了从初始萌芽到快速发展，再到成熟稳定的阶段。每个阶段都有其特定的技术背景、市场环境和政策导向，共同推动了农村电商的蓬勃发展。

（一）初始萌芽阶段（20世纪70年代至90年代中期）

国外农村电商的发展可以追溯到20世纪70年代，电话通信技术的普及使得农产品可以通过电话进行远程交易，这标志着农产品电子商务初步尝试的开始。然而，这一时期的交易规模较小，且主要局限于本地或区域市场。进入90年代，随着计算机网络技术的发展，一些农场和农业企业开始建立电子信息网络，用于农产品销售、产品拍卖和信息分

享。尽管这些尝试为后续的电商发展奠定了基础,但由于技术限制和互联网普及率较低,整体影响有限。

(二) 快速发展阶段 (20世纪90年代后期至21世纪初)

进入21世纪,随着互联网技术的飞速发展,国外农村电商迎来了快速发展期。这一时期,大型农产品网站和电商平台开始涌现,如美国的 Amazon Fresh、Boxed,英国的 FarmingOnline 等。这些平台不仅提供了农产品在线销售服务,还整合了农产品期货市场、电子支付、物流配送等多元化服务。同时,政府也开始加大对农村电商的支持力度,出台了一系列政策措施,推动农村电商基础设施的建设和完善。

(三) 成熟稳定阶段 (21世纪初至今)

进入21世纪的第二个十年,国外农村电商逐渐进入成熟稳定阶段。这一时期,农村电商市场规模持续扩大,农产品销售渠道更加多元化,消费者可以通过电商平台轻松购买到来自世界各地的优质农产品。同时,电商平台和相关服务也得到了显著改善,如提供镇、村级别的物流配送服务、农产品溯源技术和认证体系等,进一步提升了消费者的购物体验和农产品的市场竞争力。此外,政府继续出台支持政策,为农村电商的发展提供了良好的政策环境。

在这一阶段,国外农村电商还呈现出一些新的发展趋势。一是渠道融合化,即线上线下渠道的深度融合,为消费者提供更加便捷的购物体验。二是市场全球化,随着跨境电商的兴起,国外农产品可以轻松地进入全球市场,实现更广泛的销售。三是技术移动化,随着智能手机的普及,移动电商成为农村电商发展的重要方向。

第三节 中国农村电商的独特发展路径与特点

随着互联网技术的飞速发展,电子商务在全球范围内迅速崛起,成为推动经济发展的重要力量。中国农村电商,作为电子商务的一个重要分支,以其独特的发展路径和特点,不仅促进了农村经济的繁荣,也为全球农村电商的发展提供了宝贵经验。

中国农村电商的发展,得益于政府的强力推动和市场的积极响应。相较于其他国家,中国政府对农村电商的支持力度更为显著。自2005年中央一号文件首次提及电子商务以来,政府不仅出台了多项政策,还通过财政补贴、税收优惠等多种方式,为农村电商的发展提供了全方位的支持。这种政策驱动的模式,为中国农村电商的快速发展奠定了坚实基础。与此同时，市场需求的不断增长也为农村电商的发展注入了强大动力。消费者对于优质、特色农产品的需求日益增加，推动了农村电商市场的繁荣。农村电商的发展也离不开基础设施的支持。中国政府高度重视农村地区的网络基础设施建设，通过大规模的资金投入和技术支持，实现了农村地区的网络全面覆盖。相较于一些外国农村地区，中国的网络基础设施建设更为完善，为农村电商的发展提供了有力保障。此外，中国农村物流配送体系也不断完善，通过整合和优化各类物流资源，形成了高效便捷的物流运营体系。这种基础设施建设的完善程度，在中国农村电商的发展中起到了至关重要的作用。

中国农村电商构建的多元化、立体化的营销体系也有独特之处。通过直播、短视频等新媒体形式，中国农村电商能够直观展示农产品的生长环境、种植过程，增强了消费者的信任感和购买意愿。同时，电商平台还积极与地方政府、农业合作社等合作，举办线上促销活动，进一步拓宽农产品的销售渠道。此外，中国农村电商还注重线上线下相结合的销售模式，通过线上引流、线下体验等方式，实现了产销对接。这种多元化、立体化的营销体系，不仅提升了农产品的品牌知名度和市场影响力，也为中国农村电商的持续发展提供了有力支持。

首先，中国农村电商市场规模庞大，其增长速度更是令人瞩目。据商务部最新数据显示，2020年全国农村网络零售额达到了惊人的1.8万亿元，这一数字是2015年的5.1倍，年均增长率远超全国电子商务整体增速。这一数据不仅直观展示了农村电商市场的巨大潜力，也深刻反映了中国农村电商的强劲发展势头和广阔的发展前景。与外国相比，中国农村电商市场规模的增长速度更为迅猛，这得益于中国政府对农村电商的高度重视和大力扶持，以及农村地区生产者对电商模式的快速接受和认可。其次，中国农村电商创新模式不断涌现。中国农村电商在发展过程中，始终保持着高度的创新活力，不断涌现出具有中国特色的电商模式。这些创新模式不仅丰富了农村电商的内涵，也为其持续发展注入了强劲动力。"电商+农资供应"模式通过电商平台连接农资供应商和农民，提供了便捷的农资采购渠道，降低了农民的生产成本；"电商+农产品销售"模式通过互联网平台直接连接农产品生产者和消费者，打破了传统销售中的中间环节，提高了农产品的销售效率；"电商+农村金融"模式为农产品生产和农业生产者提供了融资和贷款支持，解决了农民资金短缺的问题。这些创新模式不仅促进了农产品的销售和农业生产资料的流通，还带动了农村经济的发展和农民收入的提高，为中国农村电商的多元化发展提供了有力支撑。

另外，中国农村电商在发展过程中，不仅关注农产品的销售环节，还积极向农业产业链上下游延伸，实现了与农业产业的深度融合。通过大数据分析农产品生产和销售的需求，农村电商为农业生产提供了精准的技术和资讯支持，推动了农业产业的升级和转型。一些电商平台利用大数据技术，对农产品的市场需求进行预测和分析，指导农民合理安排生产计划和种植结构，提高了农业生产的效率和质量。同时，农村电商还积极参与农产品的加工、包装、品牌打造等环节，增加了农产品的附加值和竞争力。这种深度融合农业产业链的发展模式，不仅提升了农业产业的整体效益，也为中国农村电商的可持续发展奠定了坚实基础。与外国相比，中国农村电商在农业产业链的深度融合方面更为突出，这得益于中国政府对农业现代化的高度重视和大力推动，以及农村电商企业对农业产业需求的深刻理解和精准把握。

中国农村电商以其独特的发展路径和特点，在推动农村经济发展、促进农民增收等方面发挥了重要作用。通过与外国农村电商的对比可以看出，中国农村电商在政策支持、基础设施建设和营销模式创新等方面具有显著优势。

第三章

新质生产力驱动农村电商的理论依据

第一节 马克思主义生产力理论与新质生产力的关联

新质生产力是创新起主导作用,摆脱传统经济增长方式、生产力发展路径,具有高科技、高效能、高质量特征,符合新发展理念的先进生产力质态。它是科技创新交叉融合突破所产生的根本性成果,凝聚了党和领导人推动经济社会发展的深邃理论洞见和丰富实践经验。新质生产力,作为马克思主义生产力理论在中国特色社会主义建设实践中的创新与发展,不但深刻体现了马克思主义关于生产力决定生产关系、经济基础决定上层建筑的基本原理,而且结合中国实际,赋予了这一理论新的时代内涵和实践价值。它强调生产力的决定性作用,明确指出生产力的发展是推动社会进步、促进文明演进的根本动力。在新时代背景下,这一理念对于指导中国经济社会发展,特别是农村经济转型与升级,具有不可估量的重要意义。

马克思主义生产力理论认为,生产力是人类改造自然并从自然界获得生存和发展的物质资料的能力,它包括劳动者、劳动资料和劳动对象三个基本要素。在中国,随着改革开放的深入和科技的飞速发展,生产力的内涵与外延得到了极大拓展,新质生产力应运而生。新质生产力不仅包含了传统意义上的物质生产力,还涵盖了科技创新、信息技术、绿色环保等新兴领域的生产力形态,这些新质要素相互融合、相互促进,共同构成了推动经济社会发展的新动能。农村电商作为新质生产力在农村地区的典型代表,其发展壮大正是这一理论在中国大地上生动实践的缩影。新质生产力理论在中国的创新与实践,特别是农村电商的快速发展,不仅验证了马克思主义生产力理论的强大生命力,也为解决中国农村问题、推动乡村振兴提供了新思路、新路径。随着农村电商的不断深化，其对农村经济和社会的影响将更加深远，成为推动中国农业农村现代化的重要力量。

第二节　创新驱动理论在农村电商中的体现

创新驱动理论起源于经济学领域对技术创新与经济增长关系的深入研究。自 20 世纪中叶以来，随着科技革命的兴起，技术创新被看作是推动经济长期增长的关键因素。创新驱动理论强调，通过持续的技术创新可以打破传统生产方式的束缚，提高生产效率，推动产业升级，从而带动整个经济社会的快速发展。该理论不仅关注技术创新本身，还强调技术创新在商业模式、管理方法、组织结构等多个方面的应用与融合，以形成全面的创新体系。

创新驱动理论在强调技术创新对经济社会发展的核心作用的同时，也为农村电商的蓬勃发展提供了坚实的理论基础。在农村电商领域，技术创新的持续推动表现为对新技术、新工艺、新设备的不断引入和积极应用。这些创新技术不仅提升了农村电商的运营效率，还极大地改善了服务质量。通过大数据分析，农村电商企业能够运用智能算法优化商品推荐策略，更精准地把握消费者需求，实现个性化推荐，提高用户满意度和购买转化率。在创新驱动理论的指导下，农村电商在发展过程中始终保持着对商业模式的积极探索与创新。面对快速变化的市场需求，农村电商企业不断尝试新的销售模式和服务方式，以拓宽农产品销售渠道。直播带货、社群营销等新兴销售模式的兴起，不仅丰富了农产品的销售渠道，还拉近了与消费者的距离。同时，农村电商企业也注重与消费者建立长期稳定的互动关系，通过提供优质的服务和体验，提升品牌忠诚度和用户粘性。

管理创新作为创新驱动理论的重要组成部分，在农村电商领域同样发挥着举足轻重的作用。为了适应激烈的市场竞争和不断变化的市场环境，农村电商企业不断优化组织架构、管理流程，并加强人才培养。通过建立高效的团队协作机制，实现各部门之间的无缝衔接与协同作战；实施精细化管理，提高资源利用效率，降低运营成本；同时，注重人才培养和引进，为企业的持续发展提供源源不断的智力支持。这些管理创新举措不仅提升了企业的运营效率和竞争力，还为农村电商的可持续发展奠定了坚实基础。

第三节　产业升级理论与农村电商的关联

产业升级理论最早可以追溯到"配第-克拉克定理"。科林·克拉克在威廉·配第的研究基础上，通过分析和归纳多个国家和地区三次产业的劳动投入产出资料，指出一国劳动力将随着本国经济发展依次由第一产业向第二产业再向第三产业转移，由此最早揭示了产业结构演化规律。随后，刘易斯二元经济理论、库兹涅茨法则、钱纳里经济发展阶段理论等经典产业结构理论相继提出，这些理论均体现了结构主义的产业升级思路，主张一国经济增长得益于本国产业结构的调整。产业升级具有两个层面的含义：第一个层面是从宏观视角，关注企业和行业的升级活动所引发的产业结构变化的现象；第二个层面来源于微观企业视角，考察企业竞争能力的提高以及企业在产业链中地位的变化。产业升级的过程通常涉及技术革新、产品升级、市场拓展等多个方面，旨在通过优化资源配置、提高生产效率、增强创新能力等方式，推动产业向更高层次发展。

产业升级理论强调技术创新在推动产业发展中的核心作用。在农村电商领域，技术创新的应用同样至关重要。通过引入大数据、人工智能、物联网等先进技术，农村电商企业能够更精准地把握市场需求、优化供应链管理、提升物流效率，从而实现产业升级。产业升级往往伴随着商业模式的创新。农村电商在发展过程中，不断探索新的商业模式以适应市场需求的变化。通过直播带货、社群营销等新兴销售模式，农村电商企业能够更直接地触达消费者，拓宽销售渠道，提升品牌影响力，进而推动产业升级。另外，产业升级理论还鼓励不同产业之间的融合与协同发展。农村电商作为连接农产品生产者与消费者的桥梁，促进了农业与互联网、物流、金融等产业的深度融合。这种融合不仅提升了农业产业链的整体效率，还催生了新的业态和增长点，为农村电商的产业升级提供了广阔的空间。

产业升级的目标之一是提升产业的附加值和竞争力。农村电商通过整合农产品资源、打造品牌、提供增值服务等方式，提高了农产品的附加值和市场竞争力。同时，农村电商通过拓展市场、优化供应链管理等方式，降低了生产成本和运营风险，进一步增强了产业的竞争力。产业升级理论为农村电商的发展提供了理论指导和实践路径选择，而农村电商的快速发展也验证了产业升级理论的正确性和可行性。

第四节 数字经济对农村电商的推动作用原理

数字经济，这一新型经济形态，是以数字化的知识和信息作为关键的生产要素，其核心驱动力源自数字技术的不断创新。在这个经济体系中，现代信息网络扮演着重要载体的角色，它使得数字技术能够与实体经济深度融合，从而不断提高传统产业的数字化和智能化水平。这种融合不仅加速了经济发展模式的重构，也推动了政府治理模式的创新。数字经济所涵盖的范围广泛，从互联网、大数据、云计算到人工智能等前沿技术，都是其重要组成部分。这些技术通过不断创新和应用，为经济社会发展注入了新的活力，也带来了前所未有的机遇和挑战。

数字经济的起源，可以追溯到信息技术的快速发展和互联网的广泛应用。20 世纪中后期，随着计算机技术的不断突破和互联网的日益普及，信息开始以数字形式被快速处理和传播。这一变革不仅极大地提高了信息处理的效率，也降低了信息传播的成本，使得信息能够在全球范围内迅速流通。这一时期，数字经济的萌芽开始显现，一些基于互联网信息技术的新型商业模式和企业开始崭露头角。进入 21 世纪，随着移动通信、大数据、云计算、人工智能等技术的不断突破，数字经济逐渐从萌芽走向成熟，并成为全球经济增长的新引擎。移动通信技术的快速发展，使得人们可以随时随地接入互联网，享受便捷的信息服务。大数据技术的出现，使得企业可以更加精准地把握市场需求和消费者行为，从而制定更加有效的营销策略。云计算技术的应用，则降低了企业 IT 投入的成本，提高了资源利用的效率。而人工智能技术的不断发展，则为数字经济注入了更强的智能化和自动化能力，从而推动了产业的转型和升级。

如今，数字经济已经渗透到经济社会的各个领域，成为推动经济高质量发展、提升社会治理能力的重要力量。在数字经济时代，数据成为新的生产要素，其价值得到了充分的挖掘和利用。企业通过数字化转型，实现了业务流程的优化和重构，提高了运营效率和市场竞争力。政府也通过数字技术的应用，提升了公共服务水平和治理效率，为人民群众提供了更加便捷、高效的服务。

数字经济对农村电商的推动作用原理是多方面的，它通过拓宽市场与销售渠道、提升运营效率与服务质量、促进产业融合与协同发展、推动创新与转型升级以及政策支持与基础设施建设等机制，共同推动了农村电商的快速发展。首先，数字经济通过互联网技术打破了传统农村电商的地域限制。在数字经济时代，农民和农产品生产者可以借助电商平台，轻松地将产品销售到全国甚至全球范围。这不仅极大地拓宽了市场边界，提高了农产品的知名度和影响力，也为农民提供了更加多元化的销售渠道和收入来源，如直播带货、社群营销、短视频推广等。这些新兴的销售模式不仅丰富了农产品的销售手段，还通过互动和分享的方式，提高了销售效率和用户粘性，为农村电商的快速发展注入了新的动力。

其次，数字经济通过数据分析与精准营销等技术手段，提升了农村电商的运营效率与服务质量。在数字经济时代，大数据分析技术可以帮助农村电商企业更精准地把握市场需求和消费者行为。通过对用户数据、销售数据等信息的深度挖掘和分析，企业可以了解消费者的偏好和需求，制定更加有效的营销策略，提高销售转化率，降低营销成本。同时，物联网、人工智能等技术的应用也使得农村电商企业的运营管理更加智能化。通过智能仓储和物流管理，企业可以实时监控库存和物流状态，优化库存结构，提高运营效率和服务质量，从而增强用户满意度和忠诚度。

再次，数字经济还促进了农村电商与其他产业的融合与协同发展。在数字经济时代，产业链整合成为推动产业发展的关键。通过电商平台，农产品生产者可以与物流公司、金融机构等建立紧密的合作关系，实现信息共享、资源互补，共同推动产业的发展和升级。同时，数字经济还促进了农村电商与文化、旅游等产业的跨界融合。通过与文化产业的结合，农村电商可以推出具有地方特色的农产品和文化产品，提升产品的附加值和竞争力；通过与旅游产业的结合，农村电商可以推出旅游套餐和农产品组合，吸引更多消费者关注和购买，从而实现产业间的协同发展。

从次，数字经济还推动了农村电商的创新与转型升级。在数字经济时代，商业模式创新成为企业获取竞争优势的关键。通过共享经济、订阅制等新型商业模式的应用，农村电商企业可以实现差异化竞争，提高市场份额和盈利能力。一些农村电商企业开始尝试共享经济模式，通过共享仓储、物流等资源，降低运营成本，提高效率；同时，通过订阅制模式，为消费者提供定期、定量的农产品配送服务，增强用户黏性和忠诚度。

此外，数字经济还推动了农村电商企业的数字化转型。在数字经济时代，企业需要不断适应市场变化和用户需求的变化，进行业务流程、组织结构、企业文化等方面的变革。这种转型有助于企业提高运营效率、降低成本、增强竞争力，从而适应数字经济时代的发展趋势。

最后，政策支持与基础设施建设也是数字经济推动农村电商发展的重要因素。国家政策对数字经济的支持为农村电商的发展提供了良好的政策环境。政府对农村电商企业的税收减免、资金补贴等政策扶持，有助于降低企业的经营成本，提高其盈利能力，从而激发农村电商的发展活力。同时，政府还加大对农村地区的互联网、宽带、物流等基础设施的投入和建设，提高了农村地区的网络覆盖率、速度和质量，降低了农村地区的物流成本和时间，为农村电商的快速发展提供了有力保障。这些基础设施的完善不仅提升了农村电商的运营效率和服务质量，也为农村电商的未来发展奠定了坚实的基础。

　　数字经济对农村电商的推动作用原理是多方面的、深层次的。通过拓宽市场与销售渠道、提升运营效率与服务质量、促进产业融合与协同发展、推动创新与转型升级以及政策支持与基础设施建设等机制的共同作用，数字经济为农村电商的快速发展提供了强大的动力和保障。

第二卷

新质生产力驱动下农村电商的技术支撑

第四章

信息技术在农村电商中的应用

第一节 互联网技术与农村电商平台建设

互联网技术作为农村电商平台建设的基础与核心驱动力，其重要性不言而喻。在当今信息化高速发展的时代，互联网如同一股强劲的东风，为农村电商的蓬勃发展插上了翅膀。它不仅改变了传统农业的生产、销售模式，更是为农村地区带来了前所未有的发展机遇，能够让农产品走出大山，走向全国乃至世界的舞台。互联网技术的广泛应用，为农村电商平台提供了强大的信息支撑。在过去，由于信息不对称，农民往往难以准确掌握市场需求，导致农产品滞销或价格不合理。而今，借助互联网的大数据分析能力，农村电商平台能够实时收集并分析市场动态、消费者偏好等信息，为农民提供精准的市场导向，使他们能够根据需求调整种植结构，提高农产品的市场竞争力。同时，通过互联网平台，农民还能直接获取种养技术、病虫害防治方法等农业技术知识，有效提升农业生产效率和产品质量。

互联网技术的运用极大地促进了交易的便捷性。传统的农产品销售模式往往涉及多个中间环节，不仅增加了成本，还延长了产品从田间到餐桌的时间。而农村电商平台通过线上交易，实现了买家与卖家的直接对接，简化了流通链条，降低了交易成本，使得农产品能够更快速、更高效地抵达消费者手中。此外，电商平台提供的在线支付、物流配送等服务，进一步提升了交易的安全性和便利性，让农民和消费者都能享受到互联网带来的红利。再者，互联网技术助力农村电商平台实现了资源的有效整合。一方面，平台能够汇聚各地的农产品资源，形成规模效应，增强议价能力；另一方面，通过整合物流、仓储、金融等资源，为农产品提供全方位的配套服务，解决了农产品上行过程中的诸多痛点。如冷链物流技术的应用确保了生鲜农产品在长途运输过程中的新鲜度，拓宽了农产品的销售半径。同时，电商平台还与金融机构合作，为农民提供小额贷款、保险等金融服务，解决了他们资金短缺的问题，为农业生产注入了新的活力。更为重要的是，互联网技术的普及打破了地域界限，让农村电商平台成为连接农村与世界的桥梁。农产品不再局限于本地市场，而是通过互联网平台走向全国乃至全球。这不仅极大地拓宽了农产品的销售渠道，提高了农民的收入水平，还促进了农村经济的多元化发展，为乡村振兴战略的实施提供了有力支撑。一些特色农产品通过电商平台远销海外，不仅提升了中国农产品的国际知名度，还促进了中国同外国人民的文化交流，增进了世界各国人民之间的友谊。总之，互联网技术与农村电商平台建设的深度融合，是推动农业现代化、促进乡村振兴的重要途径。它不仅改变了农产品的传统销售模式，更是激发了农村经济的内在活力，为农村地区带来了前所未有的发展机遇。

互联网技术在农村电商平台建设中的具体应用，是推动农村经济转型升级、实现农业现代化和乡村振兴的关键力量。它不仅为农村电商平台的搭建、运营提供了坚实的技术基础，还深刻改变了农产品的生产、销售、物流及管理等各个环节，为农村电商的蓬勃发展注入了强大动力。

电商平台搭建方面，互联网技术以其强大的技术支撑，为农村电商平台的构建奠定了基石。依托于云计算、服务器技术等，可以搭建起稳定、安全、易用的电商平台，确保平台在高并发、大数据量等极端情况下的稳定运行。平台的界面设计简洁明了，操作流程便捷，使得农民和消费者都能轻松上手，降低了使用门槛。在功能上，电商平台实现了商品的在线展示，通过高清图片、视频介绍、VR体验等方式，让消费者仿佛置身于农产品的原产地，直观感受产品的品质与特色。同时，平台还集成了交易、支付、评价、售后等一系列功能，形成了一套完整的电商生态系统，为农产品的线上销售提供了全方位的服务。在数据管理与分析领域，大数据技术成为农村电商平台的"智慧大脑"。平台通过收集交易数据、用户行为数据、市场趋势数据等海量信息，运用数据挖掘、机器学习等先进技术，对这些数据进行深入分析和挖掘。这不仅能够帮助平台运营者准确把握市场动态，预测消费者需求，还能够优化商品推荐算法，实现个性化推荐，提升用户体验和销售额。通过分析用户的购买历史、浏览记录、搜索关键词等，平台可以推断出用户的偏好和需求，从而在首页或推荐列表中优先展示用户可能感兴趣的农产品，以提高购买转化率。

同时，大数据还能帮助平台识别潜在的风险和机遇，为战略决策提供科学依据。智能物流配送是农村电商平台提升服务质量和效率的关键环节。结合物联网、GPS、GIS等技术，平台可以实现物流配送的智能化管理。从订单处理开始，系统就能自动分配最优的物流路径，减少运输时间和成本。在库存分配上，通过实时监控库存情况，平台能够智能调度库存资源，确保商品的快速出库和配送。在物流配送跟踪方面，借助GPS定位和物联网传感器，平台可以实时追踪物流车辆的位置、速度、温度等信息，确保农产品在运输过程中的安全和新鲜度。此外，智能物流配送还包括了无人配送车、无人机送货等前沿技术的应用，这些技术的引入将进一步提升农村电商的物流效率和覆盖范围。

农产品信息化管理是互联网技术在农村电商平台建设中的又一重要应用。通过信息技术手段，平台可以对农产品进行全程追溯，包括生产、加工、储存、运输等每一个环节。在生产环节，利用物联网技术，平台可以实时监测农田的土壤湿度、温度、光照等环境参数，以及农作物的生长状况，为农民提供科学的种植建议，提高农产品的产量和品质。在加工环节，平台通过视频监控和传感器，对加工过程进行实时监控，确保加工环境的卫生和加工流程的规范。在储存和运输环节，平台利用RFID、二维码等技术，对农产品进行标识和追踪，消费者只需扫描产品上的二维码，就能获取产品的详细信息，包括产地、生产日期、检验报告等，这不仅提高了农产品的安全性和品质，也让消费者更加放心购买。

此外，互联网技术在农村电商平台建设中的应用还体现在营销推广、客户服务、供应链管理等多个方面。在营销推广方面，平台利用社交媒体、搜索引擎优化、短视频等互联网营销手段，提高农产品的知名度和品牌影响力，吸引更多消费者关注和购买。在客户服务方面，平台通过在线客服、智能机器人等方式，为消费者提供24小时不间断的咨询服务，解决消费者在购买过程中遇到的问题。在供应链管理方面，平台通过整合上下游资源，形成紧密的供应链体系，提高供应链的透明度和协同效率，降低运营成本，提升整体竞争力。互联网技术在农村电商平台建设中的具体应用是多方面的、深层次的。它不仅改变了农产品的传统销售模式，还推动了农业生产方式的转型升级，为农村经济的发展注入了新的活力。

第二节　大数据在农村电商市场分析与精准营销中的应用

随着互联网技术的飞速发展，农村电商已成为推动农村经济转型升级的重要引擎。而大数据作为信息技术的核心组成部分，正在深刻改变着农村电商市场分析与精准营销的方式。在发展过程中，大数据在农村电商中的应用日益广泛，为农村电商的蓬勃发展注入了强大动力。大数据在农村电商中的应用并非一蹴而就，而是经历了从萌芽到逐步成熟的发展过程。在早期，农村电商市场尚处于起步阶段，大数据的应用也相对有限。这一阶段，农村电商主要依赖传统的市场调研和销售经验来制定营销策略。然而,随着电商平台用户数量的增加和交易数据的积累,一些有远见的电商企业开始意识到大数据的潜在价值,并开始尝试利用数据分析工具对交易数据进行初步分析,以优化商品推荐和库存管理。随着大数据技术的不断成熟和普及,农村电商开始大规模应用大数据技术。在这一阶段,电商平台通过收集和分析用户行为、交易、市场趋势等数据,逐步建立起完善的数据分析体系。大数据的应用不仅帮助电商企业更准确地把握市场需求和消费者偏好,还推动了精准营销的发展。通过分析用户的购买历史和浏览记录,电商平台可以为用户推荐更符合其需求的商品,提高购买转化率和用户满意度。如今,大数据在农村电商中的应用已经进入成熟阶段。电商平台不仅利用大数据技术优化商品推荐和库存管理,还将其应用于市场分析、供应链管理、客户服务等多个环节。因此,农村电商能够更加精准地把握市场动态和消费者需求,提高运营效率和服务质量。同时,随着人工智能、区块链等新技术与大数据的融合应用,农村电商的精准营销能力得到了进一步提升。

  随着农村电商平台的不断发展和完善,其数据收集与整合能力显著增强。电商平台通过部署各种传感器、智能设备等,能够实时收集用户的交易数据、行为数据以及市场趋势数据等。同时,电商平台还通过与其他数据源的合作与共享,进一步丰富了数据资源。这些数据为大数据分析和精准营销提供了坚实的基础。在数据分析技术方面,农村电商平台不断创新,采用更加先进和智能的分析方法。利用机器学习算法对用户行为数据进行深度挖掘和分析,以识别用户的潜在需求和偏好;通过自然语言处理技术对用户评论和反馈进行情感分析,以了解用户对商品的满意度和改进建议。这些创新的数据分析技术使得农村电商能够更加精准地把握市场需求和消费者行为。基于大数据的精准营销策略在农村电商中得到了广泛应用。电商平台通过对用户数据的分析,能够为用户提供个性化的商品推荐和营销信息。根据用户的购买历史和浏览记录,电商平台可以为用户推荐相似或相关的商品;通过分析用户的地理位置和偏好,电商平台可以为用户推送附近的优惠活动和促销信息。这些精准的营销策略不仅提高了用户的购买转化率和满意度,还增强了用户的忠诚度和粘性。

  大数据的应用还推动了农村电商供应链管理的智能化发展。电商平台通过收集和分析供应链各环节的数据,能够实现对供应链的优化和协同;通过实时跟踪库存情况和物流信息,电商平台可以及时调整采购计划和配送路线,确保商品的快速出库和送达;通过分析销售数据和市场需求预测,电商平台可以优化商品结构和库存管理策略,降低运营成本和提高运营效率。大数据的应用还使得农村电商的客户服务体验得到了显著提升。电商平台通过收集和分析用户的反馈和投诉数据,能够及时发现并解决客户服务中存在的问题。同时,电商平台还利用大数据技术为用户提供更加智能化的客户服务体验;通过智能机器人客服系统为用户提供 24 小时不间断的咨询服务;通过数据分析预测用户的需求和问题类型，为用户提供更加精准的解决方案和建议。大数据的应用使得农村电商的市场分析与预测能力显著增强。电商平台通过收集和分析市场趋势数据、竞争对手数据以及消费者行为数据等，能够实现对市场的深入洞察和精准预测。通过分析消费者的购买习惯和偏好变化，电商平台可以预测未来市场的热点和趋势；通过分析竞争对手的价格策略和营销策略等，电商平台可以制定更加合理的竞争策略和市场定位。这些市场分析与预测能力为农村电商的发展提供了有力的支持。

随着大数据技术的不断发展和普及，农村电商也开始与其他行业进行深度融合与协同发展。与农业、物流、金融等行业进行数据共享和合作，共同推动农村电商的发展。这种跨行业融合与协同发展不仅丰富了农村电商的数据资源和应用场景，还提高了其整体竞争力和服务水平。阿里巴巴农村淘宝是阿里巴巴集团旗下的农村电商平台，该平台通过收集和分析用户的交易数据、行为数据以及市场趋势数据等，实现了对市场的精准洞察和预测。同时，农村淘宝还利用大数据技术对供应链进行优化和协同管理，提高了运营效率和服务质量。在精准营销方面，农村淘宝通过对用户数据的分析，为用户提供了个性化的商品推荐和营销信息，提高了用户的购买转化率和满意度。京东到家作为京东集团旗下的生鲜电商平台。该平台通过部署各种传感器和智能设备，实时收集用户的交易数据和行为数据等信息。同时，京东到家还利用大数据技术对供应链进行优化和协同管理，确保生鲜商品的新鲜度和快速送达。在精准营销方面，京东到家通过对用户数据的分析，为用户提供了个性化的商品推荐和优惠活动信息，提高了用户的购买意愿和忠诚度。尽管大数据在农村电商市场分析与精准营销中的应用取得了显著成效，但仍面临一些挑战。数据安全和隐私保护问题日益凸显；数据分析技术的创新和应用仍需加强；跨行业融合与协同发展的深度和广度仍有待提升等。

第三节　云计算对农村电商业务的支持

随着信息技术的飞速发展，云计算作为一种新兴的信息技术，正逐步渗透到各个行业，农村电商也不例外。云计算以其强大的数据存储和处理能力，为农村电商提供了更加高效、灵活和可扩展的解决方案。云计算的发展可以追溯到20世纪60年代，云计算的概念最早属于电厂模式。电厂模式是指利用电厂的规模经济效应降低电力的价格，使用户在无需购买发电设备的情况下方便地使用电力。云计算借鉴了电厂模式的设计思想，希望通过建立大规模的计算机集群，对计算资源进行统一生产和分配，使用户享受到成本低廉、随取随用的计算资源。计算机发明之初，体积庞大且价格昂贵。为了充分利用计算机资源，人们通过分时操作系统将一台计算机同时分配给多个用户使用。1961年，人工智能之父约翰·麦卡锡提出了效用计算的概念，即计算能力和特定应用程序等资源可以统一使用和出售，用户可以像使用水电一样按使用量付费。尽管受限于当时的技术水平，效用计算未能实现，但它为日后的云计算提供了商业模型的基础。随后，网格计算成为一种解决大规模计算问题的分布式计算模型。它将 Internet 中分布在不同地理位置的异构计算机通过标准、开放、通用的协议和接口有机整合，形成一个具有惊人计算能力的计算机集群。网格计算可用于处理大规模的计算任务，具有高性能、一体化、资源共享等技术优点。然而，由于参与网格计算的计算机是自发组成的联盟，可靠性和安全性不高，因此网格计算并未成功商业化，但为云计算模型奠定了理论基础和实验环境。进入21世纪，云计算迎来了高速发展期。2006年，亚马逊正式推出了 Amazon Web Services（AWS），提供包括弹性计算、存储和数据库在内的全套云服务，这是云计算历史上的一大里程碑。随后，谷歌推出了 Google App Engine，微软打造了 Azure 云平台，这些巨头的入场极大地推动了云计算技术的发展和市场普及。云计算以其按需分配、按使用量计费的高效、灵活、可扩展的计算资源服务，逐渐成为企业数字化转型的重要支撑。

云计算以其独特的优势，正在深刻改变着农村电商的业务模式和发展轨迹。第一，降低运营成本。传统农村电商平台需要投入大量的服务器、硬件设备和维护人员，造成高额的开销。云计算按使用量计费的模式，使企业可以根据实际需求租用付费，无须购买昂贵的服务器和软件，可有效降低硬件和软件的成本，避免了资源浪费造成的成本浪费。阿里巴巴的农村淘宝通过利用阿里云提供的弹性计算服务，根据业务负载动态调整计算资源，显著降低了运营成本。

第二，农村电商业务涉及大量的用户信息和交易数据，数据安全成为电商平台的首要任务。通过云计算，农村电商企业可以将数据存储在云端的安全数据中心中，利用云计算平台提供的数据加密、访问控制、备份恢复等安全机制，有效防止数据泄露和恶意攻击。同时，云计算平台还具备完善的数据备份和恢复机制，大大提高了电商数据的稳定性和可靠性。拼多多通过利用 AWS 的云安全服务，实现了对用户数据和交易数据的安全保护，增强了用户的信任度。农村电商业务具有明显的季节性和波动性，传统的 IT 架构难以应对这种快速变化的需求。而云计算提供了强大的计算和存储能力，使得电商平台可以更加灵活地进行拓展和升级。通过云计算，农村电商企业可以快速调整和扩展服务器资源，提高系统的性能和稳定性。

第三，云计算支持多平台和多终端访问，使电商应用能够跨越时间和空间的限制，更好地满足用户的需求。京东到家通过利用阿里云的弹性伸缩服务，在节假日等高峰期自动增加计算资源，确保了平台的稳定运行和用户体验。云计算为农村电商提供了无限的创新空间。通过云计算平台提供的大数据分析、人工智能等先进技术，农村电商企业可以深入挖掘用户数据，实现精准营销和个性化推荐。同时，云计算还支持电商企业在供应链管理、客户服务等方面进行创新，提升整体运营效率和竞争力。拼多多通过利用阿里云的大数据分析服务，对用户行为进行深入挖掘和分析，为用户提供了更加精准的商品推荐和优惠活动信息，提高了用户的购买转化率和满意度。

第四，云计算不仅为农村电商企业提供了技术支持，还促进了整个农村电商生态的发展。通过云计算平台，农村电商企业可以与物流公司、金融机构、农业合作社等合作伙伴实现数据共享和协同作业，优化供应链管理和物流配送流程。同时，云计算还支持农村电商企业与政府、科研机构等外部机构进行合作，共同推动农村电商的创新和发展。阿里巴巴农村淘宝通过利用阿里云的数据共享和协同作业能力，与多家物流公司和金融机构建立了紧密的合作关系，实现了商品的快速出库和资金的高效流转。拼多多平台通过利用AWS的云计算服务，实现了对社交电商业务的全面支持。在精准营销方面，拼多多通过利用AWS的大数据分析服务，对用户社交数据进行深入挖掘和分析，为用户推荐了与其社交圈层相似的商品和优惠活动信息。在业务运营方面，拼多多通过利用AWS的弹性伸缩服务，在节假日等高峰期自动增加计算资源，确保了平台的稳定运行和用户体验。云计算作为信息技术的核心组成部分，正在深刻改变着农村电商的业务模式和发展轨迹。随着技术的不断进步和应用场景的不断拓展，云计算将在农村电商中发挥更加重要的作用，推动其实现更加高效、智能和可持续的发展。

第五章

智能技术与农村电商的融合

第一节 人工智能在农村电商客服、选品等方面的应用

随着信息技术的飞速发展,人工智能(AI)技术正逐步渗透到各行各业,农村电商作为信息技术与农村经济深度融合的产物,也在 AI 技术的推动下不断转型升级。AI 技术在农村电商客服、选品等方面的应用,不仅提高了运营效率,还提升了用户体验,为农村电商的可持续发展注入了新的活力。

农村电商客服作为连接消费者与商家的桥梁,其服务质量直接影响到用户的购物体验和商家的信誉。AI 技术的引入,为农村电商客服带来了革命性的变化。然而,AI 技术在农村电商客服、选品等方面的应用并非一蹴而就,而是经历了一个逐步发展和完善的过程。AI 技术兴起时,农村电商平台就已开始尝试将 AI 技术应用于客服和选品等环节。但由于技术水平和应用场景的限制,这一阶段的应用主要停留在简单的自动化和智能化层面,如使用智能机器人进行客服回复,或利用简单的推荐算法为用户推送商品信息。这些应用虽然在一定程度上提高了客服和选品的效率,但精准度和用户体验仍有待提升。随着 AI 技术的不断进步和应用场景的不断拓展,农村电商平台开始加大对 AI 技术的投入和应用力度。在这一阶段,AI 技术在农村电商客服、选品等方面的应用逐渐成熟和完善。一些农村电商平台开始使用自然语言处理技术实现智能化客服系统的建设,利用大数据分析技术提升选品的精准度和效率。同时,一些创新性的 AI 应用也开始涌现,如智能检测与追溯技术、智能预测与采购系统等。这些应用不仅提高了农村电商的运营效率和用户体验,还为平台的可持续发展注入了新的动力。随着 AI 技术的不断发展和应用场景的不断

拓展，农村电商平台开始将 AI 技术与业务环节进行深度融合。在这一阶段，AI 技术不仅被应用于客服和选品等环节，还被广泛应用于供应链管理、物流配送、营销推广等全链条业务环节。一些农村电商平台开始利用 AI 技术对供应链进行优化管理，实现库存的精准控制和成本的有效降低，以及进行营销推广和客户服务等环节的优化和创新。这种深度融合的方式不仅提高了农村电商的整体运营效率和竞争力，还为平台的长远发展奠定了坚实的基础。

传统的农村电商客服主要依赖于人工客服，但这种方式存在人力成本高、响应速度慢等问题。随着 AI 技术的发展，智能化客服系统逐渐兴起，成为农村电商客服的新趋势。智能化客服系统通过自然语言处理（NLP）、语音识别等技术，能够 24 小时不间断地为用户提供咨询服务，极大地提高了响应速度和服务效率。同时，智能化客服系统还能根据用户的提问，自动匹配相应的答案或解决方案，不仅减少了人工客服的工作量，还实现了对用户的个性化服务。农村电商平台可以通过分析用户的购买历史、浏览行为等数据，构建用户画像，从而为用户提供更加精准的商品推荐和个性化服务。当用户浏览某一类商品时，智能化客服系统可以即时推送相关的优惠信息或用户评价，帮助用户做出购买决策。这种个性化的服务体验不仅提高了用户的满意度和忠诚度，还促进了商品的销售转化。情感分析是 AI 技术中的一个重要领域，它通过对用户语言中的情感色彩进行分析，判断用户的情绪状态。在农村电商客服中，情感分析技术的应用可以帮助客服人员更好地理解用户的需求和情绪，从而提供更加贴心和人性化的服务。当检测到用户情绪不佳时，智能化客服系统可以自动升级服务，转接至人工客服或提供额外的帮助，确保用户的负面情绪得到妥善处理。随着 AI 技术的不断进步，农村电商客服系统的自动化和智能化程度也在不断提高。未来，智能化客服系统将更加注重用户体验和交互性，通过多模态交互技术、智能推荐系统等手段，为用户提供更加丰富和灵活的交互体验。同时，智能化客服系统还将与农村电商的其他业务环节进行深度融合，形成全链条的智能化服务体系。

选品作为农村电商业务的核心环节之一，其精准度和效率直接影响到平台的销售业绩和用户体验。AI 技术的引入，为农村电商选品带来了全新的思路和方法。其中，个性化推荐系统是 AI 技术在农村电商选品中的重要应用之一。通过 AI 算法对用户购买行为和偏好的分析，电商平台可以为用户推荐符合其需求的农产品，从而提高购买转化率。个性化推荐系统不仅可以根据用户的历史购买记录进行推荐，还可以结合用户的浏览行为、搜索关键词等多维度数据进行综合分析，实现更加精准的推荐。这种推荐方式不仅提高了用户的购物体验，还促进了农产品的销售转化。大数据分析是 AI 技术在农村电商选品中的另一个重要应用。通过对海量市场数据的收集和分析，电商平台可以了解农产品的市场需求趋势、消费者偏好等信息，从而为选品决策提供科学依据。电商平台可以通过分析某一地区用户的购买历史和偏好，预测该地区未来一段时间的农产品需求趋势，从而指导农民和供应商进行有针对性的生产和采购。这种基于大数据的选品决策方式不仅提高了选品的精准度,还避免了产能过剩或短缺的问题。智能预测与采购系统是 AI 技术在农村电商选品中的又一重要应用。该系统通过结合大数据分析和 AI 算法,对农产品的需求趋势进行预测,并指导农民和供应商进行有针对性的生产和采购。智能预测与采购系统不仅可以提高选品的精准度和效率,还可以降低库存成本和风险。当系统预测到某一农产品未来一段时间的需求量将大幅增加时,可以指导农民提前扩大生产规模,提醒供应商增加采购量,从而满足市场需求并降低库存成本。智能检测与追溯技术是 AI 技术在农村电商选品中的又一亮点。智能检测与追溯技术可以通过 AI 算法对农产品的外观、口感、营养成分等进行分析,判断其是否符合质量标准。同时,该技术还可以对农产品的生产、加工、运输等环节进行追溯,确保产品的来源可追溯、质量可控制。这种技术的应用不仅提高了农产品的品质和安全性,还增强了消费者的购物信心和忠诚度。AI 技术在农村电商客服、选品等方面的应用正在不断推动农村电商的转型升级和创新发展。

第二节　物联网技术对农产品供应链的优化

随着信息技术的飞速发展,物联网(IoT)技术正逐步渗透到各行各业,其中农产品电商作为农业与现代信息技术深度融合的产物,也在物联网技术的推动下不断转型升级。物联网技术通过实现物品与互联网之间的连接,为农产品电商供应链带来了前所未有的优化机会,提高了供应链的透明度、效率和响应速度。

物联网技术在农产品电商供应链中的应用经历了一个逐步发展和完善的过程。物联网技术兴起时,农产品电商企业开始尝试将物联网技术应用于数据采集和监控方面。通过在农产品生产基地安装传感器,实时采集土壤湿度、温度、光照等环境数据,帮助农民科学种植,提高农产品的产量和质量。同时,一些企业还尝试在运输车辆和仓库中安装物联网设备,监控农产品的运输状态和存储环境,确保农产品的安全和新鲜度。尽管这一阶段的应用相对简单,但为后续的深入发展奠定了基础。随着物联网技术的不断进步和应用场景的不断拓展,农产品电商企业开始加大对物联网技术的投入和应用力度,物联网技术在农产品电商供应链中的应用逐渐成熟和完善。企业开始在供应链的各个环节广泛应用物联网技术,实现供应链的全面优化。在种植环节,通过物联网技术实现精准灌溉、施肥和病虫害预警;在加工环节,利用物联网技术监控生产设备的运行状态和产品质量;在物流环节,通过物联网技术实现运输车辆的实时定位和货物的智能追踪;在销售环节,利用物联网技术收集消费者数据,进行精准营销和个性化推荐。这些应用不仅提高了供应链的效率和透明度，还提升了用户体验和满意度。随着物联网技术的不断发展和应用场景的不断拓展，农产品电商企业开始将物联网技术与供应链进行深度融合。在这一阶段，物联网技术不仅被应用于供应链的各个环节，还被广泛应用于企业的整体运营和管理中。企业通过建立物联网平台，实现供应链各环节数据的实时共享和分析，优化供应链的资源配置和流程管理；利用物联网技术进行库存管理和需求预测，降低库存成本和提高响应速度。此外，一些企业还开始探索物联网技术与人工智能、大数据等新兴技术的融合应用，以进一步提升供应链的智能化水平和竞争力。

当前，物联网技术已经在农产品电商供应链中得到了广泛应用，并取得了显著的优化效果。物联网技术通过实现物品与互联网之间的连接，为农产品电商供应链带来了前所未有的透明度。通过在供应链的各个环节安装物联网设备，企业可以实时采集和传输数据，监控供应链的运行状态。在运输环节，通过在运输车辆上安装 GPS 和温度传感器等设备，企业可以实时了解货物的位置和温度等信息，确保货物的安全和新鲜度；在销售环节，通过在销售终端安装 RFID 标签和传感器等设备，企业可以实时了解商品的销售情况和库存状态等信息，为企业的运营决策提供依据。这种透明度的提升不仅有助于企业及时发现和解决问题，还提高了供应链的可靠性和稳定性。物联网技术通过实现供应链的数字化和智能化管理，提升了供应链的效率和响应速度。在库存管理方面，企业可以利用物联网技术实现库存的实时监控和智能预警。当库存低于设定阈值时，系统会自动触发补货流程，避免库存短缺或补货过剩的情况发生；在需求预测方面，企业可以利用物联网技术收集和分析历史销售数据和市场趋势等信息，进行精准的需求预测和计划制订。这种智能化的管理方式不仅降低了企业的运营成本和管理难度，还提高了供应链的响应速度和灵活性。物联网技术通过实现供应链各环节数据的实时共享和分析，有助于企业优化资源配置和流程管理。在采购环节，企业可以利用物联网技术收集和分析供应商的信息和价格等数据，进行科学的供应商评估和选择；在生产环节，企业可以利用物联网技术监控生产设备的运行状态和产品质量等信息，优化生产计划和工艺流程；在物流环节，企业可以利用物联网技术实现运输车辆的实时定位和货物的智能追踪等信息，优化运输路线和配送计划。这种优化资源配置的方式不仅提高了企业的运营效率和竞争力，还降低了企业的风险和成本。物联网技术通过实现供应链的智能化和个性化管理，增强了用户的体验和满意度。在销售环节，企业可以利用物联网技术收集和分析消费者的购买行为和偏好等数据，进行精准的商品推荐和个性化服务；在售后服务环节，企业可以利用物联网技术实现产品的远程监控和故障预警等功能，为用户提供更加便捷和高效的售后服务。这种智能化的服务方式不仅提高了用户的满意度和忠诚度，还促进了企业的销售和市场份额的增长。

美菜网作为一家专注于农产品供应链服务的电商平台，通过物联网技术实现农产品的智能化管理和供应链优化。在美菜网中，企业利用物联网技术建立了一套完整的农产品质量追溯系统。该系统通过实时采集和传输农产品的生产环境、种植过程、质量检测等信息实现农产品的全程可追溯功能。同时,美菜网还利用物联网技术实现供应链的智能化管理。在库存管理方面,企业利用物联网技术实现库存的实时监控和智能预警功能;在需求预测方面,企业利用物联网技术收集和分析历史销售数据和市场趋势等信息,进行精准的需求预测和计划制订。这些智能化的管理方式不仅提高了企业的运营效率和竞争力还降低了企业的风险和成本。尽管物联网技术在农产品电商供应链中取得了显著的优化效果,但仍面临一些挑战。例如,物联网设备的成本较高且需要定期维护和更新;不同地区和企业的物联网技术标准不统一导致数据共享和互通存在困难;物联网技术的安全性和隐私保护问题日益凸显等。针对这些挑战,未来农产品电商应继续加强物联网技术的研发和应用创新,降低物联网设备的成本和提高其可靠性和稳定性;加强与政府、科研机构等外部机构的合作与共享推动物联网技术标准的统一和数据共享机制的建立;注重物联网技术的安全性和隐私保护问题,加强数据加密和访问控制等措施保障用户数据的安全和隐私。未来农产品电商还应积极探索物联网技术与新兴技术的融合应用,如人工智能、大数据、区块链等,以进一步提升供应链的智能化水平和竞争力。通过人工智能算法对物联网数据进行深度挖掘和分析实现更加精准的需求预测和计划制订;通过大数据技术对物联网数据进行整合和分析实现供应链的全面优化和资源配置;通过区块链技术实现供应链各环节数据的不可篡改和可追溯功能增强供应链的透明度和可靠性。这些新兴技术的融合应用将为农产品电商供应链的发展带来新的机遇和挑战也将推动农产品电商行业的不断创新和进步。

第三节 智能物流技术在农村电商配送中的实践

智能物流技术的发展是一个逐步演进的过程,它伴随着信息技术的不断突破和物流需求的日益增长而逐步成型。从最初的简单自动化到如今的全面智能化,智能物流技术经历了几个关键阶段。首先是在传统物流阶段,物流作业主要依赖人工操作,运输方式包括车、船、飞机等。这个阶段的物流作业效率低下,需要大量的人力、物力和时间来完成。由于信息流通不畅,物流过程中的各个环节难以实现有效协同,导致资源浪费和成本高昂。随着物联网技术的出现,物流行业开始进入自动化阶段。自动化设备如自动装卸机、自动拣货机等被广泛应用于物流作业中,显著提高了物流运输效率。然而,尽管自动化技术的应用减少了对人工的依赖,但物流过程中的决策和信息处理仍然依赖人工,自动化水平有限。智能物流阶段始于21世纪初,随着人工智能、大数据、云计算等技术的快速发展,智能物流技术逐渐成熟。在这个阶段,物流系统不仅能够实现自动化作业,还能通过数据分析、机器学习等技术进行智能决策和优化。智能物流技术使物流过程更加透明、高效和可控，显著降低了物流成本，提高了服务质量。

当前，智能物流技术在电商领域的应用日益广泛，特别是在农村电商配送中发挥着重要作用。智能物流技术通过物联网、大数据等先进技术，实现了物流信息的实时采集、传输和处理。在电商配送过程中，每一件商品从出库到送达消费者手中的每一个环节，都被智能物流系统精准记录和管理。这种智能化的处理方式，不仅提高了物流信息的透明度，让消费者和电商企业能够实时了解货物的位置和状态，还增强了消费者对电商企业的信任度。消费者可以通过手机 App 或电商平台实时查看订单状态，了解货物预计送达时间，这种即时反馈机制极大地提升了消费者的购物体验。在仓储环节，智能物流技术的应用使得仓储作业实现了自动化和智能化。自动化仓储系统通过机器人、自动化立体仓库等设备，实现了货物的自动存取和盘点。这些设备能够 24 小时不间断工作，大大提高了仓储作业的效率。同时，智能仓储系统还能根据库存情况自动调整货物存储位置，优化库存布局，提高空间利用率。在分拣环节，智能分拣系统利用先进的识别技术和算法，如 RFID、条形码识别等，能够快速、准确地将货物分拣到不同的配送区域。这种高效、准确的分拣方式，不仅提高了分拣效率，还减少了人工分拣的错误和遗漏，确保了配送的准确性。智能物流技术在配送环节的应用同样显著。通过大数据分析和机器学习算法，智能物流系统能够根据交通状况、天气情况、订单量等因素实时优化配送路径。这种智能路径优化不仅减少了配送时间和成本，还提高了配送效率。在农村电商配送中，由于地形复杂、道路状况多变，传统配送方式往往难以应对。智能配送系统能够综合考虑这些因素，为配送员提供最优的配送路线。在遇到交通拥堵时，智能配送系统会实时调整路线，选择更加畅通的道路；在遇到恶劣天气时，系统会提前预警，提醒配送员注意安全并调整配送计划。这种智能化的配送方式不仅提高了配送效率，还确保了配送员的安全和货物的准时送达。

随着生鲜电商的兴起，冷链物流成为智能物流技术的重要应用领域。智能冷链物流系统通过温度控制、保鲜技术和信息化管理等手段，确保生鲜农产品在运输、储存和销售过程中保持适宜的温度和湿度。这种精准的温度控制能够有效延长生鲜农产品的保质期，提高产品质量。在农村电商配送中，由于生鲜农产品易腐、易损的特点，传统冷链物流方式往往难以满足需求。而智能冷链物流系统能够克服这些困难，实现快速、准确配送。在运输过程中，智能冷链物流系统能够实时监测车厢内的温度和湿度，并根据实际情况自动调整制冷设备的工作状态；在储存环节，系统能够自动记录货物的入库时间和保质期，并根据库存情况自动调整货物的存储位置，确保货物的新鲜度。这些创新应用不仅提高了生鲜农产品的配送效率和服务质量，还为农村电商配送带来了新的机遇。无人机与机器人配送作为智能物流技术的创新应用之一，正在逐步改变农村电商配送的格局。在农村地区，由于地形复杂、交通不便等原因，传统配送方式往往难以覆盖所有区域。而无人机和机器人配送能够克服这些困难，实现快速、准确配送。无人机配送具有灵活性强、成本低廉等优点，能够在短时间内将货物送达偏远地区；在一些山区或河流密布的地区，无人机可以通过空中航线直接将货物送达消费者手中，无须经过复杂的地面交通。机器人配送则更加适用于复杂地形和狭窄空间的配送作业。在一些小巷或楼梯间等难以通行的地方，机器人可以通过自主导航和避障技术完成配送任务。这些创新应用不仅提高了配送效率，还降低了配送成本，为农村电商配送带来了新的机遇和挑战。

此外，智能物流技术还在电商领域的其他方面发挥着重要作用。在售后服务环节，智能物流系统能够通过数据分析预测退货率，并提前做好退货处理准备。当消费者提出退货申请时，系统能够自动匹配最近的退货点并生成退货标签，简化了退货流程。在库存管理环节，智能物流系统能够实时监测库存情况并根据销售数据预测未来需求趋势。当库存不足时，系统会自动触发补货流程并通知供应商及时补货；当库存过剩时，系统会提出促销建议以优化库存结构。这些智能化的管理手段不仅提高了电商企业的运营效率还降低了运营成本。智能物流技术还在不断推动电商行业的创新和发展。一些电商平台已经开始尝试将虚拟现实（VR）和增强现实（AR）技术应用于电商购物体验中。消费者可以通过VR头盔或AR眼镜在虚拟环境中浏览商品、试穿衣物或体验家居布置等效果，这种沉浸式的购物体验不仅提高了消费者的购物兴趣还增加了购买转化率。而智能物流技术能够支持这种新型购物模式的物流配送需求，在VR购物中消费者下单后智能物流系统能够自动识别订单信息并根据商品类型和配送地址选择最合适的配送方式和路径。这种无缝衔接的购物和配送体验将进一步提升电商行业的竞争力和吸引力。可见智能物流技术在电商领域的应用已经取得了显著成效，特别是在农村电商配送中发挥着越来越重要的作用。

第六章

区块链技术保障农村电商的信任体系

第一节 区块链技术的基本原理与特点

区块链技术，这一术语本身就蕴含了其核心特征与技术原理。从字面上理解，"区块链"由"区块"（Block）和"链"（Chain）两部分组成。这是一种通过链式数据结构将一系列数据区块按照时间顺序相连的技术。每个区块，作为区块链的基本单位，不仅承载着一定数量的交易记录，还通过复杂的哈希函数与前一个区块紧密相连，从而形成一个连续不断、且难以篡改的数据链条。这种独特的数据结构确保了区块链上的信息一旦记录便几乎无法被更改或删除，为数据的真实性和可信度提供了坚实的保障。具体而言，每个区块通常由区块头和区块体两部分构成。区块头包含了区块的元数据，如时间戳、前一个区块的哈希值、Merkle 根哈希值（用于总结区块内所有交易的一个加密哈希值）以及 Nonce（一个随机数，用于工作量证明算法中）。区块体存储了实际的交易数据，如数字货币的转账记录、智能合约的执行结果等。这种设计不仅提高了数据的安全性和完整性，还使得区块链系统能够在去中心化的环境中高效运行。

区块链技术的起源可以追溯到网络虚拟货币的诞生。2008 年一位化名为中本聪（Satoshi Nakamoto）的人士发表了一篇题为《一种点对点的电子现金系统》的论文，首次提出了区块链的概念，并将其作为网络虚拟货币的底层技术。这篇论文不仅详细阐述了网络虚拟货币的工作原理，还揭示了区块链技术在解决传统数字货币系统中双重支付问题方面的巨大潜力。双重支付问题，即同一笔数字货币被重复花费的问题，一直是困扰数字货币发展的核心难题。在传统的中心化支付系统中，这一问题通常通过中央机构（如银行）

的监管和记录来解决。然而，在完全去中心化的数字货币系统中，由于缺乏这样的中央机构，双重支付问题变得尤为棘手。中本聪提出的区块链技术通过其独特的链式数据结构和共识机制，有效地解决了这一问题。在网络虚拟货币网络中，每个节点都维护着一份完整的区块链副本，并通过工作量证明（Proof of Work, PoW）共识机制来确保所有节点对数据的一致性认可。当有新的交易发生时，矿工节点会竞争解决一个复杂的数学问题（即"挖矿"），以获得将新交易打包成区块并添加到区块链上的权利。一旦某个矿工成功挖矿，并将新区块添加到区块链上，该区块便成为区块链的一部分，且其包含的所有交易都被视为已确认且不可篡改。这种机制不仅确保了交易的唯一性和不可重复性，还通过矿工之间的竞争和奖励机制维持了网络虚拟货币网络的稳定运行。自网络虚拟货币白皮书发布以来，区块链技术经历了从理论探索到实践应用的快速发展过程。早期，区块链技术主要应用于网络虚拟货币等加密货币领域，作为支撑这些数字货币去中心化、安全交易的基础技术。随着人们对区块链技术认识的不断深入和技术的不断成熟，区块链的应用范围逐渐扩展到金融、供应链管理、数字版权、公共管理等多个领域。

在金融领域，区块链技术被广泛应用于跨境支付、资产证券化、信用评级、保险索赔等场景。通过去中心化和智能合约等技术手段，区块链能够显著降低交易成本、提高交易效率并增强透明度。基于区块链的跨境支付平台能够实现快速、低成本且安全的资金转移，极大地便利了国际贸易和资本流动。在供应链管理领域，区块链技术通过其不可篡改和透明可追溯的特性，为商品从生产到销售的全过程提供了可靠的数据支持。企业可以利用区块链技术追踪原材料的来源、生产过程、物流运输等关键环节的信息，确保商品的真实性和质量可控性。同时，区块链还能帮助企业优化库存管理、提高供应链协同效率并降低运营成本。在数字版权领域，区块链技术为作品的原创性和版权归属提供了有力的证明手段。通过将作品的信息和版权登记在区块链上，创作者可以轻松地证明自己的版权权益并防止盗版和侵权行为的发生。此外，区块链还能促进版权交易的透明化和便捷化，为数字内容产业的健康发展提供有力支持。在公共管理领域，区块链技术也被广泛应用于数字身份认证、选举投票、政府文件存档等场景。通过去中心化和加密技术等手段，区块链能够确保个人身份信息的安全和隐私保护，防止身份盗用和信息泄露等风险的发生。同时提高公共管理的透明度和可信度，增强公众对政府的信任和支持。作为一种革命性的技术，区块链技术正在逐步改变社会和经济结构。

区块链技术的基本原理主要包括分布式网络、加密算法、共识机制和智能合约等几个方面。首先，分布式网络是指区块链技术基于分布式网络，数据和账本信息在多个节点间进行共享和同步。每个节点都可以拥有完整的账本副本，并通过点对点的通信协议与其他节点进行数据交互。这种分布式网络结构使得区块链技术具有较高的抗攻击性和容错能力。即使部分节点受到攻击或出现故障，整个网络仍然能够正常运行，因为数据在多个节点上都有备份。其次，加密算法在区块链技术中起到了关键作用，保证了数据的安全性和隐私性。区块链中使用的加密算法主要包括非对称加密、哈希函数和数字签名等。非对称加密可以实现数据的加密和解密，哈希函数可以将数据转化为固定长度的哈希值，而数字签名则可以验证数据的完整性和真实性。这些加密算法共同构成了区块链技术的安全基石，确保了交易数据的不可篡改性和隐私保护。另外，共识机制是区块链中确保数据一致性和可信度的基本原则。在分布式网络中，由于各个节点之间缺乏中心化的信任机制，因此需要一种共识机制来确保所有节点对数据的认可。常见的共识机制包括工作量证明（Proof of Work，PoW）、权益证明（Proof of Stake，PoS）和实用拜占庭容错（Practical Byzantine Fault Tolerance，PBFT）等。在 PoW 中，节点需要通过解决一个复杂的数学问题来竞争记账权，而在 PoS 中，节点的记账权则根据其持有的货币数量来分配。共识机制的存在可以防止双花等恶意行为，并确保只有经过验证的交易才能被添加到区块链中。最后，智能合约是区块链技术的重要应用之一，它是一种以代码形式编写的可执行合约。智能合约可以在区块链上自动执行和实施，无须第三方的参与，从而确保了交易的可靠性和安全性。智能合约可以实现各种各样的应用场景，如数字货币的发行、资产的转移、数据的验证等。通过智能合约，区块链技术可以实现更加复杂和自动化的业务逻辑，提高交易效率和减少人为错误。

区块链技术以其独特的原理，展现出了一系列核心特点，这些特点使得区块链技术在多个领域具有广泛的应用前景。

第一，去中心化。去中心化是区块链技术最显著的特点之一。传统的中心化系统中，如银行系统，数据存储在中心服务器上，由中心机构（如银行）控制和管理。这种集中化的模式存在单点故障的风险，一旦中心服务器遭受攻击或故障，整个系统将面临瘫痪。而在区块链网络中，数据分布存储在多个节点上，每个节点都有权参与账本的维护和交易的确认。网络虚拟货币网络由全球数千个节点共同维护，没有任何一个节点能够单独控制整个网络。这种去中心化的存储方式不仅提高了系统的可靠性和安全性，还降低了单点故障和数据篡改的风险。同时，去中心化还意味着没有中心化的权威机构可以控制或篡改数据，从而增强了系统的透明度和可信度。

第二，不可篡改性。区块链技术通过链式数据结构和共识机制，确保了数据的不可篡改性。一旦数据被记录到区块链上并通过共识机制确认，就无法轻易篡改。这种特性主要是通过密码学哈希函数和链式结构来保证的。在网络虚拟货币区块链中，每个区块都包含前一个区块的哈希值，任何对区块内数据的篡改都会改变该区块的哈希值，进而破坏整个区块链的连续性。这种改变会被网络中的其他节点迅速识别并拒绝，因为新的哈希值无法与后续区块的哈希值相匹配。因此，区块链上的数据一旦记录，就几乎无法被篡改或删除，这为数据的真实性和可信度提供了有力保障。

第三，透明性。区块链系统是一个公开的分布式账本，任何节点都可以查看和验证链上数据。这种透明性确保了系统的公开性和可信度，有助于建立信任并减少欺诈和纠纷。在供应链管理中，企业可以将产品信息、生产流程、物流追踪等数据记录在区块链上，消费者和监管机构可以随时查看和验证这些信息，从而确保产品的真实性和质量。这种透明性在金融、供应链管理等领域具有重要意义，可以提升交易的透明度和可信度，降低欺诈风险。

第四，安全性。区块链技术通过加密算法和共识机制确保了数据的安全性。所有交易都经过数字签名验证，只有持有私钥的用户才能发起交易。这种数字签名技术确保了交易的不可抵赖性和完整性。同时，区块链采用的共识机制（如 PoW、PoS 等）确保了数据的一致性和不可篡改性。这些安全措施共同构成了区块链技术的安全屏障，使得区块链网络在面对外部攻击时具有较高的抵抗力。在 PoW 共识机制中，攻击者需要控制超过半数的节点（即所谓的"51%攻击"）才能篡改数据，这在现实中几乎是不可能的，因为区块链网络的节点数量庞大且分布广泛。

第五，匿名性。从技术层面讲，区块链网络中的节点身份信息不需要公开或验证，信息传递可以匿名进行。这在一定程度上保护了用户的隐私和匿名性。在网络虚拟货币网络中，用户的交易记录是公开的，但交易双方的身份信息却是匿名的。这种匿名性使得用户可以在不暴露个人身份的情况下进行交易，保护了用户的隐私。然而，这并不意味着区块链完全无监管，法律规范要求时仍需遵守。在反洗钱和反恐怖融资等监管要求下，区块链平台可能需要实施 KYC（了解你的客户）等监管措施来确保合规性。

第六，可编程性。区块链技术具有可编程性，用户可以通过编写智能合约来实现复杂的业务逻辑和自动化处理。智能合约是一种在区块链上自动执行和实施的合约条款，无须第三方的参与即可确保合约的履行。这种可编程性使得区块链技术在金融、供应链管理、数字版权等领域具有广泛的应用前景。在供应链管理中，企业可以通过智能合约实现自动化的库存管理和物流追踪。当库存量低于设定阈值时，智能合约可以自动触发补货流程；当货物到达指定地点时，智能合约可以自动确认收货并支付款项。这些自动化处理不仅提高了效率，还减少了人为错误和欺诈风险。

第二节　区块链在农产品溯源、交易安全方面的应用

随着科技的飞速发展，区块链技术以其独特的去中心化、不可篡改和透明性等特点，正逐渐在各个领域展现出其巨大的应用潜力。特别是在农产品溯源和交易安全方面，区块链技术的应用不仅为传统行业带来了革新，也为消费者提供了更为安全、可靠的保障。

一、区块链技术在农产品溯源中的应用

农产品溯源是指对农产品从种植、生产、加工、运输到销售等各个环节进行追踪和记录，以确保产品的质量和安全。传统溯源系统通常依赖于中心化的数据库，存在数据易篡改、信息不透明等问题。而区块链技术以其去中心化、不可篡改和透明的特性，为农产品溯源提供了一种全新的解决方案。

区块链技术通过记录农产品生产的全部环节信息，如种子来源、农药施用、生长周期、采摘时间等，确保所有参与方都能查阅到真实、完整的数据。这种数据透明化不仅消除了信息不对称的问题，还提高了农产品市场的透明度，增强了消费者对产品的信任。如在"区块链+蔬菜"质量追溯系统中，消费者可以通过扫描蔬菜包装上的二维码，轻松获取蔬菜的种植地、采摘时间、运输过程等详细信息，甚至能了解到种植过程中使用的农药种类和残留情况。这种详尽的信息展示，让消费者更加放心地购买和消费，从而提升了整个农产品市场的信任度。通过区块链技术，消费者可以准确了解农产品的生产地点、生产日期、生产流程等信息。一旦发生食品安全事件，区块链可以迅速追踪到问题源头，帮助相关部门及时采取措施，防止问题进一步扩散。在某次农产品污染事件中，由于采用了区块链技术，监管部门能够在几小时内锁定受污染农产品的生产批次和流通路径，迅速召回问题产品，有效防止了污染范围的扩大。这种快速追溯能力对于保障食品安全、维护消费者权益具有重要意义。区块链技术可以确保农产品信息的真实性和不可篡改性，有效打击了假冒伪劣产品的生产和销售。通过区块链技术，每一件农产品都可以拥有一个独一无二的数字身份，消费者可以通过验证这个数字身份来确认产品的真伪。同时，农产品生产企业可以通过区块链技术向消费者展示产品的生产过程和质量信息，如有机种植、无农药残留等，从而增强产品的信誉和价值，提升品牌形象。某知名农产品品牌通过区块链技术展示了其产品的全程有机种植过程，成功吸引了大量注重健康的消费者，品牌价值和市场份额均得到了显著提升。另外，区块链技术还可以帮助农产品生产企业实现对供应链的端到端管理，包括原材料采购、生产加工、物流配送等环节的信息追溯和管理。通过区块链，供应链上的各方可以实时共享信息，减少信息传递的延迟和误差，提高供应链的协同效率。某大型农产品企业通过区块链技术实现了对全球供应链的透明化管理，从原材料采购到最终产品销售的每一个环节都可以被实时追踪和监控。这不仅提高了供应链的响应速度，还降低了运营成本，增强了企业的市场竞争力。此外，在智能合约的支持下，区块链还可以实现自动化的库存管理和物流追踪，进一步减少人为干预和错误，从而提高整个供应链的效率和可控性。

二、区块链技术在农产品交易安全中的应用

农产品交易涉及多个环节和参与方，交易安全一直是行业关注的焦点。区块链技术以

其去中心化、不可篡改和加密安全等特性，为农产品交易安全提供了有力保障。

在传统的农产品交易中，双重支付和欺诈行为时有发生，给交易双方带来巨大损失。而区块链技术通过其独特的共识机制和加密算法，可以有效防止这些风险。一旦交易被记录在区块链上并通过共识机制确认，该交易便无法被篡改或撤销，从而确保了交易的唯一性和真实性。在跨国农产品贸易中，区块链技术可以确保买方无法对同一批货物进行双重支付，有效避免了欺诈行为的发生。同时，区块链上的所有交易记录都是公开透明的，任何节点都可以进行验证和查询，进一步提高了交易的安全性和可信度。区块链技术可以记录每一笔交易的详细信息，包括交易时间、交易金额、交易双方等，使得交易过程变得清晰透明。这种透明性不仅有助于交易双方了解交易状态和进展，还增强了交易的可信度。在农产品交易中，区块链技术可以确保交易信息的真实性和完整性，防止信息被篡改或伪造。此外，区块链上的交易记录可以被任何节点验证和查询，进一步提高了交易的可信度，降低了交易风险。智能合约是区块链上的自动执行程序，可以在满足特定条件时自动触发和执行交易。在农产品交易中，智能合约可以实现自动化的合同签署、付款和交货等流程，减少人为干预和错误，提高交易效率。在农产品出口贸易中，智能合约可以自动处理报关、检验、付款等流程，无须人工审核和纸质文件传递，大幅缩短了交易时间并降低了成本。同时，智能合约还可以确保交易双方按照合同条款执行交易，避免违约风险。此外，智能合约还可以根据市场变化自动调整交易条款，提高交易的灵活性和适应性。

在农产品交易中，隐私保护和数据共享一直是行业面临的难题。区块链技术通过其加密算法和分布式存储特性，可以在保护用户隐私的同时实现数据的共享和利用。在基于区块链的农产品溯源系统中，企业可以将产品信息、生产流程等数据记录在区块链上，并通过设置访问权限来确保隐私保护。消费者和监管机构可以在获得授权后访问这些数据，实现信息共享和监管协作。某农产品企业使用区块链技术记录其产品的生产过程和质量信息，并允许消费者通过扫描产品包装上的二维码来查询这些信息。同时，该企业还设置了访问权限，确保只有经过授权的消费者和监管机构才能访问敏感数据，从而实现了隐私保护和数据共享的平衡。

随着技术的不断进步和应用场景的不断拓展，区块链在农产品溯源和交易安全方面的应用前景将更加广阔。一方面，随着物联网、大数据等技术的融合应用，区块链将能够更好地实现农产品从生产到销售的全程追溯和监管。另一方面，随着监管政策的不断完善和市场需求的不断增长，区块链在农产品交易安全方面的应用也将得到进一步推广和普及。

第三节　基于区块链的农村电商信用评价体系构建

随着互联网的普及和数字经济的快速发展，农村电商已成为推动乡村振兴的重要力量。然而，农村电商在快速发展的同时，也面临着诸多挑战，其中信用问题尤为突出。传统的信用评价体系存在数据易篡改、信息不透明等问题，难以满足农村电商发展的需求。而区块链技术以其去中心化、不可篡改和透明的特性，为构建农村电商信用评价体系提供了新的解决方案。

农村电商信用评价体系是指对农村电商交易中的各方主体进行信用评估和管理的系统。当前，农村电商信用评价体系主要依赖于第三方信用评级机构和电商平台内部的信用评价系统。然而，传统的信用评价体系存在诸多不足：首先，数据易篡改。传统的信用评价体系通常依赖于中心化的数据库，数据的安全性和真实性难以得到保障。一旦数据库被黑客攻击或内部人员篡改，整个信用评价体系的可信度将大打折扣。其次，传统的信用评价体系往往缺乏透明度，消费者和商家难以了解信用评价的具体依据和过程。这导致信用评价结果的公正性和客观性受到质疑。传统的信用评价体系通常只关注交易金额、交易次数等单一维度，忽视了商家的服务质量、消费者满意度等关键因素。这种单一维度的评价方式难以全面反映商家的信用状况。由于农村电商交易涉及多个环节和参与方，监管难度较大。此外，传统的信用评价体系难以实现对交易全过程的实时监控和有效监管，导致违规行为频发。

而区块链技术以其去中心化、不可篡改和透明的特性，为构建农村电商信用评价体系提供了新的解决方案。其优势主要有三点：一是数据不可篡改。区块链技术采用分布式账本结构，每个节点都保存着完整的交易记录。一旦数据被记录在区块链上，就无法被篡改或删除。这种不可篡改性确保了信用评价数据的真实性和可靠性。二是信息透明度高。区块链技术可以实现信息的实时共享和追溯。所有参与方都可以实时查看交易记录和信用评价结果，提高了信息的透明度。这种透明度有助于增强消费者对商家的信任度，促进交易的顺利进行。三是评价维度多元化。基于区块链的信用评价体系可以整合多个维度的数据，如交易金额、交易次数、服务质量、消费者满意度等。这种多元化的评价方式可以更全面地反映商家的信用状况，提高信用评价的准确性和公正性。区块链技术还可以实现交易全过程的实时监控和有效监管。监管部门可以通过区块链技术追踪交易记录、识别违规行为，并及时采取措施进行干预。这种高效的监管方式有助于维护市场秩序，保护消费者和商家的合法权益。

因此，基于区块链的农村电商信用评价体系构建需要综合考虑技术实现、数据收集、评价模型等多个方面。区块链技术的核心在于去中心化、不可篡改和透明性。在构建基于区块链的农村电商信用评价体系时，需要选择合适的区块链平台和技术架构。目前，主流的区块链平台包括以太坊、Hyperledger Fabric 等。这些平台提供了丰富的智能合约功能和开发工具，有助于实现信用评价体系的自动化和智能化。在技术架构方面，可以采用分层设计的方式。底层是区块链网络层，负责交易记录的存储和共识机制的实现；中间层是智能合约层，负责信用评价逻辑的实现和数据的处理；上层是应用层，提供用户界面和数据展示功能。这种分层设计有助于提高系统的可扩展性和可维护性。

数据是信用评价的基础。在构建基于区块链的农村电商信用评价体系时，需要收集多方面的数据，包括交易数据、商家信息、消费者评价等。这些数据可以通过以下途径获取：一是电商平台内部数据，电商平台可以记录商家的交易数据、商品信息、售后服务等。这些数据是信用评价的重要依据。二是第三方数据，可以引入第三方数据提供商的数据，如工商注册信息、税务缴纳记录等。这些数据有助于更全面地了解商家的信用状况。三是消费者评价，消费者评价是反映商家服务质量的重要指标。可以通过区块链技术实现消费者评价的匿名提交和不可篡改存储。在数据收集过程中，需要注意数据的安全性和隐私保护。可以采用加密技术对数据进行加密处理，确保数据在传输和存储过程中的安全性。同时，建立合理的数据访问权限机制，确保只有经过授权的用户才能访问敏感数据。

评价模型是信用评价体系的核心。在构建基于区块链的农村电商信用评价体系时，需要选择合适的评价模型和方法。图 2-1 是一个基于区块链的信用评价模型的示例：

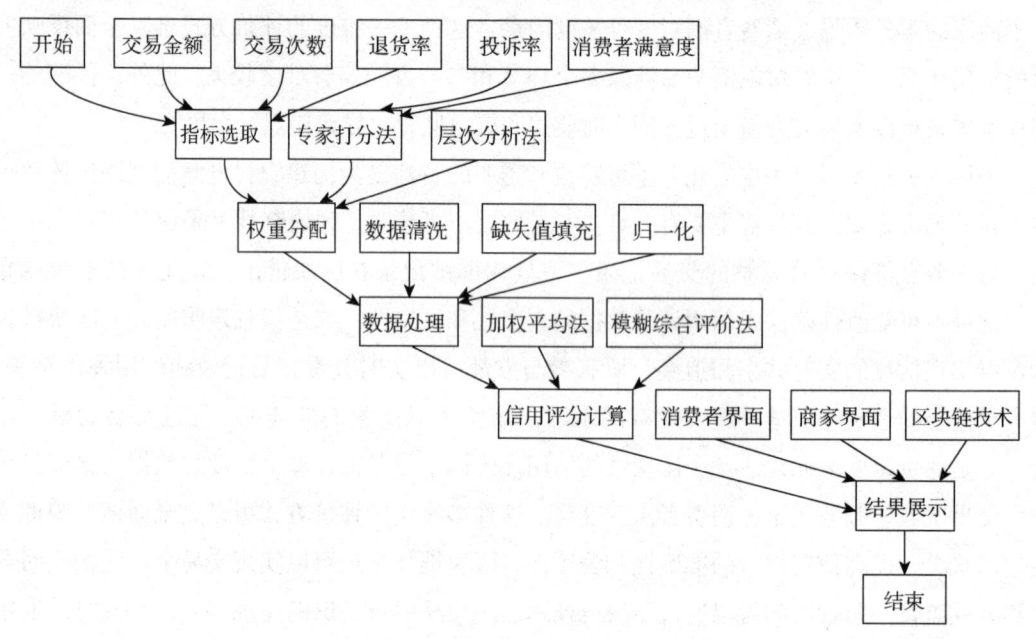

图 2-1 基于区块链的信用评价模型

首先是指标选取，根据农村电商的特点和需求，选取合适的评价指标。这些指标可以包括交易金额、交易次数、退货率、投诉率、消费者满意度等。其次是权重分配，根据各指标的重要性程度分配相应的权重。可以采用专家打分法、层次分析法等方法进行权重分配。

接下来是数据处理，对收集到的数据进行预处理和标准化处理。可以采用数据清洗、缺失值填充、归一化等方法提高数据的质量。然后是信用评分计算，根据评价模型和权重分配计算商家的信用评分。可以采用加权平均法、模糊综合评价法等方法进行计算。最后是结果展示，将信用评分结果展示给消费者和商家。可以通过区块链技术实现信用评分的实时更新和不可篡改存储。

智能合约是区块链上的自动执行程序。在构建基于区块链的农村电商信用评价体系时，可以利用智能合约实现信用评价的自动化和智能化。图 2-2 是一个基于智能合约的信用评价流程的示例：

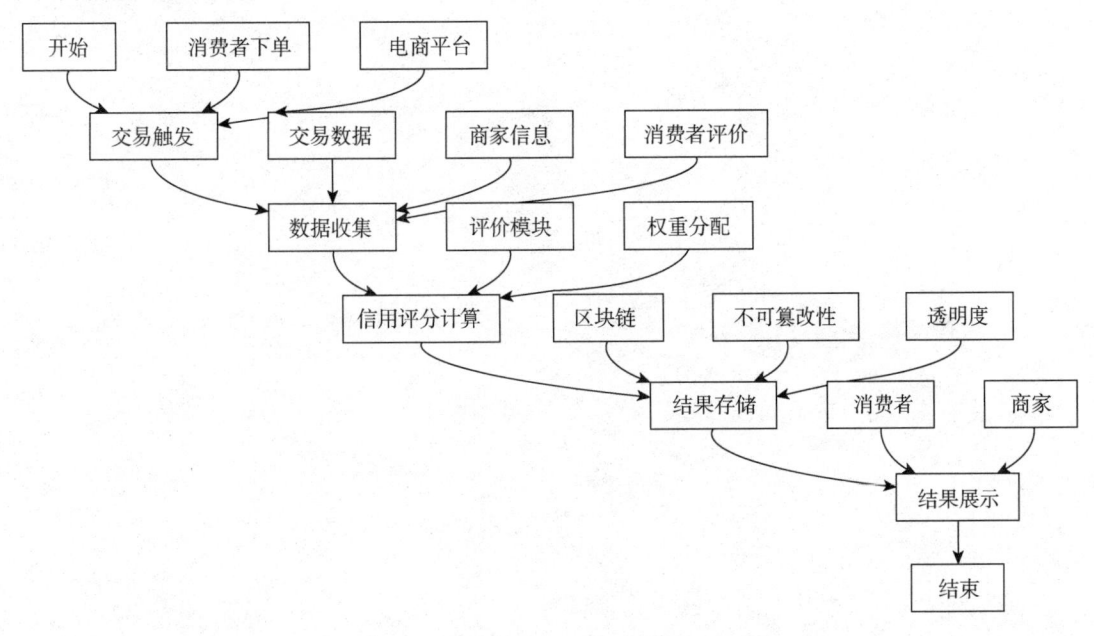

图 2-2 基于智能合约的信用评价流程

智能合约通过交易触发，当消费者在电商平台上下单购买商品时，触发智能合约的执行。然后自动收集交易数据、商家信息、消费者评价等数据，并根据评价模型和权重分配计算商家的信用评分，并将信用评分结果存储在区块链上，确保数据的不可篡改性和透明度。最后在结果展示阶段将信用评分结果展示给消费者和商家，供其参考和决策。

基于区块链的农村电商信用评价体系构建是推动乡村振兴和数字经济发展的重要举措。通过引入区块链技术，可以实现信用评价数据的不可篡改性和透明度，提高信用评价的准确性和公正性；还可以实现信用评价的自动化和智能化，提高评价效率和用户体验。尽管在实际应用过程中仍面临一些挑战，但随着技术的不断发展和完善以及法律法规的逐步健全，基于区块链的农村电商信用评价体系将在未来发挥越来越重要的作用。

▶▶▶▶▶ 第三卷

新质生产力驱动下农村电商的商业模式

第七章

农村电商的主要商业模式类型

第一节 B2B 模式在农村产业中的应用与发展

B2B 模式起源于 20 世纪 90 年代的美国，最初是基于电子数据交换（EDI）技术发展起来的。EDI 技术通过计算机网络实现企业间的数据交换和传输，极大地提高了交易效率和准确性。随着互联网的普及和电子商务的兴起，B2B（Business-to-Business）模式逐渐从传统的 EDI 模式向基于互联网的在线交易平台转变。这一转变使得更多的企业能够参与到 B2B 交易中来，降低了交易成本，拓宽了交易范围。进入 21 世纪后，B2B 模式在全球范围内得到了快速发展。特别是在中国，随着阿里巴巴等 B2B 电商平台的崛起，B2B 模式逐渐成为连接供应商和采购商的重要桥梁。这些平台通过提供信息发布、在线交易、支付结算、物流配送等一站式服务，极大地简化了企业间的交易流程，降低了交易成本，提高了交易效率。同时，B2B 平台还通过大数据分析、智能匹配等技术手段，帮助企业更精准地把握市场需求，优化供应链管理，提升市场竞争力。

在当今全球经济一体化的背景下，农村产业的发展正面临着前所未有的机遇与挑战。随着互联网技术的普及和电子商务的兴起，B2B 模式在农村产业中的应用日益广泛，成为推动农村产业升级和经济发展的重要力量。B2B 模式，即企业对企业模式，是一种通过互联网技术实现企业与企业之间信息交流和交易活动的电子商务模式。其核心在于简化传统供应链中的多个环节，将商品或服务直接从供应商传递到采购商，从而提高交易效率，降低成本。B2B 模式不仅适用于大型企业或跨国公司，也广泛应用于中小企业，特别是在农村产业中，其潜力尤为巨大，在多个农村产业领域深入渗透被广泛应用。据统计，截至

2020年，我国农村电商规模已达到 28 015.7 亿元，同比增长 22.35%。这一数据充分显示了 B2B 模式在农村产业中的巨大潜力和活力。农村电商市场的快速增长，得益于国家政策的持续推动和互联网技术的普及。近年来，国家出台了一系列政策措施，鼓励和支持农村电商发展，包括财政补贴、税收优惠、基础设施建设等。这些政策的实施，为农村电商的快速发展提供了有力保障。同时，互联网技术的普及也为农村电商的发展提供了技术支持。随着智能手机和移动互联网的普及，越来越多的农村居民开始接触和使用电商平台，进行线上购物和销售。这为 B2B 模式在农村产业中的应用提供了广阔的市场空间。

目前，农村 B2B 电商市场的主要参与者包括一亩田、惠农网、美菜商城等平台。这些平台通过线上运营、线下撮合、线下自营等多种商业模式，为农产品生产者、批发商、零售商及终端消费者提供了高效、便捷的交易渠道。其中，一亩田平台是国内领先的农业 B2B 电商平台之一，致力于为农业生产者、批发商和零售商提供一站式的农产品交易服务。据统计，截至 2023 年年底，一亩田平台的注册用户数已超过 1 000 万，覆盖全国 2 800 多个县市区。平台日均交易额超过 1 亿元，累计带动农产品销售额超过 1 000 亿元。这些数据充分显示了一亩田平台在农村电商市场中的领先地位和巨大影响力，即平台通过整合上游供应商和下游采购商资源，实现了农产品的快速流通和交易。一亩田平台还利用大数据和人工智能技术，为农业生产者提供精准的市场需求信息和生产决策建议，帮助他们提高农产品的销售效率和附加值。如苹果种植户可以通过一亩田平台，将自家的苹果销售到了全国各地。而平台不仅提供了便捷的线上交易渠道，还通过数据分析为种植户提供了市场需求信息和价格指导，帮助他们合理安排生产和销售计划，提高了苹果的销售价格和销量。

另一家知名的农业 B2B 电商平台是惠农网，专注于为农业生产者提供农资采购和金融服务。截至 2023 年年底，平台的注册用户数已超过 500 万，覆盖全国 2 000 多个县市区，累计为农业生产者提供了超过 100 亿元的农资采购和金融服务支持。惠农网还通过物联网和区块链技术实现了农资产品的追溯和防伪，为农业生产者提供了有力保障。平台通过整合农资供应商和金融服务机构资源，为农业生产者提供了一站式的农资采购和金融服务解决方案。惠农网还利用物联网和区块链技术，实现了农资产品的追溯和防伪，保障了农业生产者的权益。

除了农产品交易领域外，B2B 模式还广泛应用于农资、林木、食品等多个农村产业领域。这些领域的 B2B 电商平台通过整合上下游资源，提供了高效、便捷的交易渠道和服务，推动了农村产业的升级和发展。农资 B2B 平台是专门为农业生产者提供农资采购和金融服务的电商平台。平台通过整合农资供应商和金融服务机构资源，为农业生产者提供了一站式的农资采购和金融服务解决方案。农资 B2B 平台不仅提供了丰富的农资产品选择，还通过金融服务为农业生产者提供了资金支持，帮助他们缓解了资金压力，提高了生产效率。林木 B2B 平台是专门为林木加工企业提供原材料采购和产品销售渠道的电商平台。平台通过整合林木供应商和加工企业资源，实现了林木产品的快速流通和交易。林木 B2B 平台不仅提供了丰富的林木产品选择，还通过优化供应链管理，降低了企业的采购成本和销售风险。食品 B2B 平台是连接食品生产商、批发商和零售商的电商平台。平台通过整合供应链资源，为食品生产商提供了高效的销售渠道和物流服务，同时为零售商提供了丰富的食品选择和便捷的采购渠道，实现了食品的快速流通和交易。食品 B2B 平台还利用大数据和人工智能技术，为食品生产商和零售商提供精准的市场需求信息和营销建议，帮助他们提高销售效率和市场竞争力。

B2B 模式在农村产业中的应用具有诸多显著优势，这些优势不仅为农村产业的升级和发展注入了强大动力，也为农业生产者带来了实实在在的利益。首先，B2B 模式通过电商平台将交易双方直接连接在一起，有效减少了传统农产品交易中的多个中间环节，从而大幅降低了交易成本。这种去中介化的交易方式，不仅让农业生产者能够以更低的价格出售农产品，也让采购商能够以更优惠的价格采购到所需商品。同时，电商平台提供的一站式解决方案，如在线支付、金融服务等，进一步提高了交易效率，使得交易过程更加便捷和高效。某农资公司通过农资 B2B 平台与多个农户达成采购协议，不仅实现了农资销售渠道的拓展和升级，还显著降低了采购成本，提高了盈利能力。其次，B2B 模式采用先进的互联网技术，实现了交易信息的实时更新和处理，使得交易双方能够随时随地查看交易信息、下单、付款等操作，极大地提高了交易效率。此外，电商平台通过数据分析功能，能够精准预测市场需求趋势，为交易双方提供科学的营销建议，帮助他们更好地把握市场商机。惠农网平台通过大数据分析，为农业生产者提供了精准的市场需求信息，指导他们合理安排生产和销售计划，从而提高了农产品的销售效率和市场竞争力。再次，B2B 模式通过电商平台收集和分析大量用户数据，能够准确地了解市场需求趋势和消费者偏好，为农业生产者提供精准的营销建议和产品推荐。这种精准匹配市场需求的方式，有助于避免农产品浪费现象的发生，实现农产品的价值最大化。食品生产商通过食品 B2B 平台与多个零售商达成采购协议，不仅实现了销售渠道的拓展和升级，还根据平台提供的市场需求信息调整了产品结构，推出了更符合消费者口味和需求的产品，从而提高了市场竞争力。最后，B2B 模式通过将农业生产者、批发商、零售商以及终端消费者紧密地连接在一起，促进了整个农业产业链的整合和优化。电商平台利用自身的数据和资源优势，为农业生产者提供生产决策支持，帮助他们进行产品创新，提高农产品的附加值。同时，电商平台还为批发商和零售商提供优质的供应链服务和管理工具，帮助他们降低成本、提高效率和市场竞争力。

B2B 模式在农村产业中的应用具有广阔的前景和巨大的潜力。B2B 模式通过降低交易成本、提高交易效率、精准匹配市场需求以及促进产业链整合等途径，将有助于推动农村产业的升级和发展，提高农业生产者的收入和生活水平。

第二节　B2C 模式下农产品的销售策略与案例

　　随着互联网的普及和电子商务的迅猛发展，B2C（Business to Consumer，企业对消费者）模式已成为农产品销售的重要渠道之一。B2C 模式不仅拓宽了农产品的销售渠道，提高了销售效率，还为消费者提供了更加便捷、多样化的购物体验。B2C 模式起源于 20 世纪 90 年代初，随着互联网技术的兴起和普及，企业开始尝试将传统销售模式搬到网上。1995 年，亚马逊公司的成立标志着 B2C 电子商务模式的正式诞生。亚马逊最初是一家在线书店，通过互联网直接向消费者销售图书。随后，越来越多的企业开始效仿这一模式，将更多种类的商品搬到网上销售，从而推动了 B2C 电子商务的快速发展。进入 21 世纪后，B2C 模式迎来了高速发展阶段。随着电子商务技术的不断进步和消费者购物习惯的改变，B2C 电子商务逐渐渗透到人们生活的方方面面。在中国，以阿里巴巴旗下的淘宝网和京东商城为代表的 B2C 平台迅速崛起，成为国内电商市场的重要组成部分。这些平台通过提供丰富的商品选择、便捷的购物流程和安全的支付系统，吸引了大量消费者在线购物。同时，B2C 模式也在不断创新和发展。随着移动互联网的普及和智能手机的广泛应用，越来越多的消费者开始通过手机等移动设备进行在线购物。为了适应这一趋势，B2C 电商平台纷纷推出移动端应用软件，提供更加便捷的购物体验。此外，社交电商、直播电商等新兴模式的出现，也为 B2C 电子商务注入了新的活力。而 B2C 模式的出现为农产品销售带来了新的机遇。通过 B2C 电商平台，农户可以直接将农产品销售给全国乃至全球的消费者，打破了地域限制和信息壁垒。同时，B2C 平台提供的便捷购物流程和多样化支付方式也提高了消费者的购物体验。

　　在 B2C 模式下，农产品的销售首先需要进行精准的市场定位，明确目标客户群。市场定位不仅是农产品销售策略的基石，还直接影响到品牌形象、产品定价及营销渠道的选择。以高端市场为例，农产品可以聚焦于有机、绿色、无公害等高端特性，定价策略上偏向高价，通过电商平台如天猫、京东等进行精准营销。高端市场的消费者往往对农产品的品质和健康属性有更高要求，愿意为优质产品支付超出本身价值的费用。据艾瑞咨询数据显示，2023 年中国高端农产品市场规模达到约 500 亿元人民币，年增长率超过 15%，显示出巨大的市场潜力。相比之下，针对中低端市场，农产品则更注重性价比，定价亲民，通过广泛的线上和线下渠道进行销售。中低端市场的消费者更注重价格实惠和购买便利性，因此农产品销售者可以通过规模采购和成本控制来降低售价，吸引更多消费者。某知名电商平台通过整合供应链资源，将东北大米的售价降低了约 20%，成功吸引了大量中低端市场的消费者，月销售额突破亿元大关。在确定目标客户群时，深入分析消费者的需求和偏好至关重要。不同消费者群体对农产品的关注点存在显著差异。年轻人群体往往更注重农产品的便捷性和个性化服务，他们倾向于通过社交媒体和短视频平台了解农产品信息，并享受快速配送服务。根据 QuestMobile 的数据，2023 年中国短视频平台用户规模超过 9 亿，其中超过 60% 的用户为年轻人，这为农产品销售者提供了广阔的营销空间。而中老年人群体则更关注农产品的品质和营养价值，他们更倾向于通过电商平台或线下超市购买农产品，并注重产品的口碑和信誉。因此，农产品销售者需要根据不同目标客户群的特点，制定差异化的营销策略，提供符合其需求的产品和服务。

其次，农产品的选择和质量控制是 B2C 模式销售策略的核心环节。农产品种类繁多，品质参差不齐，如何选择合适的农产品并进行有效的质量控制，直接关系到销售效果和消费者满意度。农产品销售者需要选择具有市场竞争力的农产品。这包括选择当地特色农产品、有机农产品、绿色农产品等，以满足消费者对高品质农产品的需求。以云南的鲜花饼为例，作为当地特色农产品，其独特的口感和丰富的营养价值深受消费者喜爱。据统计，2023 年云南鲜花饼线上销售额超过 10 亿元人民币，年增长率达到 30% 以上。此外，有机农产品和绿色农产品也是市场上的热门选择。随着消费者对健康饮食的关注度不断提高，有机农产品和绿色农产品的市场需求持续增长。据中国绿色食品发展中心数据显示，2023 年中国有机农产品和绿色农产品的市场规模分别达到约 200 亿元人民币和 500 亿元人民币，年增长率均超过 10%。农产品销售者还需要建立严格的质量控制体系。这包括从农产品的种植、采摘、加工、包装到运输等各个环节进行全程监控，以确保农产品的品质和安全性。某电商平台在销售有机蔬菜时，与农户建立了紧密的合作关系，要求农户按照有机农业的标准进行种植，禁止使用化学农药和化肥。同时，该电商平台还建立了严格的检测和追溯体系，对每一批次的蔬菜进行质量检测和安全追溯，确保消费者能够购买到安全放心的有机蔬菜。

在 B2C 模式下，农产品的价格策略和促销活动对销售效果具有重要影响。合理的价格策略和促销活动能够吸引消费者的注意力，提高农产品的销量和市场份额。农产品销售者需要根据市场定位和目标客户群的特点，制定合理的价格策略。对于高端市场，可以采取高价策略，强调农产品的品质和品牌价值。高端的农产品品牌可以通过打造独特的品牌形象和高端的产品定位，将其有机蔬菜的售价定为普通蔬菜的两倍以上，也仍然会受到消费者的热捧。而对于中低端市场，则可以采取低价策略，通过规模采购和成本控制降低售价，吸引更多消费者。电商平台通过整合供应链资源将普通蔬菜的售价全部降低了约 30%，成功吸引了大量中低端市场的消费者。同时农产品销售者可以通过促销活动提高农产品的销量。促销活动包括打折促销、满减优惠、赠品活动等，能够吸引消费者的购买欲望。在春节期间大多电商平台都会推出"年货大街"活动，对农产品进行打折促销和满减优惠。据统计，活动期间农产品的销售额较平时增长了约50%，其中高端农产品的销售额增长了约80%。平台还通过赠品活动吸引消费者购买，购买满一定金额的农产品即可获赠精美礼品一份，有效提升了消费者的购买意愿和满意度。

农产品的营销渠道和品牌建设是B2C模式销售策略的关键环节。合理的营销渠道和强大的品牌形象能够提高农产品的知名度和美誉度，增加消费者的购买意愿。因此，农产品销售者需要选择合适的营销渠道。B2C模式下的营销渠道包括电商平台、社交媒体、短视频平台等。电商平台如天猫、京东等具有广泛的用户基础和完善的交易体系，是农产品销售的重要渠道。据艾瑞咨询数据显示，2023年中国电商平台农产品销售额达到约800亿元人民币，年增长率超过20%。社交媒体如微信、微博等具有强大的社交属性，可以通过内容营销和社群运营吸引消费者关注。某农产品品牌通过微信公众号发布健康饮食知识和农产品种植故事，吸引了大量粉丝关注，并成功转化为消费者。短视频平台如抖音、快手等则通过短视频和直播等形式展示农产品，提高消费者的购买欲望。据QuestMobile数据显示，2023年中国短视频平台农产品相关视频播放量超过100亿次，是农产品销售者营销成果的初步体现。农产品销售者也需要加强品牌建设。品牌建设包括品牌形象的塑造、品牌故事的讲述、品牌文化的传播等。通过品牌建设，农产品销售者能够树立独特的品牌形象，提高消费者的品牌认知度和忠诚度。王保荣，山东德州禹城人，68岁的他可以说是人老心不老，在镇上教了40年书，到退休了又搞起了二次创业，他利用自己的退休金在家乡种植有机蔬菜，并将这些蔬菜通过电商平台销售给全国各地的消费者。通过讲述王保荣的故事和有机蔬菜的种植过程，成功塑造了独特的品牌形象和文化内涵，赢得了消费者的信任和好评。

农产品的物流配送和售后服务是销售策略的重要组成部分。快速准确的物流配送和优质的售后服务能够提高消费者的购物体验和满意度，促进农产品的复购率。农产品销售者需要建立高效的物流配送体系。由于农产品大多具有易腐、易损等特性，因此物流配送需要快速准确，以确保农产品的新鲜度和品质。因此，农产品销售者可以与专业的物流公司合作，建立冷链物流体系，确保农产品在运输过程中的温度和湿度控制。当前国内许多电商平台都选择与顺丰速运合作，建立冷链物流体系，实现了农产品从产地到消费者手中的全程冷链运输。据统计，通过全程的冷链运输，农产品在运输过程中的损耗率降低了约30%，有效提高了农产品的品质和消费者满意度。农产品销售者还需要提供优质的售后服务，包括退换货服务、投诉处理、客户服务等。优质的售后服务能够解决消费者在购买过程中遇到的问题和困扰，提高消费者的满意度和忠诚度。拼多多平台在销售水果时，提供了无理由退换货服务，并设立了专门的客服团队解决消费者的问题和投诉。通过一系列优质的售后服务让消费者满意度高达98%以上，平台还通过定期回访和满意度调查等方式了解消费者的需求和反馈，不断优化售后服务流程和提高服务质量。

第三节　C2C 模式对农村个体电商的影响

随着互联网技术的飞速发展，电子商务已成为推动全球经济增长的重要力量。在这一背景下，C2C（Consumer to Consumer，消费者对消费者）模式作为电子商务的一种重要形式，对农村个体电商产生了深远而积极的影响。C2C 模式的历史发展源远流长，其根源可追溯至互联网蓬勃兴起的初期阶段。1995 年，随着美国 eBay 网站的横空出世，C2C 电子商务模式正式登上历史舞台。eBay 凭借其创新的在线拍卖形式，巧妙地搭建起一个专供个人用户交易二手商品的平台，这一创举迅速在全球范围内引发了热烈反响，赢得了广大用户的青睐与认可。此后，C2C 模式逐渐展现出其强大的生命力和广泛的适用性，其应用范围也从最初的二手商品交易，逐步拓展至全新商品的买卖领域。在中国，C2C 模式的发展轨迹同样充满了传奇色彩。2003 年，阿里巴巴集团旗下的淘宝网横空出世，以其独特的经营理念和优质的服务，迅速崛起为中国 C2C 电子商务领域的佼佼者。淘宝网的诞生，不仅极大地推动了 C2C 模式在中国的普及与发展，更如同一股强劲的东风，激发了无数创业者的雄心壮志。众多有志之士纷纷投身电商行业，借助淘宝这一平台，实现了自己的创业梦想。同时，淘宝网的成功为农村个体电商的兴起奠定了坚实的基础，为乡村经济的蓬勃发展注入了新的活力。

C2C 模式对农村个体电商的影响是多维度且深远的。这一模式不仅为农村电商的发展开辟了新路径，还为个体农户带来了前所未有的机遇，深刻改变了农村经济的面貌。在传统销售模式下，农村个体农户往往受限于地域和信息的闭塞，难以将自家的农产品销售到更广阔的市场。而 C2C 电商平台的出现，彻底打破了这一瓶颈。农户们只需在平台上注册账号，上传产品信息，便能直接面向全国乃至全球消费者展示和销售自家的特色农产品。无论是新鲜的有机蔬菜、地方特色的土特产，还是手工艺品、乡村美食，都能在 C2C 平台上找到属于自己的市场。这种销售模式的转变，不仅极大地拓宽了农产品的销售渠道，还促进了农产品的流通与销售，使得农户们能够更快地将产品转化为现金收入，提高了经济效益。通过 C2C 平台，农户们不仅能够销售产品，还能在平台上与消费者进行互动交流，了解市场需求和消费者偏好。这种直接的沟通方式，使得农户们能够更准确地把握市场动态，及时调整生产策略，生产出更符合市场需求的产品。同时，C2C 平台上的竞争也促使农户们不断提升产品质量和服务水平，以赢得消费者的信任和好评。这种良性的竞争机制，不仅提升了农产品的品牌价值和市场竞争力，还推动了农村电商的健康发展。

C2C 模式不仅降低了创业门槛，还简化了交易流程，使得更多缺乏资金和技术支持的农村个体能够轻松涉足电商领域，实现家门口创业。在传统商业模式下，开设实体店或进行大规模生产往往需要大量的资金投入和技术支持，这对于大多数农村个体农户来说是不切实际的。而C2C电商平台则大大降低了创业门槛，农户们只需一台电脑或一部手机，便能轻松开设网店，进行线上销售。这种低成本的创业方式，使得更多农户能够勇敢地迈出创业的第一步，实现自己的创业梦想。C2C模式的灵活性也是其吸引农村个体农户的重要原因之一。在平台上，农户们可以根据自己的实际情况和市场需求，灵活调整经营策略。他们可以选择销售季节性产品，如春季的草莓、夏季的西瓜等，以抓住市场热点；也可以选择销售特色农产品，如地方特色的土特产、手工艺品等，以突出差异化竞争。这种灵活的经营方式，使得农户们能够更好地适应市场需求，提高销售效率和盈利能力。

此外，C2C平台提供的物流、支付、客服等一站式服务，为农村电商提供了强有力的支持。在物流方面，C2C平台与多家物流公司合作，为农户们提供快速、便捷的物流服务。农户们只需将产品打包好，交给物流公司，便能轻松实现全国范围内的配送。在支付方面，C2C平台支持多种支付方式，如支付宝、微信支付等，使得消费者能够更方便地完成支付。在客服方面，C2C平台提供专业的客服团队，为农户们解答疑问、处理纠纷等，提供了全方位的支持。这些一站式服务不仅简化了交易流程，降低了农户们的运营成本，还提高了整体运营效率和客户满意度。C2C模式还为农村电商带来了更多的发展机遇。随着消费者对健康、绿色、有机食品的需求不断增加，农村电商在特色农产品销售方面具有得天独厚的优势。通过C2C平台，农户们可以将自家的有机蔬菜、土特产等特色农产品直接销售给消费者，以满足消费者的健康需求。C2C平台还为农户们提供了更多的销售渠道和营销手段，如直播带货、社交媒体营销等，使得农户们能够更好地推广自己的产品，提高品牌知名度和市场竞争力。C2C模式促进了农村经济的多元化和现代化进程。在传统经济模式下，农村经济往往以农业为主，产业结构单一，经济效益低下。而C2C电商平台的出现，为农村经济注入了新的活力。农户们通过电商平台销售农产品、手工艺品等特色商品，不仅增加了收入来源，还推动了农村产业结构的调整和优化。C2C模式进一步促进了农村信息化的发展，提高了农户们的信息化素养和电子商务应用能力。这种现代化的经营方式，不仅提升了农村经济的整体效益，还为农村经济的可持续发展奠定了坚实基础。C2C模式以其独特的优势，为农村个体电商的发展注入了新的活力，推动了农村经济的多元化和现代化进程。

第八章

新兴商业模式在农村电商中的探索

第一节　社交电商在农村地区的发展机遇与挑战

社交电商作为一种新兴的商业模式，近年来在全球范围内迅速发展，特别是在农村地区展现出了巨大的发展潜力与机遇。其起源可以追溯到社交媒体平台的兴起，随着QQ、微信等社交软件用户数量的激增，部分小众品牌开始利用这些平台进行产品分销，社交电商的概念逐渐萌芽。2010年左右，随着社交媒体的普及和电商技术的成熟，社交电商开始进入快速发展阶段，各类社交电商平台如雨后春笋般涌现，并通过拼团、秒杀、会员分销等多种模式，吸引了大量用户参与，实现了商品的快速流通和销售。据相关调查报告显示，2022年中国社交电商市场规模已增至数万亿人民币，成为全球电商的重要组成部分。预计到2024年底，社交电商渗透率将超过30%，市场规模将进一步扩大。这些数据充分展示了社交电商的迅猛发展势头及其在电商市场中的重要地位。

目前，中国农村地区社交电商的使用情况表现出强劲的增长势头。随着移动互联网的普及和智能手机在农村地区的广泛应用，越来越多的农民开始接触和使用社交电商平台。根据《中国互联网发展报告（2023）》[1]显示，截至2023年年底，中国农村网民规模已达到3.09亿，占网民总数的30.9%，其中手机网民占比高达98.6%。这意味着社交电商平台在农村地区拥有庞大的潜在用户群体。同时，政府和社会各界的支持也推动了社交电

---

[1] 中国互联网协会. 中国互联网发展报告（2023）[R]. 2023-11.

商在农村地区的发展。商务部等五部门联合印发的《2023年数字乡村发展工作要点》[1]中明确提出,要加快完善县乡村电子商务和快递物流配送体系,推动农村电商高质量发展。这些政策的出台为社交电商在农村地区的发展提供了有力支持。目前,在农村地区使用人数最多的社交电商平台主要包括拼多多、淘宝特价版、京东拼购等。这些平台通过拼团、秒杀等优惠活动吸引了大量农村用户参与,并成为他们购买生活用品和农产品的重要渠道。以拼多多为例,该平台自2015年成立以来,迅速崛起成为社交电商领域的佼佼者。截至2023年年底,拼多多年度活跃买家数已达到8.8亿,其中农村用户占比超过一半。拼多多通过"拼团"模式,让农村用户能够以更低的价格购买到优质商品,同时也为农产品销售提供了新渠道。据统计,2023年拼多多农产品成交额达到3 000亿元,同比增长超过50%,为农民增收和农村经济发展做出了积极贡献。

社交电商为农村地区的发展提供了机遇,首先,社交电商打破了传统商业的地域限制,为农产品销售提供了更广阔的市场。传统农产品销售往往受限于地域和渠道,农民难以将产品销往更广阔的市场。而社交电商通过互联网平台,打破了地域限制,让农民可以直接将产品销往全国乃至全球市场。广东茂名举办"十万电商卖荔枝"主题营销活动,利用社交电商平台进行推广和销售,在短短30天内实现了1.1亿元的销售额,这相当于茂名地区荔枝年产量的近10%,极大地促进了当地荔枝产业的发展。这一案例充分展示了社交电商在农产品销售中的巨大潜力,不仅帮助农民解决了销售难题,还提升了产品的知名度和品牌价值。据商务部数据,2020年全国农产品网络零售额为4 221亿元,同比增长2.8%,其中社交电商平台的贡献不可小觑。

其次,社交电商降低了农民的销售成本,提高了收益。传统农产品销售模式需要经过多层中间商,导致农民收益被大大压缩。而社交电商通过减少中间环节,让农民直接面对消费者,降低了销售成本,提高了销售效率。同时,社交电商平台还提供数据分析、营销推广等一系列服务,帮助农民更好地了解市场需求,制定更加精准的营销策略。以拼多多为例,作为社交电商的代表平台之一,通过拼团模式吸引了大量用户参与,农民可以在平台上直接销售农产品,但无须支付高昂的中间费用,从而提高了收益。据统计,2023年拼多多农产品成交额中超过60%的农产品来自农村地区,直接惠及数百万农民。此外,拼多多还利用大数据技术对用户需求进行分析,为农民提供精准的营销推广服务,进一步提升了销售效果。

再次,社交电商促进了农村产业结构的优化升级。传统农业产业往往以种植业为主,产业结构单一,附加值低。而社交电商通过引入市场需求信息,引导农民调整种植结构,

---

[1] 中央网信办,农业农村部,国家发展改革委,工业和信息化部,国家乡村振兴局. 2023年数字乡村发展工作要点[Z]. 2023-04.

发展特色农业，提高了农产品的附加值和竞争力。在云南普洱，社交电商平台的兴起带动了当地普洱茶的销售，农民开始注重茶叶的品质和品牌建设，不仅提高了茶叶的售价，还带动了相关产业的发展，如茶具制作、茶叶包装设计等。同时，社交电商还带动了农村物流、包装、设计等相关产业的发展，并在当地形成了完整的产业链条，促进了农村经济的多元化发展。以浙江丽水为例，社交电商平台的兴起带动了当地茶叶、香菇等特色农产品的销售，同时也促进了农村物流、包装设计等产业的快速发展，形成了"电商+农业+物流"的产业链模式，为当地农村经济发展注入了新的活力。据丽水市政府统计，2023年当地农村电商交易额达到150亿元，同比增长30%，其中特色农产品占比超过60%，成为当地农民增收的重要途径之一。

此外，社交电商的兴起还改变了农村地区的消费习惯和生活方式。传统农村地区由于交通不便、信息闭塞等原因，消费习惯相对保守，生活方式单一。而社交电商的普及让农村用户能够接触到更多元化的商品和服务，满足了他们的消费需求。同时，社交电商平台上的优惠活动和互动功能也丰富了农村用户的业余生活，提升了他们的生活质量。在拼多多平台上，农村用户可以通过参与拼团活动享受优惠价格，还可以通过观看直播、分享商品等方式获得积分和奖励，这些互动功能不仅增加了购物的趣味性，也促进了农村用户之间的交流和互动。

最后，社交电商还促进了农村地区的创新创业和人才回流。随着社交电商在农村地区的快速发展，越来越多的年轻人选择返乡创业，利用社交电商平台销售农产品或开展其他电商业务。这些年轻人不仅为农村地区带来了新的思想和技术，还带动了当地就业和经济发展。陕西省宝鸡市陇县的年轻人张涛返乡创业，利用拼多多平台销售当地特产核桃和蜂蜜等农产品，不仅实现了自己的创业梦想，还带动了当地农民增收和就业。他的成功案例激励了更多年轻人投身到农村电商事业中，为乡村振兴贡献自己的力量。

社交电商在农村地区的发展虽然展现出广阔的前景和诸多机遇，但同时也面临着一系列挑战。这些挑战主要集中在物流基础设施的不完善、农民电商意识的薄弱以及专业人才的匮乏等方面。值得庆幸的是，随着政府和社会各界的共同努力，这些问题正在逐步得到解决。

物流基础设施的不完善是制约社交电商在农村地区发展的主要瓶颈之一。由于农村地区地理位置偏远、交通不便，物流网络的覆盖率和配送效率相对较低，导致农产品上行和工业品下行的流通成本高昂，严重影响了社交电商的发展速度和规模。为了打破这一瓶颈，政府加大了对农村物流基础设施的投资力度，不断提升农村地区的物流配送能力。《2023年数字乡村发展工作要点》中明确提出，要加快完善县乡村电子商务和快递物流配送体系，推动农村电商高质量发展。这一政策的出台，不仅为农村物流基础设施的建设提供了政策指导和资金支持，还促进了物流企业与电商平台的深度合作，共同构建覆盖广泛、高效便捷的农村物流网络。据国家邮政局数据显示，截至2023年年底，全国已建成农村快递服务网点超过30万个，乡镇快递网点覆盖率达到98%，有效解决了农村地区物流配送难的问题。

农民电商意识的薄弱也是制约社交电商在农村地区发展的关键因素。由于农村地区信息闭塞、教育水平相对较低，农民对电商的认知和理解程度有限，缺乏运用电商平台进行销售和购物的意识和技能。为了提升农民的电商意识和技能水平，政府和社会各界积极开展了一系列电商培训和电商扶贫项目。各地政府纷纷举办电商培训班，邀请电商专家为农民讲解电商知识、演示电商平台操作技巧，帮助农民掌握电商销售的基本技能。同时，一些电商平台也积极参与电商扶贫项目，通过提供技术支持、资金扶持和销售渠道等方式，帮助贫困地区的农民利用电商平台实现脱贫致富。这些培训和扶贫项目的实施，不仅增强了农民的电商意识和技能水平，还激发了他们参与电商创业的热情和信心。据统计，截至2023年年底，全国已累计培训农村电商人才超过1 000万人次，有效推动了社交电商在农村地区的普及和发展。

专业人才的匮乏也是制约社交电商在农村地区发展的重要因素。由于农村地区经济欠发达、生活条件相对艰苦，难以吸引和留住具有专业技能和经验的电商人才。为了解决这个问题，政府和社会各界采取了一系列措施，积极培养和引进电商专业人才。一方面，政府加大对农村电商教育的投入力度，鼓励和支持高校和职业院校开设电商相关专业课程，培养具有电商专业知识和技能的农村青年人才。另一方面，政府和社会各界积极引进具有丰富电商经验和专业技能的人才到农村地区工作，为当地电商发展提供智力支持和技术保障。此外，一些电商平台也积极参与人才培养工作，通过提供实习实训机会、开展职业技能竞赛等方式，发现和培养具有潜力的电商人才。这些措施的实施，不仅缓解了农村电商专业人才匮乏的问题，还为社交电商在农村地区的长期发展提供了有力的人才保障。

除了上述挑战和应对措施外，社交电商在农村地区的发展还需要关注以下几个方面的问题。一是加强农产品品牌建设。由于农村地区农产品种类繁多、品质参差不齐，缺乏统一的品牌形象和营销策略，导致农产品在市场上的竞争力较弱。因此，需要加强农产品品牌建设，如通过统一品牌标识、提升产品品质、加强营销推广等方式，提高农产品的知名度和美誉度，增强市场竞争力。二是完善农村电商服务体系。除了物流配送和人才培养外，农村电商服务体系还包括金融支付、售后服务、技术支持等多个方面。为了提升农村电商的整体服务水平，需要不断完善农村电商服务体系，为农民提供更加便捷、高效、全面的电商服务。三是加大农村电商监管力度。随着社交电商在农村地区的快速发展，不法分子利用电商平台进行虚假宣传、销售假冒伪劣产品等违法违规行为也层出不穷。为了保障农民的合法权益和电商市场的健康发展，需要加强农村电商监管力度，建立健全监管机制和政策法规体系，加大对违法违规行为的打击力度。

社交电商在农村地区的发展虽然面临诸多挑战，但随着加强物流基础设施建设、提升农民电商意识和技能水平、培养和引进电商专业人才等措施的实施，社交电商在农村地区的发展前景将更加广阔。

第二节　直播电商助力农产品销售的模式与效果

直播电商作为一种新兴的商业模式，自诞生以来便迅速渗透到各个行业，根据中国互联网络信息中心发布的第53次《中国互联网络发展状况统计报告》[1]，截至2023年12月，电商直播用户规模约为6亿人，占网民整体的54.7%，较2022年12月的数据增长8 267万人，尤其在农产品销售领域，直播电商展现出了强大的生命力和巨大的潜力。这一模式的兴起，不仅为农产品的销售开辟了全新的渠道，也为农村经济的发展注入了新的活力。直播电商的历史起源可以追溯到2009年，当时社区导购模式的兴起为后来直播电商的萌芽奠定了基础。社区导购模式通过社区论坛、博客等社交媒体平台，让用户分享购物心得和推荐商品，形成了一种基于社交关系的商品推广方式。虽然这种模式尚未形成完整的直播电商产业链，但它为后来的直播电商发展提供了宝贵的经验和启示。真正意义上的直播电商元年是2016年。这一年，淘宝、快手等平台相继上线直播功能，标志着直播电商正式进入公众视野。淘宝作为国内最大的电商平台之一，其直播功能的上线迅速吸引了大量用户和商家的关注。据统计，2016年淘宝直播的日活跃用户数量迅速攀升，仅用了几个月时间就突破了百万大关。与此同时，快手作为短视频平台的代表，也敏锐地捕捉到了直播电商的商机，迅速推出了直播功能，并吸引了大量年轻用户和网红主播的入驻。随后几年，直播电商经历了快速拓展期（2017—2018年）和百花齐放期（2019—2020年）。在这一阶段，各大电商平台纷纷布局直播领域，完善直播电商产业链。淘宝、京东、拼多多等电商平台不仅加大了对直播功能的投入和优化，还积极引入网红主播、明星代言人等资源，提升直播电商的用户体验和商业价值。同时，一些新兴的直播电商平台如蘑菇街、抖音等也开始崭露头角，通过独特的定位和差异化的运营策略，吸引了大量用户和商家的关注。据艾媒咨询数据显示，2017年中国直播电商市场规模达到190亿元，同比增长率高达350%。2018年，这一数字更是飙升至1 330亿元，同比增长近6倍。直播电商用户规模也实现了快速增长，从2017年的近1亿人增长到2018年的近2.7亿人，增长率高达170%。这一阶段的快速拓展为直播电商行业的后续发展奠定了坚实的基础。进入2019年，直播

---

[1] 中国互联网络信息中心（CNNIC）．第53次《中国互联网络发展状况统计报告》[R]．2024．

电商行业进入了百花齐放期。各大直播平台纷纷加大了对内容生态和商业模式的探索和创新，推出了更加多元化和个性化的直播内容和商品。同时，一些新兴的直播电商模式如社交电商、内容电商也开始崭露头角，为行业注入了新的活力和机遇。截至2024年6月，中国网民规模近11亿人，较2023年12月增长742万人，互联网普及率达78.0%。上半年，中国互联网基础资源夯实发展根基，数字消费激发内需潜力，数字应用释放创新活力，更多人群接入互联网，共享数字时代的便捷和红利。其中网络直播用户规模达8.16亿人，占网民整体的74.7%。中国演出行业协会发布的《中国网络表演（直播与短视频）行业发展报告（2022—2023）》❶ 显示，不含线上营销（广告）业务，2022年网络表演（直播与短视频）行业整体市场营收已经达到1 992.34亿元。这一阶段的快速发展不仅展现了直播电商的巨大市场潜力和商业价值，也为后续的行业规范化、精细化发展提供了有力支撑。进入2023年以来，直播电商行业继续保持强劲的增长势头。抖音、快手等平台接力引领市场持续扩张，直播电商进入全民直播时代。技术进步、供给与需求端以及政策法规的共同推动，使得直播电商行业呈现出更加规范化、精细化的发展趋势。在这一背景下，农产品销售领域也开始积极探索直播电商模式，通过直播平台将农产品直接推向消费者，打破了传统销售模式的地域限制和渠道壁垒。

抖音作为短视频平台的代表之一，自2018年推出直播功能以来便迅速崛起成为直播电商领域的重要力量。抖音凭借其庞大的用户基础和强大的内容生态优势，吸引了大量网红主播和商家的入驻。截至2023年年底，抖音电商商城的GMV同比增长了277%，累计GMV突破10万元的作者已经超过60万人，抖音平台上的农产品直播销售也呈现出蓬勃发展的态势。在2023年的"双十一"购物节期间，抖音平台上的农产品直播销售额达到了数十亿元之多，为农民带来了实实在在的收益。抖音平台上某东北知名农产品主播通过直播销售自己家乡的农产品，如大米、玉米、土豆等不仅获得了可观的收益，还带动了当地农产品产业的发展。据统计，该主播在抖音平台上的农产品直播销售额已超过亿元大关，不仅为当地农民带来了实实在在的收益，还通过直播销售农产品帮助贫困地区的农民致富，展现了直播电商的社会价值。

快手作为另一家短视频平台巨头，也在直播电商领域取得了显著成绩。快手凭借其独特的社交属性和下沉市场优势，吸引了大量年轻用户和农村用户的关注。据统计，截止到2023年底，快手电商总GMV首次冲破万亿元大关，达到了1.18万亿元，并且快手月活跃用户突破了7亿，占中国网民人群的60%，平均用户人均使用时长超过了120分钟。快手平台上的农产品直播销售同样表现出色。在2023年的"快手年货节"期间，快手平台上的农产品直播销售额再创新高为农民带来了可观的收益。快手平台上的某农产品主播通

---

❶ 中国演出行业协会. 中国网络表演（直播与短视频）行业发展报告（2022—2023）[Z]. 2023-05-11.

过直播展示自己家乡的农产品如桃子、苹果、葡萄等，吸引了大量消费者的关注和购买，在快手平台上的农产品直播销售额已超过千万元大关，为当地农民带来了可观的收益。同时积极参与农村电商培训活动，帮助更多的农民掌握直播电商技能来提升农产品销售效果。

除了抖音和快手外，其他一些电商平台也在积极探索农产品直播销售模式。拼多多首先通过其独特的社交拼团模式吸引了大量农村用户的关注，而后在平台上推出了大量农产品直播销售活动。"多多果园"项目即是一个将直播电商与农产品销售相结合的典型案例。该项目通过引入专业的主播和供应链资源在拼多多平台上开展农产品直播销售活动，消费者可以通过观看直播了解农产品的品质和特点并直接下单购买。据统计，"多多果园"项目在拼多多平台上的农产品直播销售额已超过数十亿元大关，为农民带来了可观的收益。除直播销售外，该项目还通过引入智能物流、大数据分析等技术手段来保障农产品销售的效率和品质。据统计，截至2023年年底，拼多多平台上的农产品直播销售额已达到数百亿元之多。此外，一些新兴的直播电商平台如淘宝直播、京东直播等也在积极布局农产品直播销售领域，通过引入专业的主播和优质的供应链资源提升农产品直播销售的效果和品质。

直播电商在农产品销售领域的应用效果显著，不仅打破了传统销售模式的地域限制和渠道壁垒，还降低了销售成本，提高了农民的收益，促进了农产品品牌的建设和推广，并带动了农村相关产业的发展。由于交通不便、信息闭塞等原因，传统农产品销售模式往往受到地域和渠道的限制，许多优质农产品只能在本地或周边地区销售，农民难以将农产品销售到更广阔的市场，也无法触达更广泛的消费者群体。这不仅限制了农产品的销售规模，也影响了农民的收益。然而，直播电商的出现打破了这一困境。通过直播平台，农产品可以直接推向消费者面前，无论消费者身处何地，只要拥有网络连接，就能观看到农产品的直播展示，并进行购买。这种销售模式打破了地域和渠道的限制，让农民能够更加便捷地将农产品销售到全国各地甚至全球市场。直播销售的优势使得中国直播电商市场交易规模持续增长。2023年直播电商渗透率达到37.8%，同比增长24.3%。国家统计局数据显示，2023年中国实物商品网上零售额较上年增长8.4%，占社会消费品零售总额的比重为27.6%。2024年1—6月，全国实物商品网上零售额同比增长8.8%，占社会消费品零售总额的比重为25.3%。直播电商凭借高效率、高互动、高感知特性，为整体消费市场带来更多新增量，这些数据充分证明了直播电商在打破农产品销售地域限制和渠道壁垒方面的显著效果。

传统农产品销售模式需要经过多层中间商环节，导致销售成本高昂，农民收益被压缩。从农民手中到消费者手中，农产品往往需要经过多个环节的转运和销售，每个环节都会增加一定的成本。这些成本最终会转嫁到消费者身上，导致农产品价格偏高，同时农民获得的收益却相对较低。直播电商则通过减少中间环节，农民直接与消费者进行交易，省去了中间商的费用，以此降低销售成本，让农民能够获得更高的收益。同时，直播平台还提供了便捷的支付和物流服务，进一步降低了销售成本。通过直播电商销售农产品的农民收益普遍比传统销售模式高出20%以上。在抖音平台一些农产品主播通过直播销售农产品，不仅获得了可观的收益，还带动了当地农产品产业的发展。

直播电商不仅为农产品销售提供了新的渠道，还促进了农产品品牌的建设和推广。通过直播平台的展示和互动，消费者可以更加直观地了解农产品的品质、特点和产地信息，增强了对农产品的信任感和购买意愿。同时，主播的推荐和口碑传播也为农产品品牌的建设提供了有力支持。在快手平台上，一些农产品主播通过直播展示农产品的种植、采摘和加工过程，让消费者更加了解农产品的品质和特点。这种直观、真实的展示方式极大地提升了农产品的品牌知名度和美誉度。例如，在快手平台上直播销售自家的土鸡蛋通过展示土鸡的养殖环境和鸡蛋的品质特点，吸引了大量消费者购买。长此以往，主播的土鸡蛋品牌逐渐在消费者中树立了良好的口碑，成为当地的知名品牌。此外，直播电商还通过数据分析等技术手段，帮助农民更好地了解市场需求和消费者偏好，从而有针对性地进行产品开发和品牌建设。例如，农产品企业可以通过与直播平台合作，对消费者的购买数据进行分析，发现消费者对有机农产品的需求日益增加，从而增加对该产品的生产投入。企业加大了有机农产品的研发和推广力度打造自己的有机农产品品牌。

直播电商在农产品销售领域的应用还带动了农村物流、包装、设计等相关产业的发展，形成了完整的产业链条。随着直播电商的深入发展，农村地区的物流基础设施得到了显著改善，物流配送能力得到了大幅提升。为了满足消费者对农产品包装和设计的需求，农村地区也涌现出了一批专业的包装设计和物流公司。在物流方面，许多农村地区原本缺乏高效的物流配送体系，导致农产品难以及时送达消费者手中。而直播电商的发展促进了农村物流基础设施的建设和完善。一些物流公司纷纷进入农村市场，建立了覆盖广泛的物流配送网络。这些物流公司不仅为农产品销售提供了便捷的物流服务，还带动了当地就业和经济发展。在包装和设计方面，随着消费者对农产品品质和外观要求的提高，农村地区也逐渐涌现出了一批专业的包装设计和物流公司。这些公司根据农产品的特点和市场需求，为农产品提供个性化的包装设计和物流服务。此外，直播电商还带动了农村旅游、餐饮等相关产业的发展。一些农村地区通过直播展示当地的自然风光和人文景观，吸引了大量游客前来观光旅游。还有一些农产品主播还通过直播推广当地的特色美食和餐饮文化，带动了当地餐饮产业的发展。

值得一提的是，随着直播电商行业的不断发展，越来越多的专业机构和人才开始涌入这一领域。MCN机构作为连接主播、平台和品牌的桥梁，在直播电商产业链中发挥着越来越重要的作用。它通过提供专业的培训、策划、运营等服务，帮助主播提升直播效果和销售业绩，同时也为品牌和平台提供了更多的合作机会和商业价值。MCN 机构，即多频道网络（Multi-Channel Network），起源于美国 YouTube 平台，最初是为视频内容创作者提供内容分发、版权管理、商业变现等服务的机构。随着直播电商的兴起，MCN 机构逐渐发展成为连接主播、平台和品牌的关键纽带，在直播电商产业链中的角色日益凸显。

首先，MCN 机构为主播提供专业的培训服务。直播电商对主播的要求不仅限于产品介绍和互动能力，还包括形象管理、语言表达、营销策略等多方面的技能。MCN 机构通过系统化的培训课程，帮助主播提升专业素养和综合能力，使其能够更好地适应直播电商的需求。专业的 MCN 机构拥有完善的培训体系，包括主播选拔、技能培训、实战演练等多个环节，确保每位主播都能达到专业水准。MCN 机构为主播提供全方位的策划和运营支持。直播电商的成功离不开精心的策划和高效的运营。MCN 机构通过市场调研、竞品分析等手段，为主播制定个性化的直播内容和营销策略，同时利用大数据分析技术，优化直播流程和用户体验。此外，MCN 机构还负责主播的日程安排、粉丝管理、危机公关等工作，确保主播能够专注于直播本身，提升直播效果和销售业绩。再者，MCN 机构为品牌和平台提供更多的合作机会和商业价值。MCN 机构与众多主播建立了稳定的合作关系，拥有丰富的主播资源和粉丝基础。这使得 MCN 机构能够成为品牌和平台寻找合作主播的首选渠道。通过 MCN 机构的牵线搭桥，品牌和主播可以实现精准对接，共同开展营销活动，提升品牌知名度和销售业绩。同时，MCN 机构还可以利用自身的影响力和资源，为品牌和平台定制专属的推广方案，实现商业价值的最大化。

MCN 机构作为直播电商产业链中的重要环节对行业的推动作用不可忽视。它们通过提供专业的培训、策划、运营等服务帮助主播提升专业素养和综合能力；通过连接主播、平台和品牌为各方提供更多的合作机会和商业价值；通过技术创新和模式升级推动行业的健康发展和持续繁荣。首先，MCN 机构提升了直播电商的专业化水平。随着直播电商行业的不断发展市场竞争日益激烈对主播的专业素养和综合能力要求也越来越高。MCN 机构通过提供专业的培训和运营支持帮助主播不断提升自身能力适应市场需求的变化。这不仅有助于提升直播电商的整体质量水平还有助于增强消费者对直播电商的信任感和满意度。其次，MCN 机构促进了直播电商的生态化发展。直播电商是一个涉及多方利益的复杂生态系统包括主播、平台、品牌、消费者等多个环节。MCN 机构作为连接各方的桥梁通过协调各方利益和资源促进生态系统的平衡和稳定。它们通过为主播提供资源和支持、为平台提供内容和流量、为品牌提供营销和推广服务等方式推动直播电商生态的良性循环和持续发展。最后，MCN 机构推动了直播电商的创新与升级。随着技术的不断进步和市场的不断变化直播电商行业也需要不断创新和升级以适应新的发展趋势和需求。MCN 机构作为行业内的专业机构拥有敏锐的市场洞察力和强大的创新能力。它们通过引入新技术、新模式、新理念等方式推动直播电商的创新与升级提升行业的竞争力和影响力。

直播电商作为一种新兴的商业模式在农产品销售领域展现出了强大的生命力和巨大的潜力。通过打破地域限制、降低销售成本、促进品牌建设等方式的直播电商为农产品的销售开辟了全新的渠道,也为农村经济的发展注入了新的活力。

第三节 社区团购在农村市场的可行性与实践

随着互联网技术的飞速发展,电子商务已经深入我国城乡各个角落,尤其在广袤的农村地区,电商模式的创新和实践正以前所未有的速度推进。社区团购作为一种新兴的电商模式,以其独特的社区化、社交化特点,在农村市场展现出了强大的生命力与广阔的应用前景。

社区团购是指以社区为单位,通过网络平台组织居民集体购买商品或服务的一种方式。它起源于中国,最初是为了满足邻里间的小规模需求,如团购水果、蔬菜等日常用品。随着移动互联网的发展,社区团购逐渐演变成了一种集约化的线上购物模式。社区团购的概念最早可以追溯到2014年,但真正兴起并引起广泛关注是在2016年。这一年,长沙的"兴盛优选"成为社区团购领域的先行者,标志着社区团购模式的正式诞生。兴盛优选通过整合社区资源,利用微信群等社交媒体工具,将小区内的居民组织起来进行集体购买,这一模式迅速在长沙地区获得了成功,并吸引了众多模仿者和投资者的关注。此后,随着微信小程序的普及和移动支付的便捷化,社区团购迅速在全国范围内推广开来,成为一种新型的电商模式。

在中国,社区团购的发展经历了几个明显的阶段。初创期(2016—2018年)是社区团购模式的探索与试错阶段。这一时期,社区团购主要集中在长沙等少数城市,模式较为单一,主要以生鲜团购为主。生鲜产品作为日常消费的高频商品,其新鲜度和价格成为吸引消费者的关键因素。随着微信小程序的兴起,社区团购开始逐渐规模化、标准化。小程序提供了便捷的下单和支付功能,使得消费者能够轻松参与团购活动,同时也为团长和平台提供了高效的管理工具。这一阶段,虽然市场规模不大,但为后续的快速发展奠定了坚实的基础。

进入洗牌期(2019年),社区团购行业迎来了激烈的竞争。随着市场热度的提升,大量资本涌入社区团购领域,各种平台如雨后春笋般涌现。然而,由于市场同质化严重,加之部分平台运营不善,资金链断裂,导致大量平台倒闭或被收购。这一时期,行业经历了残酷的洗牌,一些实力较弱、缺乏核心竞争力的平台被淘汰出局。同时,这也促使幸存的平台开始寻求差异化发展,提升服务质量,加强供应链管理,以应对日益激烈的市场竞争。

自2020年起，社区团购进入了扩张期。这一年，新冠疫情的爆发给人们的生活方式带来了巨大变化，居家隔离和减少外出使得线上购物需求激增。社区团购凭借其便捷性和价格优势，重新获得了市场的广泛关注。与此同时，互联网巨头如美团、拼多多、京东等也纷纷加入社区团购市场，将这一模式提升至战略高度。这些巨头凭借强大的资金实力、技术能力和用户基础，迅速在全国范围内扩张，推动了社区团购市场的快速发展。

在市场规模方面，根据前瞻产业研究院的数据，2022年中国社区团购市场规模约为2 100亿元，同比增长超70%。这一数据充分展示了社区团购市场的强劲增长势头。随着消费者对线上购物需求的不断增加，社区团购模式的不断成熟和完善，预计未来几年市场规模将继续保持快速增长。预计到2029年，中国社区团购市场规模有望突破1万亿元大关，成为电商领域的重要组成部分。用户规模方面，截至2022年，中国社区团购用户规模达到6.26亿人，年均增速达到36.92%。这一数据表明，社区团购已经深入到了千家万户，成为众多消费者日常购物的重要选择。随着市场渗透率的进一步提升，预计未来用户规模将继续扩大，覆盖更广泛的消费群体。特别是随着下沉市场的逐步开发，社区团购将在三四线城市及农村地区展现出更大的发展潜力。在竞争格局方面，目前中国社区团购行业已经初步形成了以淘宝、京东、拼多多、美团为代表的电商平台及兴盛优选等社区电商平台的竞争格局。这些平台在市场份额、用户规模等方面占据领先地位，通过不断优化供应链管理、提升服务质量、加强营销推广等手段，巩固和扩大自己的市场份额。同时，随着市场竞争的加剧，各平台也在积极探索差异化发展路径，以满足消费者日益多样化的需求。如一些平台开始拓展商品品类，从生鲜扩展到日用品、家居用品等多个领域；另一些平台则注重提升用户体验，通过优化物流配送、加强售后服务等方式提升用户满意度。

社区团购在中国的发展不仅体现在市场规模和用户规模的快速增长上，还体现在其对社会经济的积极影响上。首先，社区团购通过整合社区资源，降低了物流成本，提高了交易效率，为消费者带来了更加便捷、优惠的购物体验。同时，社区团购也为供应商提供了稳定的销售渠道和订单保证，有助于提升供应链的稳定性和效率。其次，社区团购促进了农产品的上行流通，帮助农民拓宽了销售渠道，提高了农产品的附加值和农民收入。通过社区团购平台，农民可以将自己的农产品直接销售给城市消费者，减少了中间环节，提高了利润空间。此外，社区团购还促进了社区居民之间的交流与互动。在团购过程中，居民们可以相互了解购买心得和使用经验，分享生活，既增进了邻里之间的感情，也增强了社区凝聚力。

随着消费者对线上购物需求的不断增加以及技术的不断进步和创新，社区团购将在更多领域展现出其独特的优势和价值。随着物联网、大数据、人工智能等技术的广泛应用，社区团购能够实现更加精准的商品推荐和个性化的购物体验；区块链技术的应用，社区团购能够建立更加安全可靠的商品追溯体系和支付结算机制保障消费者的权益和安全。同时随着下沉市场的逐步开发以及乡村振兴战略的深入实施，社区团购将在农村地区展现出更大的发展潜力，成为推动农村经济发展和农民增收的重要途径之一。

社区团购在农村市场的可行性与实践，不仅基于市场需求、供应链体系和政策支持的坚实基础。从市场需求角度来看，农村地区居民对于优质、实惠商品的需求日益旺盛，然而传统购物渠道有限且价格偏高，成为制约农村消费的重要因素。社区团购模式通过集中采购和物流配送，有效降低了商品成本，为农村居民提供了物美价廉的购物选择，满足了他们日益增长的生活需求。

供应链体系的完善为社区团购在农村市场的发展提供了有力保障。随着电商和物流行业的快速发展，农村地区的供应链体系逐渐成熟，为社区团购平台与当地供应商建立合作关系创造了有利条件。这些合作关系的建立，不仅确保了商品的质量和供应稳定性，还促进了农村经济的多元化发展。同时，社区团购平台通过引入大数据、人工智能等先进技术，优化了供应链管理和物流配送效率，进一步降低了运营成本，提升了服务质量。政策支持也是社区团购在农村市场得以迅速发展的重要因素。国家高度重视乡村振兴战略的实施，出台了一系列政策措施支持农村电商的发展。社区团购作为农村电商的重要组成部分，得到了政策的积极扶持。这些政策不仅为社区团购平台提供了资金、税收等方面的优惠待遇，还为其在农村市场的拓展提供了良好的外部环境。

在实践方面，拼多多旗下的"多多买菜"、兴盛优选和美团优选等平台，通过各自的特色模式和创新策略，成功在农村市场站稳了脚跟。"多多买菜"通过与当地供应商紧密合作，确保商品的新鲜度和质量，同时利用大数据和人工智能技术优化供应链管理和物流配送效率，为农村居民提供了便捷、高效的购物体验。兴盛优选则注重与当地农户的合作，推广优质农产品，通过直播带货、限时秒杀等方式提高农产品的知名度和销售量，助力农民增收。美团优选则整合了美团的本地生活服务资源和供应链优势，为农村居民提供多样化的商品和服务，并通过建设农村电商服务中心、开展电商培训等方式提高农村居民的电商素养和创业能力。

数据分析进一步印证了社区团购在农村市场的巨大潜力。据统计，2022年中国农村地区社区团购用户规模达到2.5亿人，同比增长超过50%，市场渗透率的快速提升。交易额方面，据前瞻产业研究院预测，2022年中国农村地区社区团购交易额达到约500亿元，同比增长超过80%，预计到2029年交易额有望突破2 000亿元。此外，供应链数据的增长也反映了社区团购平台与供应商合作关系的不断深化和拓展。目前，中国农村地区社区团购平台已与数千家供应商建立了合作关系，覆盖了生鲜、日用品、家居用品等多个品类，预计未来将有更多优质商品进入农村市场，满足农村居民的多样化需求。社区团购在农村市场的可行性与实践已经得到了充分验证，其未来发展前景广阔，有望为农村经济的繁荣和乡村振兴战略的深入实施做出更大贡献。

第四节　农村电商商业模式的创新路径

在当今时代，数字化转型的浪潮席卷全球，已成为驱动社会经济发展的核心引擎，尤其在乡村振兴战略的实施过程中，其地位与作用愈发凸显，不可或缺。面对乡村地区对发展的迫切渴望以及电子商务行业的蓬勃兴起，如何创新农村电商商业模式，以数字化技术为强大动力，引领乡村走向智慧发展之路，显得尤为关键且迫切。电商商业模式，简言之，即依托互联网技术与平台，实现商品、服务或信息的在线交易，并在此过程中创造价值的一系列策略与结构框架的集合。它将现代信息技术与商业活动紧密融合，凭借跨越时空的便捷性、交易过程的高效性、服务的个性化定制、成本的显著降低以及持续不断的创新能力，深刻改变了传统商业的版图，为全球经济增长注入了新的活力与动能。电商商业模式的核心特点，具体体现在其能够打破地理与时间的束缚，让全球交易与信息流通变得触手可及；通过自动化流程精简中间环节，大幅提升交易效率，为消费者带来前所未有的购物便利；利用大数据分析精准把握用户需求，提供量身定制的产品与服务，从而有效增强用户忠诚度；降低对实体店铺的依赖，有效削减运营成本，拓宽利润空间；紧跟技术迭代的步伐，不断推动商业模式革新，以适应瞬息万变的市场环境，保持强劲的竞争力。电商商业模式的创新，离不开坚实理论体系的支撑。其中，"魏-朱六要素"商业模式理论便为企业优化商业模式提供了宝贵的理论指导。该理论模型从企业定位、业务系统、关键资源能力、盈利模式、自由现金流结构以及企业价值六个维度出发，深入剖析了商业模式的内在构成与运作机制。这些要素之间相互依存、相互作用，共同构建起企业商业模式的核心框架，为企业在激烈的市场竞争中寻求创新突破提供了有力的理论武器。

回顾农村电商商业模式的发展历程，其大致经历了三个关键阶段。从2003年至2015年的探索阶段，农村电商在国家政策的引导下，逐步起步并小规模增长，形成了初步的发展格局。2016年至2020年间，农村电商进入规模化、专业化的发展快车道。在此期间，国家加大部署力度，完善物流体系，推动电商进农村，取得了显著成效。自2021年以来，随着"数商兴农"工程的提出，农村电商迈入了高质量发展的新阶段。该工程旨在通过数字技术与数据资源赋能农村商务，全面提升其数字化、网络化、智能化水平，为乡村振兴战略的深入实施提供有力支撑。当前，农村电商商业模式正呈现出多元化、专业化、融合化的发展态势。传统电商平台如淘宝、京东等积极布局农村市场，通过设立服务站、开展培训等方式，助力农村电商的普及与发展。同时，拼多多、快手、抖音等新兴电商平台也凭借社交电商、直播带货等新模式，为农村电商注入了新的活力与可能。在此背景下，农村电商的供应链体系日益完善，政策支持力度不断加大，新业态新模式层出不穷，如直播带货、社区团购、农产品电商等，为农村电商的多元化发展开辟了新路径。然而，农村电商在快速发展的同时也面临着基础设施薄弱、电商人才短缺、物流配送成本高等诸多挑战，亟需政府、企业与社会各界携手共进，共同破解难题。

农村电商商业模式的创新路径需从多个维度入手。首先，要强化数字乡村建设。加强基础设施投入，完善网络通信、电力供应等核心设施，为电商发展奠定坚实的硬件基础。同时，推动农业产业的数字化转型，利用物联网、大数据、人工智能等技术优化生产流程，提高生产效率，实现产业链与供应链的高效整合。此外，构建数字化管理平台，整合资源，实现精细化管理，提升乡村治理现代化水平。其次，要大力发展农村电子商务。拓宽农产品销售渠道，突破传统销售模式的限制，让农产品走向世界；重视电商人才培养，提升从业人员素质，为农村电商的持续繁荣提供人才保障；优化物流配送体系，确保农产品快速、准确送达消费者手中，提升服务质量。再次，推动乡村产业多元化发展，引入更多元化的产业与产品，促进经济多元化；利用电商平台推广乡村旅游、手工艺品、特色农产品等，增加农民收入来源；引入现代农业技术与管理理念，推动传统农业向现代农业转型升级。此外，创新电商服务模式，满足消费者日益多样化的需求。开展定制化服务、完善售后服务体系、创新金融服务等，提升用户体验与满意度。最后，加强政策支持和引导，出台更多优惠政策措施，如财政补贴、税收优惠、金融支持等；加大监管力度，规范市场秩序，保护消费者权益；加强部门间协调合作，形成政策合力，共同推动农村电商健康、持续发展。

农村电商商业模式的创新是推动乡村振兴和智慧发展的重要力量。通过强化数字乡村建设、发展农村电子商务、推动乡村产业多元化发展、创新电商服务模式以及加强政策支持和引导等措施，可以探索出适合农村市场特点的电商商业模式创新路径。未来，随着技术的不断进步和市场的不断发展，农村电商商业模式创新将呈现出更加多元化和融合化的趋势，为乡村经济的繁荣和乡村振兴战略的深入实施注入新的动力。

第五节 基于产业链整合的农村电商商业模式创新

随着互联网技术的飞速发展，电子商务已经渗透到各个行业，包括传统农业领域。农村电商作为电子商务与农业产业结合的新模式，正在逐步改变农村地区的商业模式，促进农产品的流通和销售，提高农民的收入。然而，农村电商的发展也面临着诸多挑战，如基础设施落后、人才缺乏、资金不足等。因此，基于产业链整合的农村电商商业模式创新成为当前研究的重点。

产业链整合作为现代企业管理与战略规划中的核心概念，其核心在于打破传统企业边界，实现资源的最优配置与价值的最大化创造。这一概念超越了简单的企业合并或收购，它强调的是通过市场机制与管理创新，将产业链上下游的各个环节——从原材料供应、研发设计、生产制造、物流配送到市场销售、售后服务等——紧密链接，形成一个高度协同、灵活响应市场变化的生态系统。以苹果公司的 iPhone 供应链为例，苹果通过严格的供应商管理、高效的物流体系以及强大的品牌影响力，将全球范围内的数千家供应商紧密整合在一起，实现了从设计到销售的无缝对接，成就了智能手机行业的传奇。

产业链整合的发展经历了一个从规模经济到专业化分工，再到模块化与网络化的逐步演进过程，每一阶段都伴随着技术进步、市场需求变化以及企业管理理念的革新。规模经济阶段，可追溯至 19 世纪末至 20 世纪中叶的工业革命时期。这一时期以美国福特汽车的 T 型车生产线和日本丰田生产方式为代表，企业通过大规模生产实现了成本降低和效率提升，推动了工业化进程。据统计，福特汽车在引入流水线生产方式后，T 型车的生产成本从每辆车的 780 美元降至 240 美元，产量则从 1908 年的 1.5 万辆激增至 1923 年的 200 万辆，规模经济效益显著。此阶段，企业倾向于构建垂直一体化的产业结构，即从原材料到最终产品的所有环节均在企业内部完成，以确保生产流程的连贯性和成本控制。20 世纪中后期，随着科技的进步和全球化的加速，专业化分工成为提升产业竞争力的新趋势。这一阶段，企业开始聚焦于自身擅长的领域，通过外包、战略合作等方式，与其他企业形成紧密的供应链关系。以"温特尔模式（Wintel）"为例，微软的操作系统与英特尔的微处理器相互依存，共同构建了 PC 产业的标准平台，促进了全球范围内硬件与软件企业的专业化分工与合作。据 IDC 数据显示，1995 年至 2000 年间，基于 Wintel 架构的 PC 市场份额从约 60% 增长至超过 80%，极大地推动了相关产业链的发展。进入 21 世纪初，信息技术的飞速发展催生了模块化生产模式。模块化不仅限于产品设计的模块化，更扩展到生产流程和组织结构的模块化，如汽车行业的平台化战略。以丰田汽车的"精益生产"为例，其通过模块化生产方式，将复杂的生产过程分解为多个可独立管理的小单元，每个单元都能高效、灵活地应对市场变化。根据哈佛商学院的研究，丰田的这一模式使其生产效率提升了近 30%，同时大幅降低了库存成本。模块化生产促进了全球价值链的重构，使得企业能够在全球范围内寻找最优资源配置，加速了技术创新和产品迭代。近年来，随着互联网、大数据、云计算等技术的广泛应用，产业链整合进入网络化阶段。这一阶段，企业间的界限更加模糊，取而代之的是基于平台的生态系统构建。以阿里巴巴的电商生态为例，其通过搭建电商平台，连接了数亿消费者、千万商家以及物流、支付、金融等服务商，形成了一个庞大的商业网络。根据阿里巴巴财报，2022 财年，阿里巴巴生态体系的商品交易额（GMV）为人民币 8.3 万亿元，包括公司面向国内消费者的业务产生的 GMV 及国际商业零售业务产生的 GMV。在 2022 财年，阿里巴巴生态体系面向全球消费者的业务服务中，年度活跃消费者约为 13.1 亿，其中超过 10 亿消费者来自中国，3.05 亿消费者来自海外，这些数据展示了网络化整合带来的巨大商业价值。网络化阶段强调开放、共享与协同，企业通过数据共享、云计算服务等技术手段，实现供应链透明度提升、需求预测精准化以及快速响应市场变化的能力，推动了个性化定制、反向定制等新兴商业模式的兴起。此外，网络化阶段的产业链整合还体现在跨国界的合作上。根据联合国贸易与发展会议（UNCTAD）的数据，全球价值链中的中间品贸易占全球贸易总额的比例已从 1990 年的约 30% 上升至 2018 年的近 60%，表明全球产业链整合的深度与广度达到了前所未有的水平。在这一背景下，企业不仅要在国内构建高效供应链，还需要积极参与国际分工，利用全球资源，提升国际竞争力。

基于产业链整合的农村电商商业模式创新现状，是当前数字经济浪潮下推动乡村振兴、促进农业现代化转型的重要议题。农村电商，作为连接城乡市场、激活农村经济潜力的关键桥梁，正以前所未有的速度重塑着农产品的流通格局与农民的生产生活方式。其核心在于，依托互联网技术的强大力量，将农产品销售、物流配送、金融服务乃至品牌塑造、数据分析等多个环节深度融合，构建出一个高效协同、信息透明的生态系统。该生态系统旨在打破传统农产品销售的时空限制，拓宽销售渠道，提升农产品价值，进而实现农民收入的稳步增长。

农村电商商业模式的多元化发展，是这一领域创新活力的直接体现。当前，农村电商的商业模式主要包括 B2B、B2C、政府黄页以及第三方交易平台等多种形式，每种模式各有千秋，共同构成了农村电商丰富多彩的生态图谱。B2B 模式，在农村电商领域扮演着农产品大宗交易与农业生产资料供应的重要角色。这一模式下，农产品批发商与农户通过在线平台直接对接，减少了中间环节，降低了交易成本，显著提升了交易效率。以某知名农产品 B2B 平台为例，该平台通过大数据分析市场需求，为农户提供精准的销售预测，同时引入现代物流技术，实现农产品的快速集散与配送，有效解决了农产品滞销问题，促进了农业供应链的优化升级。此外，B2B 平台还成为农业生产资料供应商与农户之间的桥梁，提供从种子、化肥到农机具的全方位服务，助力农业生产效率与质量的双重提升。相较于 B2B 的大宗交易特性，B2C 模式则更侧重于农产品零售市场，直接链接农户与终端消费者，实现了农产品从田间到餐桌的无缝对接。在这一模式下，农户或农业合作社利用电商平台开设网店，展示自家特色农产品，如新鲜果蔬、土特产等，通过图文并茂的介绍、视频直播等形式，增强消费者的购买意愿与信任度。消费者则能享受到产地直供的新鲜农产品，既满足了健康饮食的需求，又支持了农村经济发展。某电商平台推出的"农场直供"

项目，就成功将偏远山区的特色农产品推向全国市场，不仅让农户获得了更高的收益，也让城市居民品尝到了地道的乡村风味。政府黄页模式，则是地方政府利用官方网站或电商平台，集中展示本地农产品资源，搭建起一座对外宣传与销售的窗口。虽然这种模式在交易规模上可能无法与前两者相提并论，但在提升地区农产品知名度、促进特色农产品品牌化方面，发挥着不可替代的作用。政府通过黄页平台，发布农产品种植信息、质量标准、文化内涵等，吸引外地采购商与游客的关注，为本地农产品打开更广阔的市场空间。同时，政府黄页也是政府引导农产品标准化、品牌化建设的重要工具，有助于提升农产品的整体竞争力。第三方交易平台模式是在农村电商发展初期，针对农民互联网技能不足、信息不对称等问题，提供的一种过渡性解决方案。这类平台作为中介，一方面，收集并发布农产品供求信息，帮助农户找到买家；另一方面，为消费者提供了便捷的购物通道，实现农产品的快速交易。在这种模式下，平台通过收取佣金或服务费盈利，虽然在一定程度上增加了消费者的购买成本，压缩了农户的利润空间，但在农村电商发展初期，其对于促进农产品流通、扩大销售范围的作用不可忽视。据统计，某第三方农产品交易平台在成立初期，就成功帮助数千户农户实现了农产品的线上销售，年交易额突破亿元大关，有效缓解了农产品卖难问题。然而，随着农村电商的不断深入发展，第三方交易平台模式的局限性也逐渐显现。一方面，高昂的交易成本限制了农户与消费者的双赢空间；另一方面，平台对农产品质量管控与售后服务的监管难度加大，影响了消费体验与品牌信誉。因此，探索更加高效、低成本、高质量的农村电商商业模式，成为行业发展的必然趋势。在此背景下，基于产业链整合的农村电商新模式应运而生，如"产地直采+社区团购""农产品电商+直播带货""智慧农业+定制化服务"等，这些模式通过深度整合产业链上下游资源，优化供应链管理，提升农产品附加值，实现了农户、平台与消费者的共赢，为农村电商的可持续发展注入了新的活力。特别是"产地直采+社区团购"模式，利用社交媒体的裂变效应，将农产品直接从产地运送到城市社区，减少了中间环节，降低了物流成本，同时保证了农产品的新鲜度与价格优势。而"农产品电商+直播带货"则借助网红经济的影响力，通过直播互动、现场试吃等方式，增强了农产品的可视化与体验感，激发了消费者的购买热情，为农产品销售开辟了新路径。至于"智慧农业+定制化服务"，则是通过物联网、大数据等现代信息技术，实现农产品的精准种植、智能监控与个性化定制，满足了消费者对健康、绿色、高品质农产品的需求，推动了农业由生产导向向市场导向的转变。基于产业链整合的农村电商商业模式创新，正以前所未有的速度与深度，改变着农村经济的面貌。无论是B2B、B2C的传统模式，还是政府黄页、第三方交易平台的探索，乃至新兴模式的涌现，都是农村电商在实践中不断探索、创新与优化的结果。

其中，基于产业链整合的农村电商商业模式创新是指将产业链上下游的各个环节进行有机组合，形成一个高效、协同的整体，以降低成本、提高效率、增强竞争力。蜻蜓农服是一家定位于"产品+技术+服务+互联网"的一站式农业服务平台。该平台以农业规划策划、农资解决方案、农资交易、无人机喷洒农药、农技咨询等服务为主要特色，致力于推动农业现代化进程。蜻蜓农服通过线上线下融合的发展模式，成功打破了传统农资销售和服务的局限性。在线下，公司建设了多个村级服务站点、示范田和示范大棚，为农户提供农资产品展示销售、技术咨询、网上代购、物流管控、人员培训等综合性服务。在线上，通过蜻蜓农服网和手机App，农户可以随时随地获取农业信息、购买农资产品、接受农技咨询等服务。这种线上线下相结合的服务模式，有效解决了农资销售及技术服务"最后一公里"的难题，降低了农户的农资获取成本，提高了农业生产效率。京东农场以"生态农业，健康餐桌"为使命，携手合作伙伴在全国范围内共同建立京东农场，按照京东农场的管理标准进行科学种植、规范生产、高效运输，共同打造精准化、智能化、品牌化的现代农业基地。截至目前近70家基地农场进行合作，借助京品源旗舰店，实现农产品平均价格提升30%~50%，销售提升15%。从"大数据平台→种植管理服务→农场管理提升服务→采后处理服务→品牌赋能服务→营销规划服务→产品销售"一站式服务的产供销供应链服务模式，京东农场通过整合产业链的上下游资源，提供从种植到销售的全方位服务，提高了农产品的品质和附加值。淘菜菜是阿里巴巴集团为农业产供销全链路的数字化升级而成立的项目。该项目通过在全国打造数字农业基地，推动农业产业数字化升级，提出直供直销的助农模式。采用基地、产地仓、销售仓、淘菜菜等链路，打通产销，让分散的农户深度融入。其特点是阿里云AIoT赋能农业生产、农企组织和品牌营销，面向农业场景提供"农-地-品"的数据化创新。淘菜菜通过产业链整合，实现了农产品的精准种植、科学管理和高效销售，提高了农产品的品质和市场竞争力。为进一步服务乡村振兴，响应"数商兴农"号召，拼多多启动"农云行动"，集中投入优势资源，推动全国100个农产带更快"拼上云端"，打造更具韧性和竞争力的数字化农产带。云南昆明、广西南宁、福建霞浦、山东潍坊和寿光等地，将成为拼多多首批重点助力数字化的农产带。主要措施包括：保持"零佣金"，助力农产带升级"产销对接"为"产消直连"，不断补两头、优化中间，让利农民和消费者；为农产带商家对接仓储、冷链等专用农货物流体系，提供全链路的农产品上行基础设施服务；通过平台持续集中曝光、生鲜农产品品类日及全渠道推广，助力打造100个农特产的区域和全国性品牌，推动农特产的标准化、品牌化、数字化发展。拼多多通过产业链整合，实现了农产品的品牌化、数字化和规模化发展，提高了农产品的市场竞争力和附加值。未来随着人工智能、物联网、区块链等新兴技术的不断成熟，产业链整合将迈向更高层次，实现更加智能化、绿色化、服务化的发展。

第六节　跨界融合的农村电商创新模式分析

随着数字经济的蓬勃发展和乡村振兴战略的深入实施,农村电商作为连接城乡、激活农村经济的重要力量,正展现出前所未有的活力与潜力。其中,跨界融合成为推动农村电商创新发展的关键路径。农业通过与其他产业的深度融合,不仅拓宽了农产品的销售渠道,还促进了农村经济的多元化发展。

近年来,互联网技术的飞速发展和普及,为农村电商的跨界融合提供了坚实的技术基础。随着5G、大数据、云计算等新一代信息技术的广泛应用,农村电商不再局限于传统的线上销售模式,而是开始与其他产业进行深度融合,探索出更加多元化、高效益的发展路径。这一趋势不仅为农村电商注入了新的活力,也为乡村振兴和农业现代化提供了强大的动力。互联网技术的快速发展,特别是移动互联网的普及,为农村电商的跨界融合提供了可能。5G技术的商用化,使得数据传输速度更快、延迟更低,为农村电商提供了更加稳定、高效的网络环境。同时,大数据和云计算技术的应用,使得农村电商能够更精准地把握市场需求、优化供应链管理,提升运营效率。这些技术的应用,为农村电商的跨界融合提供了坚实的技术支撑。随着消费者需求的日益多样化和个性化,传统的单一销售模式已经难以满足市场需求。消费者不仅关注产品的质量和价格,还更加注重购物体验和产品的附加价值。因此,农村电商需要通过跨界融合,将农产品与旅游、文化、教育等产业相结合,丰富产品的销售场景和渠道,提升产品的附加值和品牌影响力。通过发展乡村旅游,消费者可以在享受田园风光的同时,购买到当地的特色农产品,这种体验式消费模式受到了越来越多消费者的青睐。跨界融合打破了传统产业的界限,促进了资源的优化配置和高效利用。在传统的农业生产模式下,农产品往往面临着销售难、价格低等问题。而通过跨界融合,农产品可以与旅游、文化等产业相结合,形成产业链上下游畅通的协同效应。将农产品与乡村旅游相结合,不仅可以解决农产品的销售问题,还可以带动乡村旅游的发展,实现资源的优化配置和高效利用。在传统农业收入增长乏力的背景下,跨界融合为农村经济的发展提供了新的增长点。通过跨界融合,农村可以发展乡村旅游、文化创意、在线教育等新兴产业,为农民增收开辟新途径。一些农村地区依托自身的自然风光和人文资源,发展乡村旅游产业,吸引了大量游客前来观光旅游、休闲度假,带动了当地餐饮、住宿、交通等相关产业的发展,为农民增收提供了有力支撑。同时,跨界融合还可以促进农村产业结构的优化升级,推动农村经济向更加多元化、高效益的方向发展。

跨界融合不仅有助于推动农村经济的发展,还有助于提升农村地区的整体发展水平。

通过引入外部资金、技术和人才，农村地区的基础设施建设、公共服务水平和居民生活质量将得到显著提升。一些农村地区通过发展农村电商产业，吸引了大量外部资金的投入，用于改善当地的交通、通信、水利等基础设施条件，提升了公共服务水平。同时，农村电商的发展还带动了当地就业、创业氛围的浓厚，提高了居民的收入水平和生活质量。这些变化为乡村振兴奠定了坚实基础。跨界融合还有助于促进城乡融合发展。在传统的城乡二元结构下，城乡之间往往存在着较大的发展差距。而通过跨界融合，城乡之间的产业联系将更加紧密，资源要素将更加自由地流动。一些城市地区的企业和资本可以通过投资农村电商产业，将先进的理念和技术引入农村地区，推动农村电商的发展。同时，农村地区也可以通过发展农村电商产业，将优质的农产品和旅游资源推向城市市场，满足城市居民的需求。这种双向互动的过程将有助于缩小城乡发展差距，推动城乡融合发展。

乡村振兴战略是党中央提出的一项重大战略决策，旨在推动农业农村现代化、促进农民增收致富。跨界融合作为推动农村电商创新发展的重要路径，对于助力乡村振兴战略实施具有重要意义。通过跨界融合，农村电商可以发挥其在连接城乡、激活农村经济方面的独特优势，为乡村振兴战略的实施提供有力支撑。一些农村地区通过发展农村电商产业，推动了当地特色农产品的品牌化和市场化进程，提高了农产品的附加值和市场竞争力。同时，农村电商的发展还带动了当地就业创业氛围的浓厚，为农民增收致富提供了新途径。这些变化将有助于推动乡村振兴战略的实施和深入发展。农业现代化是乡村振兴战略的重要组成部分，也是实现农业高质量发展的关键路径。跨界融合作为推动农村电商创新发展的重要路径，对于推动农业现代化转型具有重要意义。通过跨界融合，农村电商可以将先进的理念和技术引入农业生产领域，推动农业生产方式的转变和农业产业结构的优化升级。一些农村地区通过发展智慧农业、精准农业等新型农业模式，提高了农业生产效率和农产品质量。同时，农村电商的发展还带动了农产品加工、仓储、物流等相关产业的发展，形成了完整的产业链条和供应链体系。这些变化将有助于推动农业现代化转型和高质量发展。跨界融合不仅有助于推动农村电商的快速发展，还有助于促进农村电商的可持续发展。通过跨界融合，农村电商可以形成多元化的盈利模式和稳定的客户群体，降低经营风险和市场风险。一些农村电商企业通过与旅游、文化等产业相结合，形成了多元化的盈利模式和稳定的客户群体。同时，跨界融合还有助于提升农村电商的品牌影响力和市场竞争力，为农村电商的可持续发展奠定坚实基础。随着全球化的深入发展和"一带一路"倡议的推进，农村电商的国际化发展成了新的趋势。跨界融合作为推动农村电商创新发展的重要路径，对于促进农村电商国际化发展具有重要意义。通过跨界融合，农村电商可以将优质的农产品和旅游资源推向国际市场，吸引更多的国际消费者关注和购买。同时，农村电商还可以通过与国际电商平台和物流企业的合作，拓展国际市场渠道和物流网络，提升国际竞争力。这些变化将有助于推动农村电商的国际化发展进程。

随着人们生活水平的提高和旅游消费观念的转变，乡村旅游逐渐成为新的消费热点。将旅游与农业电商相结合，不仅可以解决农产品销售难的问题，还能丰富乡村旅游的内涵，提升游客的旅游热情和体验。在这一模式下，电商平台成为农产品与游客之间的桥梁，游客在旅游过程中可以直接通过电商平台购买当地的农产品，实现农产品从田间到餐桌的无缝对接。同时，电商平台还可以依托乡村旅游景点，开展农产品采摘体验活动，增加游客的参与感和满意度。湖南省永州市宁远县成功探索出了"互联网+农业+旅游"的农旅融合电商发展新模式，通过整合农业资源和旅游资源，打造了一批具有地方特色的农旅融合产品，吸引了大量游客前来消费，有效促进了农产品的销售和农民增收。另外，文化作为一个地区独特的软实力，将文化与农业电商相结合，可以赋予农产品更多文化内涵和附加值。在这一模式下，电商平台不仅销售农产品，还传播当地的文化故事和民俗风情，吸引更多消费者关注和购买。一些地区通过电商平台销售具有地方特色的手工艺品、土特产等，同时附上产品的文化背景和制作工艺介绍，让消费者在品尝美食的同时，也能感受到当地的文化魅力。这种模式不仅提升了农产品的销售额，还促进了文化的传承和发展。

教育是农村振兴的基石，将教育与农业电商相结合，可以为农村电商的发展提供人才支撑和智力支持。在这一模式下，电商平台可以与教育机构合作，开展农村电商培训、在线教育等活动，提升农民的电商技能和综合素质。同时，电商平台还可以利用自身资源，为农村地区提供远程教育、在线课程等服务，满足农民对知识和技能的学习需求。一些地区通过建立农村电商学院、开展电商培训班等形式，培养了一批懂技术、会经营的新型职业农民，为农村电商的发展注入了新的活力。金融是农村电商发展的重要支撑，将金融与农业电商相结合，可以为农村电商提供更加便捷、高效的金融服务。在这一模式下，电商平台可以与金融机构合作，推出针对农村电商的贷款、保险等金融产品，解决农民在电商创业过程中面临的资金难题。同时，电商平台还可以利用自身数据优势，为金融机构提供风险评估、信用评级等服务，降低金融机构的风险成本。一些地区通过建立农村电商金融服务平台，为农民提供了一站式的金融服务解决方案，有效促进了农村电商的发展。

跨界融合不仅打破了传统产业的界限，促进了资源的优化配置和高效利用，有助于推动农村经济的多元化发展、提升农村地区的整体发展水平、促进城乡融合发展、助力乡村振兴战略实施、推动农业现代化转型以及促进农村电商的可持续发展和国际化发展。平阳是浙江省温州市下辖的一个县，拥有丰富的农业资源和特色农产品。近年来，平阳积极探索农村电商的发展路径，通过跨界融合，成功将平阳农特产品推向国际市场。在第二届中非经贸博览会上，平阳农特产品通过惠农网等电商平台参展，吸引了大量中外友人的关注和购买。通过云上博览会平台，平阳农特产品实现了"云会议、云展览、云交易"的多维营销模式，进一步提升了品牌知名度和市场竞争力。这一案例充分展示了跨界融合对于农村电商发展的重要作用，也为其他地区提供了有益的借鉴和启示。浙江省温州市永嘉县近年来也积极探索电商发展新思路，通过跨界融合推动农村电商的快速发展。永嘉县以教玩具、鞋服等本地产业为支撑，创新产品开发，推进产业与电商发展相融合。同时，永嘉县还紧抓电商直播"风口"，加大推进农村电商、跨境电商等各领域电商的快速发展。通过普及培训、专题培训、孵化培训等多种形式，永嘉县培养了一批懂技术、会经营的新型职业农民和电商人才。此外，永嘉县还依托电子商务进农村综合示范项目为载体，以"建设+整合"为手段，盘活农村闲置运力，破题农村电商"物流难"。通过改造县级物流快递共配中心、整合主流快递物流等措施，永嘉县实现了最初和最后一公里共同配送资源，利用最大化增速降费畅通双向流通，进一步健全了农村电商配套支撑体系，提高了农产品上行和工业品下行双向流通效率。这一案例充分展示了跨界融合对于推动农村电商发展的重要作用和显著成效。

跨界融合的农村电商创新模式是推动乡村振兴和农业现代化转型的重要途径。通过与其他产业的深度融合，农村电商不仅可以拓宽农产品的销售渠道，提升附加值和品牌影响力，还可以促进农村经济的多元化发展提高农民收入和生活质量。然而在实际推进过程中仍面临着诸多挑战，需要政府、企业和社会各界共同努力加以解决。未来随着技术的不断进步和市场的日益成熟跨界融合的农村电商创新模式将展现出更加广阔的发展前景和巨大的市场潜力为乡村振兴和农业现代化贡献力量。

第七节 农村电商共享经济模式的探索与实践

共享经济，作为一种基于互联网平台，实现资源优化配置和经济利益共享的新型经济模式，其在农村电商领域的应用，不仅为农产品销售开辟了新渠道，还促进了农村资源的有效利用和农民收入的增加。随着互联网技术的飞速发展，农村电商共享经济模式正逐渐成为推动农村经济发展的新引擎。

共享经济的概念最早可以追溯到20世纪70年代的美国，当时一些社区开始尝试共享工具、设备等资源，以减少浪费和提高资源利用效率。随着互联网技术的快速发展，共享经济逐渐在全球范围内兴起，并渗透到各个领域。在农村地区，共享经济模式也逐渐崭露头角，成为推动农村经济发展的新动力。农村共享经济的兴起与农村地区的资源禀赋和需求特点密切相关。一方面，农村地区拥有丰富的自然资源和人力资源，但由于信息不对称、交通不便等原因，这些资源往往难以得到有效利用。另一方面，随着城市化进程的加快，城市居民对绿色、有机、健康农产品的需求日益增长，为农村地区的农产品销售提供了新的市场机遇。共享经济模式通过互联网平台，将农村地区的资源与市场需求连接起来，实现了资源的优化配置和经济利益的共享。近年来，随着国家对农村电商政策的扶持和互联网技术的普及，农村电商共享经济模式得到了快速发展。政府出台了一系列政策措施，鼓励农村电商的发展，同时加强农村互联网基础设施建设，提高网络覆盖率和网速水平。这些措施为农村电商共享经济模式的发展提供了有力保障。

农村电商共享经济模式，是指通过互联网平台，将农村地区的闲置资源（如农产品、土地、劳动力等）与市场需求进行有效对接，实现资源的优化配置和经济利益的共享。这一模式的核心在于"共享"二字，即通过共享平台，将原本分散、孤立的资源整合起来，形成规模效应，提高资源利用效率，同时降低交易成本，增加农民收入。具体而言，农村电商共享经济模式包括以下几个关键要素：首先，互联网平台是农村电商共享经济模式的基础和核心。通过互联网平台，供需双方可以方便地发布和获取信息，进行交易和支付。同时，平台还可以提供数据分析、用户评价等功能，帮助供需双方优化产品和服务，提升用户体验。农村地区的闲置资源是农村电商共享经济模式的重要来源。这些资源包括农产品、土地、劳动力等。通过共享平台，这些资源可以得到有效利用，实现经济价值的最大化。市场需求是农村电商共享经济模式发展的动力。共享经济模式可以满足城市居民对乡村旅游、民宿等多元化需求，进一步推动农村经济的发展，还可以通过共享平台、农村地区的闲置资源可以得到优化配置。供需双方可以根据市场需求和自身条件进行匹配和交易，实现资源的最大化利用。同时，平台还可以提供数据分析等功能，帮助供需双方更好地了解市场动态和消费者需求，从而做出更加明智的决策。农村电商共享经济模式强调经济利益的共享。通过共享平台，供需双方可以实现互利共赢。农产品生产者可以通过电商平台将产品销售到更广阔的市场，获得更高的收益；消费者则可以通过电商平台购买到优质、实惠的农产品，享受更好的购物体验。

农村电商共享经济模式具有五个显著特点：

一是开放性。共享经济模式打破了传统经济模式的封闭性，通过互联网平台，将农村地区的资源与全国乃至全球的市场连接起来，实现了资源的开放共享。这种开放性不仅有助于扩大农村产品的销售市场，还可以吸引更多的投资者和创业者进入农村领域，推动农村经济的发展。

二是互动性。共享经济模式强调供需双方的互动与反馈。通过平台的数据分析和用户评价，供需双方可以及时了解市场动态和消费者需求，不断优化产品和服务。这种互动性不仅有助于提升用户体验，还可以促进供需双方的长期合作和共赢发展。

三是智能化。随着大数据、云计算、人工智能等技术的广泛应用，农村电商共享经济模式正逐步实现智能化管理。通过智能算法和数据分析，平台可以更加精准地匹配供需双方的需求和资源，提高运营效率和服务质量。同时，智能化管理还可以帮助平台更好地了解用户行为和需求趋势,为未来的发展提供有力支持。

四是社会效益显著。共享经济模式不仅有助于解决农产品销售难的问题,还能促进农村资源的有效利用和农民收入的增加。通过共享平台,农产品生产者可以将产品销售到更广阔的市场,获得更高的收益;而消费者则可以通过电商平台购买到优质、实惠的农产品,享受更好的购物体验。此外,共享经济模式还可以带动农村就业和创业,提高农村地区的经济活力和社会稳定性。

五是可持续发展性强。农村电商共享经济模式强调资源的优化配置和经济利益的共享,有助于实现农村经济的可持续发展。通过共享平台,供需双方可以实现资源的最大化利用和互利共赢,减少浪费和污染。同时,共享经济模式还可以促进农村产业的转型升级和创新发展,为农村经济的长远发展提供有力支持。

成都崇州市白头镇天竺社区的某生态农业科技有限公司通过"农业+互联网"的共享经济模式,成功打造了一个集生态种植、旅游观光、职业农民培训于一体的现代农场。该公司自创品牌不仅线上销售农场自有的柚子、虫草鸡等原生态农产品,还整合了崇州地区 26 家涉农企业的产品,形成了线上线下相结合的农产品销售网络。该公司通过电商平台和直播带货等形式,有效拓宽了农产品的销售渠道,提高了农产品的附加值。同时,公司还注重品牌故事的传播和消费者体验的提升,通过举办农产品采摘体验活动等方式,增强了消费者的参与感和满意度。2018 年至 2019 年间该公司自有品牌产品在电商平台收获了近 20 万个订单,电子商务交易额超过 1 500 万元。由此可见,农村电商共享经济模式作为一种新型经济形态,在推动农村经济发展方面发挥着越来越重要的作用。通过深入了解其内涵、特点以及面临的挑战和对策,可以更好地把握这一模式的发展趋势和规律,为其在未来的发展提供有益的参考和借鉴。

▶▶▶▶ 第四卷

新质生产力驱动下农村电商的产业生态

第九章

农村电商产业生态的构成要素

第一节 农产品供应商在农村电商生态中的角色与作用

农产品供应商在农村电商生态中扮演着举足轻重的角色，他们不仅是农产品供应链的物质基础，也是连接生产者与消费者的重要桥梁。农产品供应商通过积极利用电商平台，拓展市场、提高产品曝光度和销量，推动了农产品销售的快速增长和农业产业链的升级现代化；积极参与政府支持和引导下的农村电商发展进程，为农村电商产业的持续健康发展贡献了重要力量。随着农村电商市场的不断发展和完善，农产品供应商在其中的作用将更加重要和突出，他们将继续为农业现代化和农民增收做出积极贡献。

首先，从市场规模和增长趋势来看，农村电商市场展现出了巨大的潜力和活力。根据商务部研究院发布的数据，2023年全国农村网络零售额达到2.49万亿元，比2014年增长近13倍。这一数据不仅反映了农村电商市场的快速增长，也体现了电子商务在推动农村经济发展中的重要作用。同时，农产品网络零售额也呈现出快速增长的态势，2023年达到5 870.3亿元，同比增长12.5%。这一增长趋势表明，农产品供应商正积极利用电商平台拓宽销售渠道，提高产品曝光度和销量。

从物流总额的角度来看，农村电商市场的繁荣也带动了农产品物流的发展。从2021年到2023年，农产品物流总额连续3年超过5万亿元。这一数据不仅显示了农产品在电商领域的巨大交易量，也体现了物流体系在支撑农村电商发展中的关键作用。随着农产品电商交易的持续增长，物流体系的高效运作成为保障农产品快速流通、降低损耗、提高消费者满意度的重要因素。在这一背景下，农产品供应商纷纷涌入电商领域，积极利用电商平台拓展市场。京东作为电商行业的领军企业，通过深耕全国产业带，培育了一系列具有地方特色的农产品品牌。京东跑步鸡项目通过引入智能化养殖设备和管理系统，实现了对鸡的精准养殖和全程追溯，为消费者提供了高品质、可追溯的农产品。同时，京东还通过电商平台将跑步鸡等农产品销售给全国消费者，提高了产品的曝光度和销量。据统计，京东在农产品电商领域已实现农产品交易额超5 000亿元。除了京东外，抖音电商也在农产品销售领域表现出色。抖音电商通过短视频和直播等形式，将农产品生动直观地展示给消费者，提高了产品的吸引力和购买转化率。据统计，2023年9月至2024年9月期间，抖音电商累计销售农特产品71亿单，同比增长61%，平均每天有1 740万单农特产品通过抖音电商销往全国各地。这一数据不仅反映了抖音电商在农产品销售领域的强劲势头，也体现了短视频和直播等新媒体形式在推动农产品电商发展中的重要作用，它们为农产品供应商提供了广阔的市场空间和销售渠道。

在传统的农产品销售模式中，农民往往依赖于线下市场，如农贸市场、超市等，这种销售方式存在销售渠道单一、信息不对称等问题。由于地域限制和信息不畅，农产品往往难以触及更广泛的消费群体，导致销量受限。而电商平台的出现打破了这一困境，为农产品供应商提供了更广阔的销售渠道和更多的消费群体。电商平台通过互联网将农产品供应商与全国乃至全球的消费者连接起来，打破了地域限制，使得农产品可以轻松地推向更广阔的市场。供应商可以通过电商平台开设网店、发布产品信息、进行在线交易等方式，将农产品直接销售给消费者，这不仅拓宽了销售渠道，还提高了产品的曝光度。通过电商平台的搜索功能、推荐算法等机制，农产品可以更精准地触达目标消费者，增加销售机会。以淘宝、京东、抖音等电商平台为例，它们拥有庞大的用户群体和完善的交易体系，为农产品供应商提供了良好的销售平台。供应商可以在这些平台上开设店铺，上传产品图片、描述、价格等信息，吸引消费者关注和购买。同时，电商平台还通过举办促销活动、推出优惠券等方式，帮助供应商提高销量和收益。据统计，通过电商平台销售的农产品数量逐年增长，已成为农产品销售的重要渠道之一。此外，电商平台还通过直播带货、短视频营销等新媒体形式，进一步提高了农产品的曝光度和销量。直播带货通过主播的实时介绍和演示，让消费者更直观地了解产品的特点和优势，增加购买意愿。短视频营销则通过制作精美的短视频展示农产品的生长过程、品质特点等，吸引消费者的关注和兴趣。这些新媒体形式不仅丰富了农产品的销售手段，还提高了产品的吸引力和竞争力。

农产品供应商在电商平台的积极参与不仅推动了农产品销售的快速增长，也促进了农业产业链的升级和现代化。在传统销售模式下，农民往往根据经验和市场反馈来调整生产决策，这种方式存在信息不对称、反应滞后等问题。而电商平台通过提供大数据分析、智能推荐等功能，收集和分析大量消费者数据，可以为供应商提供准确的市场需求信息和消费者偏好，帮助他们做出更科学、合理的生产决策。供应商可以根据平台提供的数据分析结果调整生产结构和产品策略，提高产品质量和效益。通过大数据分析发现某种农产品的市场需求量较大且价格稳定时，供应商可以加大该产品的生产规模并优化种植或养殖技术，以提高产量和品质。同时电商平台还通过品牌建设、营销推广等手段提升农产品的附加值和市场竞争力。供应商可以通过与电商平台合作开展品牌推广活动、参加电商节等活动，提高产品的知名度和美誉度吸引更多消费者关注和购买。此外，电商平台还为农产品供应商提供了便捷的金融服务和技术支持。京东金融等金融机构为农产品供应商提供贷款、保险等金融服务，支持其扩大生产规模、提高产品质量。同时电商平台还通过云计算、大数据等技术手段，帮助供应商实现精准营销、智能管理，来提高运营效率和盈利能力。例如，京东物流通过智能仓储和配送系统为农产品供应商提供高效的物流服务，从而降低物流成本并提高配送效率。农产品供应商在电商平台的成功运营不仅带动了自身的发展，也促进了农业产业链的升级和现代化。通过电商平台，农产品供应商可以更直接地了解市场需求和消费者偏好，从而调整生产结构和产品策略提高产品质量和效益。同时电商平台还为农产品供应商提供了更广阔的市场空间和销售渠道，降低了销售成本和风险。此外，电商平台还通过品牌建设、营销推广等手段，提升农产品的附加值和市场竞争力，为供应商带来更多的收益和发展机会。

随着农村电商市场的不断发展和完善，农产品供应商在其中的角色和作用也将更加重要和突出。农产品供应商在电商平台的积极参与，不仅推动了农产品销售的快速增长和产品质量的提升，还促进了农业产业链的升级和现代化。电商平台通过整合供应链资源、优化物流配送体系等手段，提高了农产品的流通效率和销售效益。同时电商平台还通过提供金融服务、技术支持等增值服务，帮助供应商解决资金、技术等方面的难题，推动农业生产的规模化、标准化和智能化。未来农产品供应商将继续利用电商平台拓展市场，提高产品曝光度和销量。同时他们还将积极参与农业产业链的升级和现代化进程，推动农业生产向规模化、标准化、智能化方向发展。此外，农产品供应商还将加强与电商平台、金融机构、物流企业等合作伙伴的协作与共赢，共同推动农村电商产业的持续健康发展。

值得注意的是，农产品供应商在电商平台的成功运营也离不开政府的支持和引导。政府通过制定相关政策、提供资金和技术支持等措施为农产品供应商创造了良好的发展环境。政府鼓励和支持农产品供应商参与电商平台运营，并提供税收减免、资金补贴等优惠政策；政府还加强农村电商基础设施建设，提高网络覆盖率和物流配送能力，为农产品电商发展提供有力保障。此外，政府还积极推动农产品品牌建设和质量监管工作，提高农产品的知名度和美誉度，保障消费者的权益和安全。政府加强对农产品生产、加工、销售等环节的监管力度，确保农产品质量符合国家标准和消费者需求；鼓励和支持农产品供应商开展品牌建设和营销推广活动，以此来提高产品的附加值和市场竞争力。

由此可见，农产品供应商在农村电商产业生态中的重要性不言而喻。他们不仅是农产品的提供者，更是连接生产者与消费者、推动农业现代化的关键力量。没有供应商的参与和支持，电商平台就无法提供丰富的农产品选择和优质的服务体验；没有供应商的优化生产结构和提高产品质量，电商平台就无法满足消费者的需求和期望；没有供应商的积极参与和推动，农业现代化就无法实现乡村振兴和可持续发展。

首先，农产品供应商是农产品供应链的物质基础。在农产品供应链中供应商处于上游位置，负责提供优质的农产品和专业的服务。这些农产品和服务是电商平台运营的基础和保障，没有它们的支持电商平台就无法正常运营和提供服务。在供应链整合方面，电商平台通过连接生产者、供应商、物流公司、消费者等各个环节，实现了供应链的高效协同。供应商可以通过电商平台与物流公司合作，实现农产品的快速配送和降低物流成本；可以通过与金融机构合作获得贷款、保险等金融服务支持，来扩大生产规模和提高产品质量。这种供应链整合不仅提高了农产品的流通效率，还降低了供应链各环节的成本和风险，提高了整体供应链的竞争力和稳定性。在物流配送方面，电商平台通过优化物流配送体系，提高了农产品的配送效率和服务质量。传统的农产品配送往往存在时间长、损耗大等问题，而电商平台通过引入先进的物流技术和设备如冷链物流、智能仓储等方式，提高了农产品的配送速度和质量。京东物流通过智能仓储和配送系统为农产品供应商提供高效的物流服务，降低了物流成本并提高了配送效率；顺丰速运则通过冷链物流技术保障了农产品的新鲜度和品质，为消费者提供了更好的购物体验。在金融服务方面电商平台通过提供贷款、保险等金融服务，支持农产品供应商扩大生产规模和提高产品质量。京东金融为农产品供应商提供贷款服务，以帮助他们解决资金短缺问题；蚂蚁金服则通过保险服务为农产品供应商提供风险保障，来降低经营风险。这些金融服务不仅为供应商提供了资金支持，降低了他们的经营风险，还提高了他们的生产积极性和创新能力。在技术支持方面，电商平台通过引入新技术、新模式等手段推动农业生产的规模化、标准化和智能化。阿里巴巴通过云计算、大数据等技术手段，来帮助农产品供应商实现精准营销和智能管理；拼多多则通过社交电商模式将消费者与供应商连接起来，从而实现了农产品的快速销售和降低成本。这些新技术、新模式的应用不仅提高了农业生产的效率和效益，还为农业现代化注入了新的活力和动力。因此，农产品供应商在农产品供应链中扮演着至关重要的角色，他们的参与和支持对于电商平台的稳健运营和持续发展有着重要意义。

其次，农产品供应商是推动农业现代化的重要力量。农业现代化是实现乡村振兴和可持续发展的关键途径之一，而农产品供应商作为农业生产的主体和推动者，在其中发挥着重要作用。通过积极参与电商平台运营、优化生产结构、提高产品质量等措施，农产品供应商推动了农业产业链的升级和现代化，提高了农业生产的效率和效益。同时，他们还通过引入新技术、新模式等手段促进了农业生产的规模化、标准化和智能化，为农业现代化注入了新的活力和动力。

最后，农产品供应商在助力乡村振兴方面发挥着重要作用。乡村振兴是当前中国农村发展的重要战略之一，而农产品供应商作为农村经济的主体和推动者，在其中扮演着重要角色，他们在电商平台的成功运营，不仅提高了自身的收益水平，还带动了农民的增收和乡村振兴。通过电商平台，销售农产品供应商可以将更多的利润留在农村，以此来提高农民的收入水平和生活质量。同时，电商平台还通过提供培训、就业等机会帮助农民掌握电商技能，提高就业能力。在带动农民增收方面，电商平台通过拓宽销售渠道和提高产品曝光度，来帮助农产品供应商实现了销量的快速增长和收益的提升。这些增加的收益可以直接转化为农民的收入，提高他们的生活水平。此外，电商平台还通过提供金融服务、技术支持等增值服务，帮助供应商降低生产成本和提高产品质量，从而进一步增加收益和利润。这些增加的收益和利润可以为农民提供更多的经济来源和就业机会。在提供培训和就业机会方面，电商平台通过举办培训班、开展实践活动等方式，帮助农民掌握电商技能和提高就业能力。抖音电商通过举办直播助农活动、培训农民主播，让他们掌握直播带货的技巧和方法，从而带动农产品销售和提高收入；淘宝村则通过发展农村电商产业，吸引更多年轻人返乡创业和就业，来为当地经济注入新的活力。这些培训和就业机会不仅提高了农民的电商技能和就业能力，还促进了农村人才的回流和创业创新，为乡村振兴提供了有力的人才保障。除了带动农民增收和提供培训就业机会外，电商平台还通过参与乡村建设、推动文化传承等措施助力乡村振兴。一些电商平台通过与当地政府合作开展农村基础设施建设，如道路硬化、水利设施改造等方式来改善农村生产生活条件；通过与当地文化机构合作开展文化传承活动，如举办民俗节庆、手工艺展览等方式来弘扬乡村文化和特色，促进乡村文化的繁荣和发展。这些措施不仅改善了农村的生产生活条件，还提升了乡村的文化软实力和吸引力，为乡村振兴提供了全面的支持和保障。通过带动农民增收、提供培训和就业机会等措施，农产品供应商促进了农村经济的繁荣和发展，提高了农民的生活水平和质量。同时他们还通过参与乡村建设、推动文化传承等措施助力乡村振兴，为农村社会的全面进步和发展做出积极贡献。

第二节　电商平台企业的发展与竞争格局

随着互联网技术的飞速发展和全球数字化趋势的加速，电商平台行业在全球范围内迅速崛起并展现出巨大的发展潜力。电商平台通过数字化手段，打破了传统零售业的地理限制，为消费者提供了更加便捷、多样化的购物体验，同时也为商家提供了更广阔的销售渠道和更低的运营成本。这一行业的发展不仅改变了人们的消费习惯，还深刻影响了全球经济格局。

当前,电商平台行业市场规模持续扩大。尽管整体增速相比过去几年有所放缓,但市场规模依然庞大。根据国家统计局数据,2024年前三季度全国网上零售额达到10.9万亿元,同比增长8.6%。其中,实物商品网上零售额9.1万亿元,增长7.9%。这表明电子商务市场继续保持强劲的增长势头。中国作为全球最大的电商市场之一,其电商平台行业的发展尤为迅猛。预计未来几年,随着消费者购物习惯的进一步转变、互联网技术的不断进步,电商平台行业市场规模将继续保持快速增长。电商平台行业涵盖多个细分领域,主要包括综合电商平台、垂直电商平台、社交电商平台、直播电商平台以及跨境电商平台等。综合电商平台如天猫、京东等,提供广泛的商品种类和一站式购物体验;垂直电商平台专注于某一特定领域或品类,如母婴、家电等;社交电商平台利用社交媒体平台进行商品推广和销售;直播电商平台通过直播形式展示商品,实现实时互动和即时购买;跨境电商平台则专注于跨境贸易,为消费者提供全球范围内的商品选择。电商平台产业链主要由上游供应商、中游电商平台和下游消费者三个环节组成。上游供应商包括各类生产商、制造商和批发商,负责提供电商平台所需的商品。中游电商平台是产业链的核心,提供商品展示、交易结算、物流配送等功能,并通过技术和服务提升用户体验。下游消费者则是电商平台的最终需求方,通过电商平台进行购物消费。此外,产业链中还包括各类服务商,如支付机构、物流公司、营销推广公司等,为电商平台提供支持和保障。

电商平台行业的竞争格局日益激烈。传统电商平台如天猫、京东等依然占据市场主导地位,凭借其庞大的用户基础和完善的生态系统,不断巩固和扩大市场份额。同时,新兴电商平台如拼多多、抖音等通过创新的商业模式和营销策略迅速崛起,对传统电商格局造成冲击。根据商务部公布的《数字商务三年行动计划(2024—2026年)》❶,国家将进一步推动数字经济的发展,尤其在农村消费潜力和跨境电商参与方面。这为电商平台提供了良好的政策环境。随着宏观经济的稳定和消费者购买力的提升,电商平台的销售模式越发灵活,以旧换新、网络服务等新兴业态正在快速成长。

传统电商平台中,淘宝作为中国最早的综合性零售电商平台,以C2C模式起家,涵盖的产品种类丰富多样。其业务不仅仅限于电商零售,更是通过直播带货等新兴商业模式,拓宽了用户的购买体验。京东以自营模式为核心,专注于3C、家电产品的销售。凭借强大的物流体系和高效的配送服务,京东赢得了中高收入人群的青睐。拼多多的迅速崛起得益于其独特的社交电商模式,通过C2M(消费者对工厂)结合拼团购物的形式,迅速吸引了底线城市的用户。新兴电商平台中,抖音和快手等短视频平台通过其强大的流量优势,迅速在电商领域崭露头角。抖音的电商交易额惊人,其贡献的电商交易额接近1 600

---

❶ 商务部关于印发《数字商务三年行动计划(2024—2026年)》的通知。中华人民共和国商务部,2024-4-26。

亿至1 700亿元，与快手的交易额合计接近2 500亿元。这一数据预示着视频类电商的强劲发展潜力，对现有市场格局的重塑具有显著影响。除了综合电商平台和新兴电商平台外，即时电商平台如美团、京东到家等也在市场中占据一席之地。这些平台通过提供快速便捷的配送服务，满足了消费者对于即时消费的需求。

在信息技术飞速发展和互联网普及的背景下，电子商务平台正成为人们购物的重要途径。其发展不仅改变了人们的消费习惯，也对传统实体店面的经营方式产生了冲击。未来，电商平台将在以下几个方面展现出持续的发展趋势。首先是移动端购物，随着智能手机的普及和移动互联网的发展，越来越多的消费者通过移动设备进行在线购物。无论是通过App还是微信小程序，消费者都能够随时随地购物并享受到个性化的推荐服务。因此，电商平台在手机端的发展趋势不可忽视。其次，社交电商正在成为电子商务平台的新宠。通过将社交元素融入购物流程中，用户可以与朋友分享购物体验、获取消费建议，并且可以通过分享获得优惠券或返现等福利。社交电商的模式既满足了消费者的购物需求，也带来了更多的互动和社交乐趣。随着全球化的进程，跨境贸易正成为电子商务平台的新蓝海。跨境电商平台通过提供全球商品，打破了地域壁垒，帮助消费者购买到海外独特的商品。在全球经济一体化的趋势下，跨境电商平台将继续扮演重要的角色，为消费者提供更多选择。随着消费者生活品质的提升和购物经验的积累，消费者越来越注重个性化的需求。因此，电商平台需要更加注重个性化服务和定制化商品的开发，以满足消费者的独特需求。通过人工智能、大数据等技术手段，电商平台可以实现个性化推荐和精准营销，提升消费者的购物体验。技术创新是推动电商平台行业发展的重要力量。人工智能、大数据、云计算、虚拟现实（VR）、增强现实（AR）以及区块链等前沿技术在电商领域得到广泛应用。这些技术不仅提升了消费者的购物体验，还优化了电商平台的运营效率和服务质量。未来，实体店铺将借助电子商务平台的优势，实现线上线下一体化运营。消费者可以通过AR技术查看商品详情、评价甚至虚拟试穿试戴，享受线上线下一体化的购物乐趣。

目前，电子商务平台市场上存在着几家巨头企业，如阿里巴巴、京东和拼多多。它们通过规模效应和强大的资本实力形成了市场的竞争垄断。同时，小型电子商务平台也在一些细分领域崛起，通过专业化的服务吸引了部分消费者。竞争格局分化越来越明显。巨头企业仍然在行业中处于垄断地位，阿里巴巴旗下的天猫和淘宝、京东以及拼多多等巨头企业在电商市场中占据主导地位。根据市场数据，天猫和淘宝、京东以及拼多多等平台的用户规模和交易额均位居行业前列。这些企业凭借丰富的商品种类、完善的物流体系和强大的品牌影响力，吸引了大量用户。尽管巨头企业在市场中占据主导地位，但小型电商平台通过细分市场找到了自己的生存空间。这些平台专注于某一特定领域或品类，如母婴、家电、美妆等，通过专业化的服务和精准的定位，吸引了一部分消费者。一些专注于生鲜电商的平台通过提供新鲜、便捷的生鲜配送服务，赢得了消费者的青睐。越来越多的品牌商家开始意识到电商平台的潜力，纷纷进军电商市场。品牌商家与平台之间的合作促使平台提升自身的服务和形象，提供更好的平台环境和品牌保障。同时，品牌商家之间的竞争也推动了电商平台的发展和创新。除了商品本身的品质和价格，电子商务平台之间的竞争日益转向服务体验。包括物流速度、售后服务、用户界面以及推荐算法等方面的提升，能够为消费者带来更好的购物体验。同时，用户的个性化需求也在不断增长，电商平台需要不断优化和创新服务，提供更加个性化的推荐和定制化的购物体验。

物流速度也是电商平台竞争的重要方面之一。快速、准确的物流配送能够提升消费者的购物满意度和忠诚度。阿里巴巴旗下的菜鸟网络、京东物流等通过建设先进的物流体系和智能配送系统，实现了快速、高效的物流配送服务。优质的售后服务能够提升消费者的购物体验和信任度。电商平台通过建立完善的售后服务体系，如七天无理由退货、快速响应投诉等，为消费者提供了更加便捷的购物保障。用户界面的友好性和易用性对于提升消费者的购物体验至关重要。电商平台通过不断优化用户界面设计，如简化操作流程、提供清晰的商品分类和搜索功能等，提升了消费者的购物便捷性和满意度。个性化推荐算法是电商平台提升用户体验的重要手段之一。通过分析消费者的购物行为和偏好，电商平台能够为用户提供更加精准的商品推荐和定制化的购物体验。阿里巴巴旗下的淘宝通过智能推荐系统，为用户提供了个性化的商品推荐和购物体验。

随着全球化的深入发展和消费者对高品质、多元化商品的需求不断增长，跨境电商市场正迎来快速发展的黄金时期。值得注意的是，跨境电商平台通过提供全球商品打破了地域壁垒，帮助消费者购买到海外独特的商品。根据中国海关总署的数据，2024年前三季度跨境电商进出口增长11.5%，贸易新动能加速释放。这表明跨境电商市场正呈现出强劲的增长势头。

亚非拉等地区的互联网普及率近年来呈现出显著的提升趋势，为电商市场的蓬勃发展奠定了坚实的基础。随着互联网技术的不断渗透和智能手机的普及，这些地区的消费者逐渐接触并习惯于在线购物，电商市场潜力因此被极大地激发出来。然而，尽管市场潜力巨大，亚非拉地区在电商发展过程中仍面临着一系列挑战，其中最为突出的便是基础设施不完善和支付手段有限这两大问题。亚非拉地区的网络建设相较于发达地区仍存在较大差距。许多偏远地区的网络覆盖不足，网络速度慢、稳定性差，这直接影响了消费者的在线购物体验。此外，物流体系的不完善也是制约电商发展的重要因素。在部分亚非拉国家，物流网络尚未全面铺开，配送成本高、时效差，甚至在某些地区，基本的物流配送服务都难以保障。这些问题不仅增加了电商企业的运营成本，也限制了电商业务在这些地区的拓展。根据非洲互联网治理论坛（AFGF）的数据，尽管非洲的互联网用户数量在近年来迅速增长，但仍有大量人口无法接入互联网，尤其是在农村地区。同时，非洲的物流体系也相对落后，许多地区缺乏高效的物流网络，导致电商配送成本高昂且效率低下。这使得非洲的电商市场虽然潜力巨大，但发展却相对缓慢。支付手段的有限性也是亚非拉地区电商发展面临的一大挑战。在这些地区，传统的银行支付系统往往不够发达，信用卡、借记卡等支付工具的普及率较低。移动支付等新兴支付方式虽然在一定程度上弥补了这一不足，但仍存在支付安全、用户接受度等问题。此外，部分地区的消费者对于在线支付仍持谨慎态度，更倾向于选择传统的现金交易方式，这无疑增加了电商交易的复杂性和成本。当前，在拉丁美洲仍有大量人口没有银行账户或无法便捷地使用电子支付方式。根据世界银行的数据，拉丁美洲的银行账户普及率远低于全球平均水平，这在一定程度上制约了该地电商市场的发展。同时，由于支付手段的限制，许多电商企业不得不采用货到付款等较为原始的支付方式，这不仅增加了运营成本，也影响了消费者的购物体验。面对这些挑战，电商企业需要因地制宜地制定市场策略，以充分挖掘新兴市场的潜力。首先，在基础设施建设方面，电商企业可以与当地政府或电信运营商合作，共同推动网络基础设施的升级和扩展。通过投资建设基站、优化网络线路等方式，提高网络覆盖率和速度，为消费者提供更加流畅的在线购物体验。同时，电商企业还可以积极参与物流体系的建设和优化，通过自建物流网络或与合作伙伴共建物流平台，来降低配送成本、提高配送效率。阿里巴巴在非洲地区就采取了与当地电信运营商合作的方式，共同推动网络基础设施的建设。通过投资基站、提供技术支持等方式，阿里巴巴助力非洲地区提升网络覆盖率和速度，为当地电商市场的发展奠定了坚实基础。同时，阿里巴巴还通过旗下的菜鸟网络在非洲地区建立了多个物流中心，优化了物流配送网络，提高了配送效率。在支付手段方面，电商企业需要积极寻求与当地支付机构的合作，推动支付方式的多样化和便捷化。通过与当地银行、移动支付平台等支付机构建立合作关系，电商企业可以为消费者提供更加安全、便捷的支付方式选择。此外，电商企业还可以通过教育引导、优惠活动等方式提高消费者对在线支付的接受度和信任度，推动支付方式的转型升级。东南亚电商平台 Lazada 在与当地支付机构的合作方面取得了显著成效。Lazada 与多个东南亚国家的银行、移动支付平台建立了合作关系，为消费者提供了多种支付方式选择。同时，Lazada 还通过举办优惠活动、提供支付补贴等方式鼓励消费者使用在线支付方式，提高了支付方式的普及率和接受度。这些措施不仅提升了消费者的购物体验，也推动了 Lazada 在东南亚地区的快速发展。除了基础设施和支付手段外，电商企业在挖掘新兴市场潜力时还需要关注消费者需求和市场环境的差异性。亚非拉地区的消费者需求具有多样性和复杂性，电商企业需要深入了解当地消费者的购物习惯、偏好和需求特点，提供符合当地市场需求的商品和服务。同时，电商企业还需要关注当地市场的法律法规、文化习俗等环境因素，确保业务运营的合规性和可持续性。

随着全球范围内对环境保护和可持续性的要求日益增高，电商行业作为现代经济的重要组成部分，也必然将更加注重绿色可持续发展。这一趋势不仅是对社会责任的积极响应，更是电商行业在未来发展中提升自身品牌形象和市场竞争力的关键所在。通过采用环保材料、减少能源消耗、推动循环经济等一系列创新举措，电商零售企业正逐步在保护环境与实现商业利益之间找到平衡点，展现出前所未有的绿色转型动力。

在绿色包装与物流方面，电商企业正以前所未有的决心和行动力，推动整个行业的绿色化进程。传统电商包装往往采用大量一次性塑料、泡沫等难以降解的材料，不仅造成了资源的极大浪费，还加剧了环境污染问题。而今，越来越多的电商零售企业开始意识到这一问题的严重性，纷纷转向使用环保材料，如可降解塑料、再生纸、玉米淀粉基生物降解材料等，以减少对环境的负担。据相关数据显示，某知名电商平台在2022年推出的绿色包装计划，已累计使用环保包装材料超过1亿件，相较于传统包装材料，减少碳排放量约5 000吨，成效显著。此外，减少包装浪费也成为电商行业绿色转型的重要一环。部分电商平台通过技术创新，推出了可循环利用的包装材料，如可折叠的快递箱、循环使用的快递袋等，这些创新设计不仅降低了包装成本，更极大地减少了包装废弃物的产生。某电商平台推出的"绿色快递盒"项目，通过设置回收站点、鼓励用户参与回收，实现了快递盒的多次循环利用。据统计，该项目已累计回收并再利用快递盒超过500万次，有效减少了包装垃圾对环境的污染。在物流配送环节，电商企业同样在积极探索节能减排的新路径。优化物流配送路线、提高运输效率，成为电商行业节能减排的两大核心策略。通过引入大数据、人工智能等先进技术，电商平台能够实时分析订单分布、路况信息，智能调度配送车辆，从而避免不必要的绕行和等待，大幅降低运输过程中的能源消耗和碳排放。据一家大型电商平台公布的数据，其智能调度系统在2022年帮助平台优化了超过10%的物流配送路线，节省燃油约200万升，减少二氧化碳排放近6 000吨。除了优化配送路线，电商企业还在运输工具的选择上寻求更加环保的解决方案。电动货车、氢能物流车等清洁能源车辆正逐步替代传统燃油车辆，成为电商物流配送的新选择。这些清洁能源车辆不仅减少了运输过程中的碳排放，还降低了运营成本，为电商企业的绿色转型提供了有力支撑。

推动循环经济模式，实现资源的有效利用和循环利用，是电商行业绿色发展的又一重要方向。在这一领域，电商平台通过搭建二手商品交易平台，鼓励消费者进行二手商品的交易和回收再利用，不仅延长了商品的使用寿命，还减少了资源浪费和环境污染。以某知名二手交易平台为例，该平台在2022年促成了超过1 000万件二手商品的交易，相当于减少了约50万吨的废弃物产生，同时，平台还通过提供回收服务，回收并再利用了超过100万件电子产品，有效促进了资源的循环利用。此外，电商企业还在供应链管理中融入循环经济理念，通过与供应商合作，推动产品设计的绿色化、模块化，便于产品的回收和再利用。部分电商平台还推出了"以旧换新"服务，鼓励消费者用旧产品换取新产品，同时回收旧产品进行专业处理，实现资源的闭环利用。这些举措不仅提升了消费者的环保意识，也促进了电商行业向更加绿色、可持续的方向发展。值得注意的是，电商企业在追求绿色可持续发展的过程中，还积极与政府、环保组织、科研机构等社会各界展开合作，共同探索绿色电商的新模式、新技术。通过参与绿色供应链标准制定、开展环保公益活动、投资绿色技术研发等方式，电商企业正逐步构建起一个全方位、多层次的绿色生态体系，为行业的长远发展奠定坚实基础。随着社会对环境保护和可持续性的要求日益增高，电商行业正通过采用环保材料、减少包装浪费、优化物流配送、推动循环经济等一系列举措，积极践行绿色可持续发展的理念。这些努力不仅有助于减轻环境压力，提升企业的社会责任感，更在无形中增强了电商企业的品牌形象和市场竞争力，为电商行业的未来发展开辟了新的道路。在绿色转型的道路上，电商企业正以实际行动诠释着"绿水青山就是金山银山"的深刻内涵，引领着整个行业向更加绿色、健康、可持续的方向发展。

电商平台企业在当前的市场环境中呈现出多元化、细分化和全球化的发展趋势。巨头企业与传统电商平台通过规模效应和品牌影响力巩固市场地位，而新兴电商平台则通过创新的商业模式和营销策略迅速崛起。同时，电商平台之间的竞争日益转向提升用户服务体验和满足个性化需求方面。

第三节　物流配送企业与农村电商的协同发展

物流配送企业与农村电商的协同发展已成为推动乡村经济振兴的重要引擎，这一趋势不仅深刻改变了农村地区的经济面貌，也为物流配送企业开辟了新的市场空间和增长点。随着国家对乡村振兴战略的深入实施，农村电商迎来了前所未有的发展机遇。据商务部数据显示，2022年全国农产品网络零售额达到了5 313.8亿元，同比增长9.2%，显示出农村电商市场的强劲增长势头。进入2023年，这一趋势得以延续，上半年农产品网络零售额就攀升至2 700亿元，同比增长13.1%，增速远超同期其他电商领域。农村电商的快速发展，不仅为农民提供了更加便捷的销售渠道，也为物流配送企业带来了海量的订单和配送需求。

广西博白县通过建设县镇村三级物流网络，实现了统仓共配、同城共送的高效物流模式。据统计，博白县日均处理快递量已达到数万件，通过整合各快递公司的资源，共享仓储、统一配送，企业物流成本降低了数百万元以上。这一模式的成功，不仅解决了农村地区快递配送的"最后一公里"难题，更为村级站点探索出了一条盈利新路径。村级站点在提供快递收发服务的同时，还积极销售当地特色农产品，如博白凤梨、桂圆等，成为农村电商的重要节点，有力推动了农村经济的发展。类似的情况在全国多地都有发生。在黑龙江虎林市，当地政府积极完善县乡村三级快递物流配送体系，目前域内已拥有县级物流中心1座,农村电商服务站9个,建制村的村级寄递物流综合服务站覆盖率达到了100%。这一覆盖城乡、通达便捷、服务优质、发展有序的物流服务体系,不仅极大提高了物流配送效率,还显著促进了当地农产品的网络销售成交量的增加。虎林市明圆景木耳种植合作社社长表示,自快递进村工程实施以来,合作社的木耳产品销路更广,去年实现销售收入超2 000万元,同比增长了近30%。

  农村电商的快速发展,不仅体现在销售额的快速增长上,更体现在物流配送网络的不断完善和升级上。各地政府和企业纷纷加大投入,建设更加高效、便捷的物流体系,以满足农村电商日益增长的配送需求。河南淇县政府通过建设县、乡、村三级快递物流共同配送体系,推动电子商务与快递物流的深度融合发展。淇县联合京东、拼多多、抖音等电商平台,共同打造了"快递+鹌鹑蛋""快递+小麻花""快递+金甲鸡柳"等多个特色农产品快递项目。这些项目的成功实施,不仅大幅提升了农产品的销售量,还有效降低了物流成本。据统计,仅这三项特色产品每天的快递业务量就已超过3万件,有力促进了快递业与本地产业的融合发展。同时,淇县还借助快递物流共配网络,打通了农特产品"产、运、销"全链路。通过整合种植、加工、销售等环节,形成了以"朝歌印象"农产品电商公共品牌为引领的产业体系。该体系下的农特产品网销金额年均超过10亿元,不仅提高了农产品的附加值,还带动了当地农民的增收致富。山东乐陵市政府通过创新"政府引导+资源整合+市场化运作"的模式,构建了覆盖全市的"县、乡、村"三级快递物流服务体系。这一体系不仅提高了物流配送效率,还促进了客货邮的融合发展。目前,乐陵市日处理快递量已增至35万件,其中金丝小枣和调味品等特色农产品成为快递金牌项目。乐陵市还建设了县级分拣中心,实现"统仓共配",将多家快递公司的人员、车辆进行集中管理,提高了配送效率,降低了运营成本。

  物流配送企业与农村电商的协同发展,不仅解决了农村地区快递配送的难题,更为农产品的上行提供了强有力的支持。农产品上行是指将农村地区的农产品通过电商平台销售到城市市场,这一过程离不开物流配送企业的高效运作。四川蓬溪县政府以农村路网为依托,对客运站进行功能拓展和优化改造,整合道路运输与邮政、快递、供销、商务、电商等农村物流资源,形成了"交通运输+快递超市+网络平台"的发展模式。这一模式不仅提高了物流效率,还降低了物流成本,为农产品的上行提供了有力保障。据统计,蓬溪县通过这一模式,每年可为农客车辆增加数万元收入,快递企业则可节约大量运输成本,经济效益显著。河南淇县通过快递物流共配网络,当地农产品得以更加顺畅地进入城市市场。这些产品通过电商平台销往全国各地,不仅提高了农产品的知名度,还增加了农民的收入。淇县的成功经验表明,物流配送企业与农村电商的协同发展,是促进农产品上行、实现农民增收的有效途径。此外,在山东乐陵市,当地政府还依托县级速递园区和专业电商团队,设立了直播培训中心,并在乡镇客货邮服务站建设电商直播中心试点。通过开展直播电商培训，支持电商平台与快递物流合作，乐陵市形成了"互联网+寄递"的新业态模式。这一模式不仅提供了快件寄递和自提服务，还通过直播带货等方式，促进了农产品的销售，提高了农产品的附加值。

物流配送企业与农村电商的协同发展，不仅促进了农产品的上行，还带动了农村经济的全面繁荣。随着电商平台的深入发展和物流配送网络的不断完善，农村地区的基础设施建设也得到了显著改善，包括交通网络、物流体系与信息通信技术等方面。德清县政府通过大力发展电子商务、推动农村快递物流体系建设等政策举措，实施了快递进村工程，着力健全县、乡、村三级物流网络体系。目前，德清县已形成覆盖全县的物流网络体系，包括1个县级分拨中心、6个镇级中转站和132个村级快递物流中心。这一体系的完善，不仅提高了物流配送效率，还促进了城乡物流的互联互通，为农村经济的发展注入了新的活力。蓬溪县通过"交通运输+快递超市+网络平台"的发展模式，当地农村经济得到了显著提升。农客车辆和快递企业的收入增加，带动了相关产业的发展，促进了农民就业和创业。同时，电商平台的兴起也为农民提供了更加便捷的销售渠道，使得农产品能够更快地走向市场，实现增收致富。随着电商平台的普及，农民能够更加方便地购买到各种商品和服务，提高了生活质量。同时，电商平台上的丰富商品也为农民提供了更多的选择，满足了他们多样化的消费需求。物流配送企业与农村电商的协同发展，不仅促进了农村经济的繁荣，还推动了城乡物流的互联互通。随着电商平台的深入发展和物流配送网络的不断完善，城乡物流的差距逐渐缩小，实现了更加高效、便捷的物流互通。蓬溪县通过依托客运站，改建县级物流集散中心，实现了交邮合作的有效衔接。同时，在有条件的乡镇建设集客运、货运、邮政、快递及农产品批发交易、乡镇电商孵化基地于一体的乡镇运输快件综合服务站（"快递超市"），提供了代销代购、物流、农村居民缴费购票等一站式服务。这一模式的实施，不仅减少了资产、运输、仓储、人员等方面的投入，还提高了物流效率，降低了物流成本，实现了城乡物流的资源共享和优势互补。物流配送企业与农村电商的协同发展还促进了城乡之间的产业融合。通过电商平台，城市的市场需求和农村的供给能力得以更加紧密地连接起来。城市消费者能够更加方便地购买到农村的特色农产品，农民也能够通过电商平台了解到城市的市场需求，从而调整种植结构，提高农产品的市场竞争力。这种产业融合不仅促进了城乡经济的协同发展，还提高了农民的收入水平，推动了乡村振兴战略的深入实施。

物流配送企业与农村电商的协同发展，已成为助力乡村振兴战略的重要力量。这一模式不仅促进了农村经济的繁荣和城乡物流的互联互通，还带动了农村就业和创业，提高了农民的收入水平和生活质量。随着电商平台的深入发展和物流配送网络的不断完善，越来越多的农民开始通过电商平台销售自家农产品，实现了自主创业和就业。当地超市通过与博白县电子商务公共服务中心签订协议，植入了电子商务服务，从而"变身"成为东平镇枫木村的电商服务站。通过这一模式，当地超市不仅提供了快递收发服务，还利用电商平台的优势，销售当地的特色农产品，实现了"一站多能"的效果。这一成功案例不仅提升了超市的盈利能力，还带动了当地农产品的网络销售，促进了农村经济的发展。

第四节 金融服务机构对农村电商的支持

金融服务机构对农村电商的支持是乡村振兴战略中的重要一环，通过提供多样化的金融产品和服务，有效推动了农村电商的发展，促进了农村经济结构的优化升级。

近年来，随着农村电商的蓬勃发展，金融服务机构对其支持力度不断加大。据统计，截至 2023 年年底，全国农村电商交易额达到 3.5 万亿元，同比增长 20%，农村网络零售额达到 1.8 万亿元，同比增长 25%。这一显著增长背后，离不开金融服务机构的有力支持。各大银行、保险公司以及新型金融科技企业纷纷布局农村市场，通过设立网点、开发专属金融产品、优化支付结算等方式，为农村电商提供全方位的金融服务。以赣榆农商银行为例，该行主动与电商活跃乡镇党委政府达成合作，设立贷款机构，提供全方位资金供给。截至 2024 年 5 月，该行已发放支持电商及上下游企业（个人）贷款 12.16 亿元，有效缓解了农村电商企业的融资难题。此外，普惠金融政策的推进也进一步拓宽了农村电商的融资渠道。据中国人民银行数据显示，截至 2023 年年底，普惠型涉农贷款余额 12.59 万亿元，同比增长 20.34%，较各项贷款增速高 10.2 个百分点，基础金融服务覆盖全国县乡居民，为农村电商的发展提供了坚实的资金保障。

金融服务机构对农村电商的支持方式多种多样，涵盖了信贷支持、支付结算、保险保障以及金融科技赋能等多个方面。这些支持方式不仅为农村电商的发展提供了坚实的资金保障，还通过优化服务流程、降低经营风险和提升服务效率，助力农村电商实现高质量发展。在信贷支持方面，金融机构充分利用大数据、云计算等先进技术手段，对电商企业的信用状况进行精准评估，从而提供更加个性化的贷款产品。这种精准化的信贷支持模式，有效解决了农村电商企业在融资过程中面临的信用不足、抵押物缺乏等问题。江苏赣榆农商银行针对农村电商企业的融资需求，创新推出了"电商贷"产品。该产品不仅贷款额度高，最高可达 100 万元，而且支持信用、保证、抵押等多种贷款方式，灵活满足了不同企业的融资需求。除了赣榆农商银行外，其他金融机构也纷纷推出针对农村电商的信贷产品。中国农业银行推出了"惠农 e 贷"产品，通过线上申请、线下调查、快速审批的方式，为农村电商企业提供便捷、高效的信贷服务。据统计，截至 2023 年年底，中国农业银行已累计发放"惠农 e 贷"超过 1 000 亿元，惠及数百万农村电商企业和农户。此外，普惠金融政策的推进也进一步拓宽了农村电商的融资渠道。据中国人民银行数据显示，截至2022年6月末，全国农村金融机构普惠金融贷款余额达到14.1万亿元，同比增长18.6%。其中，针对农村电商企业的贷款余额占比逐年上升，为农村电商的发展提供了坚实的资金保障。

在支付结算方面，数字支付技术的普及大大降低了交易成本，提高了支付时效。随着农村互联网基础设施的不断完善和农村网民规模的持续增长，数字支付技术在农村地区的应用越来越广泛。据统计，截至2023年6月，我国农村互联网用户规模达到4.88亿，农村互联网普及率达到50.9%。这一庞大的用户基础为数字支付技术在农村地区的广泛应用提供了良好的条件。各大金融机构纷纷推出针对农村市场的移动支付产品，如中国工商银行的"工银e支付"、中国农业银行的"掌银支付"等，为农村电商企业提供了便捷、高效的支付结算服务。同时，金融机构还通过优化支付结算流程，进一步提高了服务效率。一些金融机构与电商平台合作，实现了订单信息与支付信息的实时对接，使得农村电商企业可以实时掌握交易情况，及时调整经营策略。此外，金融机构还通过推广电子票据、电子对账等电子化结算方式，降低了纸质票据的使用和存储成本，提高了结算效率。

在保险保障方面，保险公司针对农村电商的特点，推出了多种新型险种，如农产品质量保险、物流运输保险等，有效降低了农村电商的经营风险。这些新型险种不仅为农村电商企业提供了全面的风险保障，还通过引入第三方风险评估和监控机制，提升了企业的风险管理水平。据中国保险行业协会数据显示，2023年我国农业保险保费规模将到1 400亿元，其中接近80%是财政补贴。2024年农业保险保费规模将达到1 600亿元。农业保险政策覆盖了粮、棉、糖等16类大宗农产品，以及超过500种地方优势特色农产品，为超过1.6亿户次农户提供了约4.5万亿元的风险保障。2024年中央财政农业保险保费补贴的预算是562亿元，其中193亿元用于在全国全面实施的三大主粮完全成本保险和种植收入保险，下半年还会有序扩大大豆完全成本保险和种植收入保险政策的覆盖范围。其中，针对农村电商的保险产品种类和保费收入均呈现快速增长态势。一些保险公司推出了针对农产品质量保障的保险产品，为农村电商企业在销售过程中因产品质量问题导致的损失提供赔偿；还有一些保险公司推出了针对物流运输保障的保险产品，为农村电商企业在物流过程中因货物损坏或丢失导致的损失提供赔偿。这些新型险种的推出，不仅为农村电商企业提供了全面的风险保障，还通过引入第三方风险评估和监控机制，提升了企业的风险管理水平。一些保险公司与电商平台合作，通过实时监测和分析交易数据，为农村电商企业提供风险评估和预警服务，帮助企业及时发现和应对潜在风险。

在金融科技赋能方面，金融科技企业通过运用大数据、人工智能等技术手段，为农村电商提供更加智能化、个性化的金融服务。这些金融科技企业通过构建数字化金融服务平台，整合各类金融资源和服务，为农村电商提供一站式金融服务解决方案。蚂蚁金服等金融科技企业通过构建数字化金融服务平台，为农村电商提供信用评估、融资咨询、风险管理等一站式金融服务。该平台利用大数据技术对农村电商企业的交易数据、信用记录等进行深度挖掘和分析，为企业提供精准的信用评估和融资建议。同时，该平台还通过引入人工智能客服、智能风控等智能化服务手段，提升了服务效率和用户体验。此外，一些金融科技企业还针对农村电商的特定需求，开发了定制化的金融产品和服务。一些企业推出了针对农村电商的供应链金融产品，通过整合供应链上下游企业的资金流、物流和信息流，为农村电商企业提供更加便捷、低成本的融资服务。还有一些企业推出了针对农村电商的跨境支付产品，通过优化跨境支付流程、降低跨境支付成本，帮助农村电商企业拓展海外市场。金融科技的赋能不仅提升了农村电商的金融服务水平，还通过引入智能化服务手段，降低了企业的运营成本和风险。一些金融科技企业引入智能风控系统，对农村电商企业的交易数据进行实时监测和分析，及时发现并预警潜在风险，有效降低了企业的信贷风险和经营风险。同时，这些智能化服务手段还通过提升服务效率和用户体验，增强了农村电商企业的市场竞争力和可持续发展能力。

金融服务机构对农村电商的支持取得了显著成效。一方面，金融服务的普及和深化有效推动了农村电商的发展壮大。据统计，截至2023年年底，全国农村电商交易额达到3.5万亿元，同比增长20%，农村网络零售额达到1.8万亿元，同比增长25%。这些数据的增长充分说明了金融服务机构对农村电商发展的积极推动作用。另一方面，金融服务的支持也促进了农村产业结构的优化升级。通过提供多样化的金融产品和服务，金融服务机构有效激发了农村电商的创新活力，推动了农村产业由传统农业向现代农业、特色农业的转变。在四川、浙江等地，通过金融服务的支持，农村电商企业成功打造了多个农产品品牌，实现了农产品的标准化、规模化生产，有效提升了农产品的附加值和市场竞争力。此外，金融服务的支持还促进了农村就业和农民增收。据统计，截至2023年6月，我国农村电子商务直接创造了约3 000万个就业岗位，间接创造了约1.2亿个就业岗位。这些就业岗位的增加不仅有效缓解了农村剩余劳动力的就业问题，还显著提高了农民的收入水平和生活质量。

尽管金融服务机构对农村电商的支持取得了显著成效，但仍面临一些挑战。一方面，农村电商企业的融资需求与金融机构的供给之间存在不匹配的问题。由于农村电商企业大多规模较小、信用记录不完善，导致金融机构在提供贷款时面临较大的风险和不确定性。加之金融机构的贷款审批流程繁琐、周期长，也难以满足农村电商企业快速融资的需求。另一方面，农村地区的金融基础设施建设相对滞后，制约了金融服务的普及和深化。据统计，截至2022年年底，全国仍有部分农村地区没有实现金融机构网点全覆盖，导致这些地区的农村电商企业难以享受到便捷的金融服务。此外，农村地区的网络基础设施也相对薄弱，制约了数字支付等新型金融服务的广泛应用。面对挑战，金融服务机构需要不断创新和完善支持方式,以更好地满足农村电商的发展需求。一方面,金融机构应加强对农村电商企业的信用评估和风险管理,通过运用大数据、云计算等技术手段,提高贷款审批的效率和准确性。同时,金融机构还应加强与政府、电商平台等合作方的沟通协调,共同推动农村电商的健康发展。另一方面,政府应加大对农村金融基础设施建设的投入力度,推动金融机构网点向农村地区延伸。同时,政府还应加强对数字支付等新型金融服务的宣传和推广力度,提高农村居民对金融服务的认知度和接受度。此外,政府还应出台更多优惠政策措施,鼓励金融机构加大对农村电商的支持力度。

第十章

农村电商产业生态的协同发展机制

第一节　产业生态各主体之间的合作模式与利益分配

农村电商产业生态是一个复杂而多元的系统，涉及多个主体之间的紧密合作与利益分配。在这一生态系统中，农户、电商平台、物流配送企业、金融机构以及政府等各方主体通过不同的合作模式，共同推动农村电商的发展，实现互利共赢。

农户作为农村电商的供应方，其生产的产品通过电商平台直接销售给消费者，减少了传统销售渠道的中间环节，提高了农产品的附加值和农户的收入。电商平台则通过提供交易平台、物流配送、信息服务等一系列支持，帮助农户更好地对接市场，扩大销售规模。成都惠丰生态农业科技有限公司通过自创品牌，在崇州市白头镇天竺社区建立了500多亩的农场，专门从事立体、生态、有机农业的探索与开发。2016年该公司正式涉足电商，不仅上线农场自有的柚子、虫草鸡等原生态美味，还整合了崇州26家涉农企业产品，通过电商平台实现了农产品的线上销售。据数据显示，仅2018、2019两年通过自有品牌产品在电商平台收获近20万个订单，电子商务交易额超1 500万元，年销售额近2 000多万元，显著带动了农民增收。农户与电商平台的合作模式多种多样，包括直接入驻电商平台、与电商平台签订合作协议、通过电商平台进行预售等。在这些合作模式中，农户通常能够获得更高的销售价格，电商平台则通过收取平台服务费、广告费等方式获得收益。此外，电商平台还会通过数据分析、市场推广等手段，帮助农户提升产品销量和品牌知名度，进一步增加农户的收入。

物流配送是农村电商发展中不可或缺的一环。电商平台需要与物流配送企业紧密合作，确保农产品能够及时、安全地送达消费者手中。同时，物流配送企业也通过为电商平台提供配送服务，获得了稳定的收入来源。阿里巴巴通过其强大的电商平台，成功连接了农产品生产者与城市消费者，构建了线上线下相结合的农产品销售模式。在线上，阿里巴巴旗下的淘宝、天猫等平台为农产品提供了广阔的展示空间；在线下，阿里巴巴则通过盒马鲜生等新零售业态，将农产品直接送达消费者手中。为了实现高效的物流配送，阿里巴巴与多家物流企业建立了合作关系，包括顺丰、中通、圆通等。这些物流企业通过为阿里巴巴提供配送服务，获得了大量的订单和收益。电商平台与物流配送企业的合作模式通常包括签订合作协议、建立长期合作关系、共同投资物流基础设施等。在这些合作模式中，电商平台会根据物流配送企业的服务质量、配送效率等因素，给予相应的报酬和奖励。同时，物流配送企业也会通过优化配送路线、提高配送效率等方式，降低成本、增加收益。

金融机构在农村电商发展中扮演着重要角色。通过为农户、电商平台、物流配送企业等提供金融支持，金融机构促进了农村电商的快速发展。同时，金融机构也通过参与农村电商产业链，获得了新的业务增长点和收益来源。中国邮政储蓄银行积极支持农村电商发展，通过提供小额贷款、信用卡、电子支付等金融服务，帮助农户解决资金问题。同时，中国邮政储蓄银行还与多家电商平台建立了合作关系，为电商平台上的商户提供融资支持。截至2023年年底，中国邮政储蓄银行已累计为农村电商提供超过千亿元的贷款支持，有效促进了农村电商的发展。金融机构与农村电商的合作模式多种多样，包括提供贷款支持、开展电子支付业务、共同开发金融产品等。在这些合作模式中，金融机构通常会根据农村电商的发展需求，提供定制化的金融服务方案。同时，金融机构也会通过参与农村电商产业链，获得相应的利息收入、手续费收入等。

政府在农村电商的发展中扮演着引导者和支持者的角色。政府在农村电商产业生态中的角色主要体现在政策引导、资金支持、基础设施建设等方面，通过制定相关政策、提供资金支持、加强基础设施建设等方式，为农村电商的发展创造了良好的环境。同时，政府通过参与农村电商产业链实现经济效益和社会效益的双重提升。2024年商务部等9部门发布的《关于推动农村电商高质量发展的实施意见》❶明确提出了用5年时间基本建成设施完善、主体活跃、流通顺畅、服务高效的农村电商服务体系的目标。为实现这一目标，政府将加大对农村电商的支持力度，包括培育农村电商"领跑县"、县域数字流通龙头企业、直播电商基地等；推动农村电商与农业现代化、乡村旅游等产业的深度融合，促进农村经济的全面发展；参与农村电商产业链，实现了税收增加、就业促进等社会效益。在利益分配方面，政府通常会通过税收优惠、资金补助等方式，鼓励和支持农村电商的发展。同

---

❶ 流通发展司. 商务部等9部门关于推动农村电商高质量发展的实施意见［Z］. 商流通函〔2024〕39号，2024-03-05.

时，政府也会通过监管和规范市场秩序，保障各方主体的合法权益。

农村电商产业生态各主体之间的合作模式与利益分配机制是推动农村电商发展的重要保障。通过政府引导、企业主导、多方参与的方式，各方主体能够紧密合作、共同推动农村电商的快速发展。同时，合理的利益分配机制也保障了各方主体的合法权益，实现了经济效益和社会效益的双重提升。成都作为西南地区的重要城市，其农村电商发展具有鲜明的特色和优势。通过政府引导、企业主导、多方参与的方式，成都农村电商形成了多种合作模式与利益分配机制，有效推动了农村经济的转型升级和农民增收。成都食里八乡电子商务有限公司成立于 2016 年，旨在打造国内领先的"互联网+现代农业"电商平台。通过采用"互联网+公司+合作社+农户"的模式，成都食里八乡电子商务有限公司成功将农户手中的特色生态农产品送入消费者手中。据数据显示，该公司已在新疆阿克苏和乐山井研建立了生态农业专业合作社，作物种植面积达 2 000 多亩，养殖场地 28 亩，检疫上架农副产品 10 余种。同时，该公司还在线上主流平台开设了 6 家店铺，运营团队达 15 人，预计 2020 年线上线下总销售额将突破 1 500 万元。在成都农村电商的发展模式中，政府通过制定相关政策、提供资金支持等方式，为农村电商的发展创造了良好的环境。同时，企业则通过主导电商平台的建设和运营，整合各方资源，推动农村电商的快速发展。农户则通过参与电商平台销售农产品，实现了收入的增加。在利益分配方面，政府通常会通过税收优惠、资金补助等方式支持农村电商的发展；企业通过收取平台服务费、广告费等方式获得收益；农户通过销售农产品获得收入。此外，物流配送企业、金融机构等也通过参与农村电商产业链，获得了相应的收益。成都农村电商的发展模式充分展示了政府引导、企业主导、多方参与的合作优势。通过这种模式，各方主体能够充分发挥自身优势，共同推动农村电商的发展。同时，合理的利益分配机制也保障了各方主体的合法权益，实现了互利共赢的局面。

第二节 政府在农村电商产业生态协同发展中的引导作用

在当今数字化时代，农村电商作为新兴的经济形态正逐渐成为推动农村经济转型升级的重要力量。政府在这一过程中扮演了至关重要的角色，通过一系列的政策引导和支持措施，促进了农村电商产业生态的协同发展。首先，政府在农村电商发展初期便明确了其价值目标，并将其与经济和社会发展紧密结合起来。从经济意义上看，农村电商通过互联网打破了时空限制，减少了商品流通环节，缩短了供求双方的距离，从而帮助农民解决了信息不畅和交易成本高的问题。根据相关研究，农村电商的发展不仅有利于涉农商品和服务信息的传播，降低销售门槛，还对改变城乡和地域间发展不均衡的经济结构，提高涉农商品和服务市场竞争力，为农业主体增收创造了条件。我国作为农产品生产大国，农村电商的发展极大地促进了农产品的销售，许多地区的农民通过电商平台将自家农产品销往全国各地，甚至出口到海外市场，实现了收入的显著增长。

　　同时，政府通过制定发展战略和提供公共基础设施支持，为农村电商的发展奠定了坚实基础。政府在农村电商发展过程中的前瞻性和公共性体现在发展战略方向的制定和明确，以及公共基础设施的无偿提供。政府在农村地区投资建设了宽带网络、物流中心等基础设施，为农村电商的发展提供了必要的硬件支持。此外，政府通过财政资金补助、金融政策导向等方式，引导农村电商经营者和服务平台向政府规划的方向发展，形成一种正向激励模式。这种激励模式不仅促进了农村电商的快速发展，还提高了整个农村经济的活力。其次，政府在农村电商产业生态协同发展中，注重构建多元化的发展模式，以满足不同地区、不同群体的需求。C2C模式的应用在一定范围内解决了村民就业渠道狭窄、能动性低的问题，并且在自体盈利的同时，带动了大批村民自主提升产品质量，调节产业结构，以满足多样的消费者需求。山东博兴地区的淘宝村，通过C2C模式成功实现了传统企业的网上转型，吸引了大量青年回乡创业，不仅解决了就业问题，还推动了当地经济的繁荣。据统计，博兴县目前拥有3 000多家电商企业，80%的工业企业开展了网上贸易，成功吸引了超过2万人从事电商相关工作。此外，政府还积极推动G2C模式的发展，即政府帮扶下的公益助农项目。G2C模式通过政府牵头的各项电商活动，如助农消费平台的搭建、政府牵头的电商培训等，有效解决了某些地区因销售辐射面小、农产品产量过剩导致的滞销问题。南京市栖霞区开展的"南京·栖霞淘宝直播基地"项目，通过汇聚青年主播力量，加快了直播平台布局，推动了优质商品触网。该项目不仅帮助当地农民解决了农产品滞销问题，还提高了农产品的品牌知名度和市场竞争力。

　　政府在推动农村电商产业生态协同发展的过程中，注重加强监管和政策支持以保障农村电商的诚信和安全。政府制定了一系列监管政策，如打击假冒伪劣商品、规范电商经营行为等，为农村电商的健康发展提供了有力保障。政府还通过出台税收减免、市场拓展等扶持政策，为农产品电商提供税收减免政策，降低了企业的经营成本，提高了市场竞争力；同时，政府还鼓励农产品电商与农民合作社、农业合作社等组织合作，提高农产品的质量和品牌形象，推动农产品电商的可持续发展。另外政府还注重加强人才培养和引进，为农村电商的发展提供智力支持。政府通过组织农村电商培训班、研讨会等方式，邀请专家和企业家分享成功经验，培养农村电商从业者的专业知识和技能，提高他们的电商运营水平。此外，政府还与高校合作将电子商务相关课程纳入农村教育体系，为农村青年提供更多电商创业的机会和平台。一些地方政府与高校合作建立了农村电商创业孵化基地，为青年创业者提供办公场地、创业指导等全方位支持，有效激发了农村青年的创业热情和创新活力。政府加强了金融服务支持为农村电商提供融资和风险保障，推动银行和支付机构开发和推出与农村电子商务相适应的金融产品和服务，如农村电子商务贷款、保险等，为农村电商提供融资支持。同时，积极推动银行和支付机构与农村电商企业合作，提供定制化的金融服务，满足农村电商的特殊需求。一些地方政府与金融机构合作推出了"电商贷"等金融产品，为农村电商企业提供了低息、无抵押的贷款支持，有效缓解了企业的资金压力。政府通过加强宣传推广，提高了农村电商的知名度和影响力。政府利用社会媒体平台如微信、微博和抖音等开展农村电商的宣传活动，推广当地的农产品和特色产品；举办农村电商推广活动，如农产品展销会、电商节等，邀请社交媒体网红和知名博主进行直播推介，来吸引更多消费者关注和参与。一些地方政府举办的"农产品电商节"活动，通过线上线下的方式展示了当地的优质农产品，吸引了大量消费者关注和购买，有效提升了农产品的品牌知名度和市场竞争力。

政府在推动农村电商产业生态协同发展的过程中发挥了至关重要的作用。政府通过明确价值目标、构建多元化发展模式、加强监管和政策支持、加强人才培养和引进、加强金融服务支持以及加强宣传推广等措施有效促进了农村电商的快速发展。在具体实践中，政府引导农村电商发展的案例不胜枚举。江苏省政府高度重视农村电商的发展，出台了一系列政策措施，推动农村电商产业生态的协同发展。江苏省政府通过建设农村电商服务中心、推广农村电商示范项目、加强农村电商人才培训等方式，有效提升了农村电商的发展水平。2023中国江苏电子商务大会在江苏昆山举办，数据显示全省网络零售已连续3年超万亿元，2022年实现网络零售额1.22万亿元，同比增长5.1%，位居全国第三位，全省电子商务从业人员已达269.9万人。2023年前三季度，江苏全省网上零售额9 253.3亿元，增长13.8%。农村电商企业数量超过万家，带动了大量农民就业和增收。浙江省政府在推动农村电商发展的过程中，注重发挥市场主体的作用，鼓励企业和个人积极参与农村电商创业，通过出台税收减免、资金补助等扶持政策，降低了农村电商的创业门槛和经营成本。同时，浙江省政府积极推动农村电商与物流、金融等产业的融合发展，形成了完整的农村电商产业生态链。据统计，截至2023年年底，浙江省农村电商交易额已超过万亿元，农村电商企业数量达到数十万家，成为推动该省农村经济发展的重要力量。这些案例充分说明了，政府在推动农村电商产业生态协同发展中的重要作用。政府所制定明确的政策目标、提供必要的支持措施、加强监管和规范市场秩序等方式，有效促进了农村电商的快速发展和繁荣。

此外，政府在推动农村电商产业生态协同发展的过程中还注重加强与其他产业的融合发展。农村电商作为新兴的经济形态不仅具有独立的商业价值，还可以与其他产业形成协同效应共同推动农村经济的发展。政府可以推动农村电商与农业、旅游业等产业的融合发展，通过电商平台推广农产品和乡村旅游产品吸引更多消费者关注和购买，从而带动相关产业的发展。同时，政府可以推动农村电商与物流、金融等产业的融合发展，形成完整的产业链和供应链，从而提高农村电商的运营效率和市场竞争力。农村电商成为推动贵州省农村经济发展的重要力量。贵州省政府在推动农村电商发展的过程中，注重发挥电商平台的桥梁作用，连接农产品生产者和消费者，实现农产品的精准营销和品牌建设。同时，贵州省政府积极推动农村电商与旅游业的融合发展。例如，通过电商平台推广乡村旅游产品，吸引更多游客前来旅游观光，从而带动当地经济的发展。

政府通过明确价值目标、构建多元化发展模式、加强监管和政策支持、加强人才培养和引进、加强金融服务支持以及加强宣传推广等措施有效促进了农村电商的快速发展和繁荣。同时政府还注重加强农村电商与其他产业的融合发展形成完整的产业链和供应链提高农村电商的运营效率和市场竞争力。未来，随着政府引导作用的进一步发挥和农村电商产业生态的不断完善，相信农村电商将在推动农村经济转型升级和乡村振兴中发挥更加重要的作用。

第三节　行业协会对农村电商产业生态的规范与促进

行业协会，作为连接政府与企业的桥梁，是市场经济体系中不可或缺的一部分。它们不仅是行业内部协调与自律的重要力量，还是推动行业发展、维护市场秩序的关键角色。根据《中华人民共和国行业协会商会法》的明确定义，行业协会是由同一行业内的企业、个体工商户、其他经济组织以及个人自愿组成，实行行业服务和自律管理的非营利性社会团体法人。这一法律地位赋予了行业协会独特的权威性和代表性，使其能够在市场经济中发挥不可替代的作用。行业协会的宗旨在于代表行业利益，维护行业秩序，推动行业发展。这一宗旨贯穿于行业协会的各项工作之中，体现了其作为行业代言人和守护者的双重角色。

行业协会作为行业内的代表性组织，能够集中反映行业企业的共同诉求和利益关切。它们通过参与政策制定、与政府沟通协商等方式，为行业争取有利的发展环境和政策支持。在税收政策、市场准入、行业补贴等方面，行业协会往往能够发挥重要的倡导和协调作用。通过制定行业规范、建立自律机制等方式，行业协会维护行业内的公平竞争和市场秩序。它们对行业内的不正当竞争行为、违法违规行为进行监督和制约，保护企业的合法权益。同时，行业协会还通过推广行业标准和认证体系，提升行业整体的产品质量和服务水平。例如，中国家用电器协会制定的家电产品能效标准、中国建筑材料联合会制定的绿色建材评价标准等，都在推动行业绿色发展、提升产品质量方面发挥了重要作用。

行业协会通过组织行业交流、培训、展览等活动，促进行业内企业之间的合作与交流。例如，中国烹饪协会组织的全国烹饪技能竞赛、中国电子商会组织的电子商务师培训等活动，都在推动行业人才建设方面发挥了积极作用。行业协会还积极参与国际交流与合作，推动行业国际化进程。中国对外贸易促进委员会组织的企业代表团出访、中国国际商会参与的国际商会大会等活动，都在推动中国企业"走出去"、参与国际竞争方面发挥了重要作用。此外，行业协会还通过政策研究、市场分析等方式，为行业企业提供决策支持和咨询服务，帮助企业把握市场机遇，提升竞争力。

行业协会的发展历史可以追溯到古代的手工业行会。在封建社会时期，手工业行会作为行业内部组织，主要承担技艺传承、市场规范和产品质量控制等职能。它们通过制定行规行约、设立师傅徒弟制度等方式，维护行业内的秩序和利益。这些行会虽然与现代行业协会在组织形式和职能范围上存在差异，但都为后来的行业协会发展奠定了基础。随着工业化进程的加速和市场经济的发展，行业协会逐渐演变为现代意义上的行业自治组织。它们的职能也从传统的技艺传承和市场规范扩展到政策倡导、标准制定、职业培训等多个领域。特别是在经济全球化的背景下，行业协会在保护国内产业、促进国际贸易合作方面发挥着越来越重要的作用。据统计，截至2024年年底，我国共有各类行业协会商会近3万个，覆盖了国民经济各个领域。这些行业协会在推动行业发展、维护市场秩序、促进国际贸易等方面发挥了重要作用。中国机械工业联合会、中国纺织工业联合会等行业协会在推动各自行业的技术进步、产业升级和国际化进程方面取得了显著成效。

当前新质生产力背景下我国农村电商在快速发展的同时，也面临着市场秩序不规范、产品质量参差不齐、物流体系不健全等问题。这些问题的存在，严重制约了农村电商的可持续发展。行业协会作为行业自律和服务的主体，在农村电商产业生态中扮演着至关重要的角色。一方面，行业协会可以通过制定行业标准和规范，引导企业诚信经营，提升产品质量和服务水平；另一方面，行业协会还可以整合行业资源，推动物流配送、金融支付等基础设施的完善，为农村电商的发展提供有力支持。下面是三个典型的农村电子商务协会：

其中，广东省农村电子商务协会是我国第一家省级农村电子商务协会，成立于2015年。该协会以"推动电商赋能乡村振兴战略实施"为使命，通过整合行业资源、维护行业秩序、带领会员做大做强农村电子商务，努力打造全国一流的资源对接平台。协会成立以来，积极发挥桥梁纽带作用，联合政府、企业、高校等多方力量，共同推动农村电商的发展。一方面，协会通过举办峰会、论坛、资源对接会等活动，为会员单位提供交流合作平台；另一方面，协会还积极开展电商培训、政策研究等工作，提升会员单位的专业能力和市场竞争力。在推动农村电商标准化、品牌化建设方面，广东省农村电子商务协会也取得了显著成效。协会联合有关部门制定了多项农村电商行业标准，推动农产品电商的规范化发展。同时，协会还积极引导会员单位加强品牌建设，提升农产品的附加值和市场竞争力。据统计，截至2024年年底，广东省农村电子商务协会已发展会员单位超过2 000家，服务范围覆盖全省21个地级市。在协会的推动下，广东省农村电商市场规模持续扩大，农产品网络零售额不断攀升。2023年，广东省农产品网络零售额达到5 870.3亿元，同比增长12.5%，占全国农产品网络零售额的比重超过20%。

福建省漳州市平和县电商行业协会成立于2023年8月，旨在加快促进平和县电商行业规范发展，推动电商产业提质增效。协会成立以来，积极发挥行业自律和服务职能，为平和县农村电商的发展提供了有力支持。在推动农村电商标准化、规范化发展方面，平和县电商行业协会制定了多项行业标准和规范，来引导会员单位诚信经营、规范操作。同时，协会还积极推广农产品溯源体系，提升农产品的质量和安全性。通过协会的努力，平和县农村电商市场秩序得到有效规范，消费者满意度不断提升。在整合行业资源、推动基础设施建设方面，平和县电商行业协会也发挥了重要作用。协会联合物流、金融等企业，共同推动农村物流配送体系和金融支付体系的完善。通过建设县级电商公共服务中心、乡镇电商服务站和村级电商服务点等基础设施，为农村电商的发展提供了有力保障。此外，平和县电商行业协会还积极开展电商培训、创业指导等工作，提升农民的电商意识和创业能力。通过举办电商培训班、创业沙龙等活动，协会为农民提供了学习交流的平台，激发了他们的创业热情。在协会的推动下，平和县农村电商人才队伍不断壮大，为农村电商的可持续发展提供了有力支撑。

广东省韶关市翁源县电子商务行业协会成立于2015年，在翁源县民政局的指导下，致力于实现电商中小企业"大手拉小手"抱团发展的新模式。协会以电商助力乡村振兴高质量发展为目标，通过指导行业、服务会员，积极搭建政企之间的桥梁纽带作用。在推动农村电商标准化、品牌化建设方面，翁源县电子商务行业协会通过举办"翁源县优秀电商企业"评选活动，帮助会员企业提升品牌形象和知名度。同时，协会还积极引导会员单位加强品牌建设，提升农产品的附加值和市场竞争力。通过协会的努力，翁源县涌现出一批具有代表性的本地电商企业，为农村电商的发展注入了新的活力。在整合行业资源、推动基础设施建设方面，翁源县电子商务行业协会也发挥了积极作用。协会联合物流、金融等企业，共同推动农村物流配送体系和金融支付体系的完善。通过建设电商产业园区、电商服务中心等基础设施，为农村电商的发展提供了有力保障。此外，翁源县电子商务行业协会还注重人才培养和引进。协会通过举办电商培训班、创业大赛等活动，培养了一批懂电商、会经营的复合型人才。同时，协会还积极引进外部电商人才，为农村电商的发展提供了智力支持。在协会的推动下，翁源县农村电商产业实现了快速发展。据统计，2023年翁源县农村网络零售额达到10亿元，同比增长30%。农产品电商直采、定制生产等新模式不断涌现，为农民增收和农村经济发展注入了新的动力。

除了上述三个行业协会外，全国各地还有许多涉及农村电商的行业协会在发挥着重要作用。浙江省农村电商协会通过举办农村电商大会、开展电商培训等活动，推动了浙江省农村电商的快速发展；山东省农产品电商协会则通过制定行业标准、推广农产品溯源体系等措施，提升了山东省农产品的质量和市场竞争力。这些行业协会在推动农村电商标准化、规范化发展方面发挥了重要作用。它们通过制定行业标准和规范，引导企业诚信经营、规范操作；通过推广农产品溯源体系等措施，提升农产品的质量和安全性；通过整合行业资源、推动基础设施建设等措施，为农村电商的发展提供了有力保障。同时，这些行业协会还注重人才培养和引进。它们通过举办电商培训班、创业大赛等活动，培养了一批懂电商、会经营的复合型人才；通过引进外部电商人才等措施，为农村电商的发展提供了智力支持。这些人才的加入，不仅提升了农村电商企业的专业能力和市场竞争力，还为农村电商的可持续发展注入了新的活力。

行业协会作为行业自律和服务的主体，在农村电商产业生态中发挥着至关重要的作用。它们通过制定行业标准和规范、推广农产品溯源体系等措施，推动农村电商标准化、规范化发展；通过整合行业资源、推动基础设施建设等措施，为农村电商的发展提供有力保障；通过人才培养和引进等措施，为农村电商的可持续发展注入新的活力。

第十一章

农村电商产业生态的优化策略

第一节 提升农村电商产业生态的创新能力

当前我国农村电商产业生态的创新能力仍面临诸多挑战,如基础设施薄弱、技术应用滞后、市场竞争力不足以及专业人才匮乏等。因此,提升农村电商产业生态的创新能力,不仅能够有效解决当前农村电商面临的诸多挑战,还能为其未来的发展注入新的活力和动力,成为推动农村电商高质量发展的关键所在。

提升农村电商产业生态的创新能力,意味着能够更快地适应数字经济的发展趋势,把握市场机遇,推动农村电商实现跨越式发展。首先,创新能力的提升有助于农村电商更好地融入数字经济生态。在数字经济时代,数据已成为新的生产要素,数据分析、人工智能、区块链等先进技术正深刻改变着传统商业模式。农村电商通过提升创新能力,可以充分利用这些先进技术,优化供应链管理、提升用户体验、增强市场竞争力。通过大数据分析,农村电商可以更精准地把握市场需求和消费者偏好,实现个性化推荐和精准营销;通过人工智能技术,农村电商可以提高客户服务质量和效率,提升用户满意度和忠诚度。其次,创新能力的提升有助于农村电商把握市场机遇。随着消费升级和乡村振兴战略的深入实施,农村电商市场呈现出巨大的发展潜力。然而,这一市场的竞争也日益激烈,只有具备创新能力的农村电商企业才能在竞争中脱颖而出。通过提升创新能力,农村电商可以不断推出新产品、新服务、新模式,满足消费者多样化的需求,抢占市场先机;还可以推动农业产业向规模化、集约化、品牌化方向发展,提高农业产业的附加值和竞争力。

创新能力的提升推动了农业产业链的延伸和拓展。农村电商通过整合上下游资源,可以实现农业生产、加工、销售等环节的紧密衔接和协同发展。通过引入先进的技术和管理模式,农村电商可以推动农业产业链的延伸和拓展,提高农产品的附加值和市场竞争力。通过引入智能农业技术,农村电商可以实现农产品的精准种植和科学管理,提高农产品的品质和产量;通过引入农产品加工技术,农村电商可以开发出更多高附加值的农产品深加工产品,满足消费者多样化的需求。其次,品牌是农产品市场竞争力的核心要素之一。通过提升创新能力,农村电商可以加强农产品品牌建设,提高农产品的知名度和美誉度,还可以借助电商平台将农产品推向国际市场,实现农产品的国际化发展。农村电商通过创新农产品包装设计和品牌营销策略进一步提升农产品的品牌形象和市场竞争力;通过加强与国际电商平台的合作与交流,农村电商可以将农产品推向更广阔的国际市场。提升农村电商产业生态的创新能力可以进一步激发农村就业创业活力,促进农民增收致富。农村电商的发展带动了相关产业的发展和壮大,为农民提供了更多的就业机会。通过提升创新能力,农村电商可以不断推出新产品、新服务、新模式,吸引更多的农民参与就业创业。通过创新农产品电商销售模式,农村电商可以吸引更多的农民参与电商销售和推广工作;通过创新农产品加工技术,农村电商可以吸引更多的农民参与农产品加工和生产工作。农村电商通过优化供应链管理、提升用户体验、增强市场竞争力等手段,可以提高农产品的销售价格和附加值,从而增加农民的收入水平;还可以为农民提供更多的增收渠道和机会。通过创新农产品包装设计和品牌营销策略,农村电商可以提高农产品的附加值和售价;通过加强与国际电商平台的合作与交流,农村电商可以将农产品推向更广阔的国际市场,增加农民的收入来源。

　　农村电商通过提升创新能力进一步推动了农村资源的优化配置和高效利用,提高农业生产效率和质量。通过整合上下游资源,引入先进的信息技术和管理模式,农村电商可以对农村资源进行精准识别和有效管理,提高资源的利用效率和价值。通过大数据分析,农村电商可以精准识别农村资源的分布情况和利用状况,为资源的优化配置提供科学依据;通过引入智能农业技术,农村电商可以实现农村资源的精准管理和高效利用,提高农业生产效率和质量。传统的农业生产方式往往存在着效率低下、资源浪费等问题。而农村电商通过提升创新能力,可以推动农业生产方式的转变和升级,引入智能农业技术,农村电商可以实现农作物的精准种植和科学管理,提高农作物的产量和品质;引入农产品加工技术,农村电商可以开发出更多高附加值的农产品深加工产品,提高农产品的附加值和市场竞争力。这些转变和升级将有助于推动农业生产效率的提高和质量的提升。

　　由于历史原因和现实条件的限制,我国农村地区在信息化建设方面仍存在着诸多不足和短板,城乡数字鸿沟仍然存在。农村电商的发展离不开完善的信息基础设施的支持。提升创新能力,农村电商可以推动农村信息基础设施的完善和建设;引入先进的通信技术和管理模式推动农村宽带网络、移动通信等基础设施的普及和升级;加强与电信运营商的合作与交流，可以进一步促进农村信息基础设施的优化和拓展。这些措施将有助于提升农村地区的信息化水平和服务能力，并且通过提供丰富的信息产品和服务满足农民多样化的信息需求，帮助农村信息服务的发展和完善。通过开发农业信息服务平台和移动应用程序，农村电商为农民提供及时、准确的农业信息和技术支持；通过加强与科研机构、高校等单位的合作与交流，农村电商可以推动农业科技创新和成果转化。这些措施将有助于提升农民的信息素养和科技水平，缩小城乡数字鸿沟。

农村电商产业生态的创新能力的提升，对于推动农村社会治理创新、促进社会和谐稳定也具有重要作用。在传统的农村社会治理模式下，往往存在着管理手段单一、治理效率低下等问题。而农村电商的兴起为农村社会治理创新提供了新的路径和机遇。通过提升创新能力，农村电商可以推动农村社会治理的创新和发展，促进社会和谐稳定。通过创新引入先进的信息技术和管理模式，可以实现农村社会治理手段的多样化和智能化。通过开发农村社会治理信息系统和移动应用程序，农村电商可以为政府提供及时、准确的农村社会治理数据和信息支持；通过引入人工智能、大数据等先进技术，农村电商可以实现农村社会治理的精准化和智能化。这些措施将有助于提升农村社会治理的效率和水平。传统的农村社会治理模式还存在着政府主导、社会参与不足等问题。而农村电商通过提升创新能力，推动了农村社会治理模式的转变和升级。通过加强与社会组织、企业等单位的合作与交流，促进农村社会治理的多元化和协同化；通过引入市场机制和社会资本，农村电商可以推动农村社会治理的创新和发展。这些转变和升级将有助于激发农村社会活力，促进社会和谐稳定。

农村文化是中华民族传统文化的重要组成部分，具有丰富的内涵和独特的魅力。然而，在现代化进程中，农村文化面临着传承困难、创新不足等问题。通过提升创新能力，农村电商可以推动农村文化的传承与创新，增强文化自信。创新挖掘和展示农村文化的独特魅力和价值，吸引更多的人关注和了解农村文化，推动农村文化的传承和发展。农村电商利用农村文化旅游产品和特色农产品的开发，可以展示农村文化的独特魅力和价值；利用加强与农村文化机构和艺术家的合作与交流，可以推动农村文化的传承和创新。这些措施将有助于保护和传承农村文化，丰富中华民族的文化宝库。农村电商使用先进的信息技术和创意理念进一步带动农村文化的创新和发展。通过开发农村文化创意产品和数字文化产品展现农村文化的现代魅力和活力；通过加强与高校、科研机构等单位的合作与交流等方法促进农村文化的创新和转化。这些创新和发展将有助于提升农村文化的吸引力和影响力，增强文化自信。

提升农村电商产业生态的创新能力具有多方面的理由和作用。它不仅有助于适应数字经济发展趋势、推动农村产业升级转型、促进农村就业创业和增加农民收入，还有助于优化农村资源配置、加强农村信息化建设、推动农村社会治理创新以及促进农村文化传承与创新。提升农村电商产业生态的创新能力是推动农村电商高质量发展的关键所在。通过完善基础设施、提高科技创新、强化品牌建设、培育专业人才、优化政策环境、推动产业融合以及加强国际合作等多方面的努力，可以有效提升农村电商产业生态的创新能力水平。因此，政府应该高度重视农村电商产业生态创新能力的提升工作，采取切实有效的措施加以推进和落实。具体来说，需要从以下几个方面来持续推动创新：

一是要完善基础设施，构建智能化物流体系。农村电商的发展离不开完善的基础设施支持。当前，许多农村地区存在物流体系不完善、配送成本高、时效性差等问题，严重制约了农村电商的发展。因此，完善基础设施，构建智能化物流体系，是提升农村电商产业生态创新能力的首要任务。要加强农村地区的交通基础设施建设，提高道路通行能力和物流运输效率。通过修建和升级农村公路、桥梁等交通设施，确保农产品和电商包裹能够顺畅地进出农村地区。同时，要加大对农村物流园区、仓储中心等设施的投资建设，形成覆盖广泛、功能完善的农村物流网络。利用物联网、大数据、云计算等现代信息技术，构建智能化的农村物流管理体系。通过智能调度系统优化物流路线和配送方案，降低物流成本和提高配送效率。同时，推动农村物流的自动化和无人化进程，如引入无人机、无人车等智能配送设备，解决农村物流"最后一公里"难题。建立健全农村物流信息平台，实现物流信息的实时共享和协同处理。通过信息化手段提高物流作业的透明度和可追溯性，增强消费者对农村电商的信任度和满意度。同时，要加强农村电商与物流企业的合作与联动，形成协同发展的良好格局。

二是提高科技创新，推进电商数字化转型。科技创新是提升农村电商产业生态创新能力的核心驱动力。当前，农村电商在科技创新方面仍存在诸多不足，如技术应用滞后、创新能力不足等。因此，加强科技创新，推进电商数字化转型是提升农村电商产业生态创新能力的关键所在。鼓励和支持高校、科研机构和企业加大对农村电商技术研发的投入力度，推动人工智能、大数据、区块链等先进技术在农村电商领域的应用。通过技术创新提升农村电商的运营效率和用户体验，增强市场竞争力。其次，要推动农村电商的数字化转型。加强农村电商平台的数字化建设，提升平台的智能化水平和个性化服务能力。通过数据分析、用户画像等手段精准定位市场需求和消费者偏好，为农民提供更加精准和个性化的销售服务。同时，要加强农村电商的供应链数字化管理，实现农产品从生产到销售的全链条数字化跟踪和追溯，提高农产品的质量和安全水平。最后，建立健全农村电商的标准体系和规范体系，推动农村电商的标准化和规范化发展。通过制定和执行统一的标准和规范，提升农村电商的服务质量和市场竞争力。同时，加强农村电商的监管和执法力度，打击假冒伪劣和侵权行为，维护良好的市场秩序和消费者权益。

三是强化品牌建设，提升品牌市场竞争力。品牌建设是提升农村电商产业生态创新能力的重要途径。当前，许多农村电商品牌存在特色不鲜明、知名度不高、市场竞争力不足等问题。加强品牌建设，提升品牌市场竞争力成为提升农村电商产业生态创新能力的关键环节。首先，要结合当地的文化、历史和资源优势，打造具有地域特色的农村电商品牌。通过挖掘和传承当地的文化内涵和历史底蕴，提升品牌的独特性和吸引力。同时，注重品牌的包装设计和营销推广，提高品牌的知名度和美誉度。其次，要加强农村电商品牌的品质建设。建立健全农村电商的品质管理体系和质量控制体系，确保农产品的质量和安全。通过引入先进的种植、养殖和加工技术，提高农产品的品质和附加值。同时，要加强农产品的溯源管理和质量检测，确保农产品的来源可追溯和质量可控。最后，要加强农村电商品牌的宣传和推广。利用互联网、社交媒体等新媒体平台，加大对农村电商品牌的宣传和推广力度。通过举办线上线下活动、开展品牌合作和跨界营销等方式，提高品牌的曝光度和影响力，注重品牌故事的讲述和传播，增强消费者对品牌的认同感和忠诚度。

四是培育专业人才，提升电商专业化水平。专业人才是提升农村电商产业生态创新能力的关键因素。当前，许多农村地区存在电商人才匮乏、专业水平不高等问题。因此，加强专业人才培养和引进，提升电商专业化水平是提升农村电商产业生态创新能力的重要保障。首先可以依托高校、职业院校和培训机构等资源，加强对农村电商人才的培养和培训力度。通过开设电商专业课程、举办电商培训班等方式，提高农村电商人才的专业素质和技能水平。同时，注重实践经验的积累和分享，鼓励农村电商人才积极参与电商实践和创新活动。其次制定和完善农村电商人才的引进政策和激励措施，吸引更多高素质、专业化的电商人才到农村地区创业就业。通过提供税收优惠、资金扶持、住房补贴等优惠政策，降低电商人才的创业成本和生活成本。要加强电商人才的职业发展规划和晋升机制建设，提高电商人才的职业发展空间和薪资待遇。最后，要加强农村电商人才的合作与交流。建立农村电商人才交流合作平台，促进不同地区、不同领域电商人才的交流与合作。通过举办电商论坛、研讨会等活动加强电商人才之间的沟通与协作，共同推动农村电商产业的发展和创新，引进更多先进的电商理念和技术成果，提升农村电商产业的创新能力和竞争力。

五是优化政策环境，激发创新活力。政策环境是提升农村电商产业生态创新能力的重要保障。当前，虽然各级政府出台了一系列支持农村电商发展的政策措施，但在政策落实和执行方面仍存在一些不足。因此，优化政策环境，激发创新活力是提升农村电商产业生态创新能力的重要方面。各级政府要加大对农村电商的政策支持力度，制定更加具体、可操作的政策措施。同时，加强政策执行力度和监管力度，确保政策措施得到有效落实和执行。通过建立健全政策评估机制和反馈机制，及时调整和完善政策措施，提高政策的有效性和针对性。其次，要加强政策宣传和引导。通过各种渠道和方式加强对农村电商政策的宣传和引导力度，提高农民对电商政策的认知度和参与度。通过举办政策宣讲会、培训班等活动，帮助农民了解电商政策的具体内容和操作流程。同时，要注重发挥典型示范和引领作用，推广成功经验和做法，激发农民参与电商创新的积极性和主动性。各级政府要加强部门之间的协同和配合力度，形成推动农村电商发展的合力。通过建立健全部门间的沟通协调机制和信息共享机制，加强政策之间的衔接和配合力度。同时，要加强与金融机构、电商平台等单位的合作与配合力度，共同推动农村电商产业的发展和创新。

六是推动产业融合，拓展创新空间。产业融合是提升农村电商产业生态创新能力的重要途径。当前，许多农村地区存在产业结构单一、产业链条短等问题，制约了农村电商的创新发展。因此，推动产业融合，拓展创新空间是提升农村电商产业生态创新能力的重要方向。通过电商平台将农产品推向更广阔的市场，提高农产品的附加值和市场竞争力。同时，注重农产品的品牌建设和品质提升工作，打造具有地域特色的农产品品牌。通过加强农产品生产、加工、销售等环节的协同配合力度，形成完整的产业链条和产业集群效应。依托当地的自然风光和人文景观资源，发展乡村旅游和休闲农业等新兴业态。通过电商平台将乡村旅游产品推向市场，吸引更多游客前来体验和消费。同时，注重提升乡村旅游产品的品质和服务水平，打造具有地方特色的乡村旅游品牌。通过加强乡村旅游与电商平台的合作与联动力度，形成相互促进、共同发展的良好格局。鼓励和支持农村电商企业拓展业务范围和领域，加强与制造业、服务业等其他产业的合作与联动力度。通过电商平台将其他产业的产品和服务推向市场，拓展农村电商的创新空间和发展潜力。同时，注重提升农村电商企业的创新能力和竞争力水平，推动农村电商产业的高质量发展。

七是加强国际合作，拓展海外市场。国际合作是提升农村电商产业生态创新能力的重要途径。当前，随着全球化的深入发展和"一带一路"倡议的推进实施，为农村电商拓展海外市场提供了广阔的空间和机遇。因此，加强国际合作，拓展海外市场，是提升农村电商产业生态创新能力的重要方向之一。积极寻求与国际知名电商平台的合作机会和方式，借助其品牌影响力和市场渠道优势将中国农村电商产品推向全球市场。同时，要注重学习和借鉴国际先进电商理念和技术成果，提升中国农村电商的创新能力和竞争力水平。与国际知名物流企业建立稳定的合作关系和物流渠道网络，确保农村电商产品能够及时、安全地运送到海外市场。同时，要注重提升农村电商产品的包装设计和物流服务质量水平，增强海外消费者的购买意愿和满意度。积极参与国际组织举办的电商论坛、研讨会等活动，加强与国际组织在电商政策、标准等方面的沟通与合作力度。通过与国际组织建立紧密的合作关系和协作机制，共同推动全球农村电商产业的发展和创新。

第二节 加强农村电商产业生态的风险管理

近年来，政府高度重视农村电商的发展，出台了一系列政策措施，推动农村电商基础设施建设和市场规模扩大。然而，随着农村电商市场的不断扩大，各种风险也逐渐显现，成为制约其进一步发展的瓶颈。其中，物流方面的瓶颈尤为突出。由于农村地区的交通基础设施相对落后，物流配送网络不完善，导致农产品上行和工业品下行的物流成本高昂、效率低下。这不仅增加了农村电商的经营成本，还延长了配送周期，影响了消费者的购物体验。此外，知识技能不足也是农村电商面临的一大挑战。许多农户和电商从业者缺乏电商运营和管理的专业知识和技能，难以有效应对市场变化和竞争压力。这不仅限制了农村电商的创新能力和服务质量，还可能导致资源浪费和效率低下。消费者安全风险同样不容忽视。由于农村地区网络普及程度相对较低，消费者对电商的认知和信任度有限，容易受到网络诈骗和虚假宣传的侵害。同时，农村电商平台的售后服务和消费者权益保护机制尚不完善，一旦发生纠纷和投诉，消费者的权益往往难以得到有效保障。法律风险也是农村电商发展过程中必须面对的问题。随着农村电商市场的不断扩大，涉及的法律关系日益复杂，合同违约、知识产权侵权、消费者权益保护等法律纠纷频发。这不仅增加了农村电商的法律成本和经营风险，还可能对其声誉和品牌形象造成负面影响。因此，加强农村电商产业生态的风险管理显得尤为重要，只有有效应对这些风险，才能保障农村电商的稳定发展，进而促进农村经济的繁荣。

农村电商产业生态的风险管理是一个复杂而系统的过程，其核心在于全面、精准地识别、评估和控制各种风险，以确保农村电商的稳定、可持续发展。这一过程不仅关乎农村经济的繁荣，更直接影响到广大农民群众的切身利益。风险识别是风险管理的首要环节，也是奠定整个风险管理基础的关键步骤。农村电商产业生态中的风险种类繁多，且各具特点，这要求在风险识别过程中必须保持高度的敏锐性和洞察力。具体而言，农村电商面临的风险主要包括物流风险、技术风险、市场风险、法律风险等。物流风险源于农村地区交通不便、物流基础设施薄弱等因素，可能导致商品配送延迟、损坏或丢失，进而影响消费者的体验和商家的信誉。技术风险主要体现在信息系统安全、数据保护等方面，一旦技术防线被突破，不仅会造成经济损失，还可能引发信任危机。市场风险则与市场需求波动、竞争加剧等因素密切相关，可能导致销售下滑、利润减少。而法律风险则涵盖了合同违约、知识产权侵权、消费者权益保护等多个方面，稍有不慎就可能陷入法律纠纷。

为了有效识别这些风险需要采取多种手段相结合的方法。市场调研是最为基础和直接的方式，通过深入了解市场需求、竞争态势、消费者行为等信息，可以初步筛选出潜在的风险点。数据分析则提供了更为精确和量化的工具，通过对历史数据、实时数据的挖掘和分析可以发现数据背后的规律和趋势，从而更准确地判断风险的存在和演变。此外，专家咨询、同行交流等方式也能提供宝贵的经验和见解，从而更全面地识别和评估风险。

风险评估是对识别出的风险进行量化分析的过程，其目的在于评估风险可能带来的影响和损失，为制定风险控制措施提供依据。风险评估通常包括风险发生的概率评估和影响程度评估这两个方面。概率评估旨在确定风险事件发生的可能性大小，而影响程度评估则关注风险事件一旦发生可能造成的损失程度。通过构建风险评估模型对风险进行更为系统和全面的量化分析。在风险评估过程中需要充分考虑各种因素的影响。在评估物流风险时，考虑物流企业的运输能力、配送网络覆盖范围、天气条件等多种因素；在评估技术风险时，关注信息系统的安全性、数据备份和恢复能力等方面；在评估市场风险时，需要考虑市场需求的变化趋势、竞争对手的动态等。通过综合考虑这些因素更准确地评估风险的可能性和影响程度，为后续的风险控制提供有力支持。

风险控制是风险管理的核心环节，也是实现风险管理目标的关键所在。风险控制的目的是通过一系列措施降低风险发生的概率和影响程度，从而保障农村电商的稳定运营和可持续发展。风险控制措施主要包括风险规避、风险减轻、风险转移和风险接受等。

风险规避是一种主动的风险应对策略，旨在通过避免或放弃某些可能带来风险的行为来降低风险发生的概率。在农村电商产业生态中，风险规避可以采取多种形式。针对物流风险选择信誉良好、运输能力强的物流企业进行合作；面对技术风险，加强信息系统的安全防护和数据备份工作；在市场风险密切关注市场动态和消费者需求变化，及时调整经营策略和产品定位。通过风险规避措施的实施可以有效地降低某些特定风险的发生概率。然而，并非所有风险都可以通过规避来避免。在某些情况下可能需要采取风险减轻措施来降低风险的影响程度。风险减轻是一种被动的风险应对策略，旨在通过采取措施来减少风险事件发生后可能造成的损失。在农村电商产业生态中，风险减轻措施可以包括加强售后服务体系建设、提高商品质量和服务水平、加强消费者权益保护等方面。通过这些措施的实施可以在风险事件发生后及时响应和处理，减少损失并恢复消费者信任。除了风险规避和风险减轻外，风险转移也是一种重要的风险控制手段。风险转移旨在通过合同或保险等方式将风险转嫁给其他主体来降低自身承担的风险。在农村电商产业生态中，风险转移可以通过与物流公司签订责任明确的运输合同、为商品购买运输保险等方式来实现。通过风险转移措施的实施将部分风险转嫁给其他主体共同承担从而降低自身的风险暴露水平。当然，并非所有风险都可以通过规避、减轻或转移来完全消除。在某些情况下需要接受一定的风险作为开展业务的必要代价。风险接受是一种被动的风险应对策略，旨在通过合理安排资源和制定应急预案来应对可能发生的风险事件。在农村电商产业生态中，风险接受可以体现在制定合理的库存策略、建立应急响应机制等方面。通过风险接受措施的实施可以在风险事件发生时保持冷静和应对能力，减少损失并尽快恢复正常运营。需要注意的是，风险控制并非一成不变的过程，而是需要根据实际情况进行动态调整和优化。随着农村电商产业生态的不断发展和变化，新的风险可能会不断出现，而原有的风险也可能发生变化。因此需要保持高度的警觉性和灵活性，密切关注市场动态和消费者需求变化，及时调整和完善风险管理策略。

此外，农村电商产业生态的风险管理还需要政府、企业、农户等多方共同努力形成合力。政府应扮演引导者和监管者的角色，通过完善基础设施建设，如加大农村电商物流配送网络和信息网络的投入，提高农村地区的宽带网络覆盖和信息化水平，为农村电商发展奠定坚实基础。同时，政府还需制定一系列优惠政策，如税收减免、财政补贴等，以鼓励和支持农村电商的发展，降低农户和电商平台的经营成本与市场风险。此外，加强监管力度，建立健全农村电商市场监管体系，规范市场秩序和竞争行为，保障农村电商市场的公平竞争和健康发展，也是政府不可推卸的责任。企业作为农村电商产业生态中的重要一环，需加强自身管理，提升技术水平和服务质量。企业应建立健全内部管理制度和风险控制机制，规范业务流程和操作规范，提高员工的风险意识和法律意识，从而降低内部管理风险和市场风险。在技术层面，企业应加大研发投入，采用先进的物流管理系统和数据分析技术，提高物流配送效率和服务质量，同时利用区块链、人工智能等新技术加强数据安全和网络安全保障，建立健全用户信息保护机制，以防止用户信息泄露和滥用，降低技术风险和消费者安全风险。此外，企业还应积极拓展市场渠道，通过与其他电商平台、社交媒体等合作，以及参加展会、活动等方式提高品牌知名度和影响力，满足消费者多样化需求，从而降低市场风险并提升市场竞争力。农户作为农村电商产业生态的参与者和受益者，也应积极提升自身素质和能力，以降低风险并增加收入。农户应积极参加各类电商培训活动，提高电商知识和技能水平，掌握电商平台操作、网络营销、客户服务等方面的知识，提升电商运营能力。同时，加强品牌建设和质量管理，通过注册农产品商标、申请地理标志等方式打造自身品牌，加强农产品质量管理和溯源体系建设，提高农产品质量和安全性，从而提升市场竞争力。此外，农户还应积极拓展销售渠道，通过与电商平台、合作社等合作，参加农产品展销会、对接会等方式拓展客户资源，开发新产品、新服务以满足消费者多样化需求，从而降低市场风险并提高销售收入和盈利能力。通过政府、企业和农户的共同努力，农村电商产业生态的风险管理将得到全面加强，为农村电商的稳定与可持续发展提供有力保障。

风险管理是一个复杂而系统的过程，其核心在于全面、精准地识别、评估和控制各种风险。通过风险识别、风险评估和风险控制三个环节的紧密衔接和有机配合，可以有效地降低农村电商产业生态中的各种风险挑战，推动农村电商实现稳定可持续发展为乡村振兴和农村现代化贡献力量。同时,也需要保持高度的警觉性和灵活性,密切关注市场动态和消费者需求变化,及时调整和完善风险管理策略以应对不断变化的风险挑战。

第三节 推动农村电商产业生态的可持续发展

农村电商产业生态的可持续发展,是指在保持农村电商经济增长的同时,兼顾环境保护、社会公平与和谐,以及资源的合理利用,实现经济效益、社会效益和生态效益的有机统一。其内涵不仅涉及农村电商平台的运营和扩展,更涵盖了与之相关的农业生产、物流配送、信息技术应用、人才培养等多个环节。可持续发展的农村电商产业生态,能够促进农村经济结构的优化升级,提升农民生活水平,推动城乡一体化发展,为乡村振兴注入强劲动力。

农村电商产业生态的可持续发展具有重要意义。首先,它有助于解决农产品销售难题,拓宽农产品上行渠道,增加农民收入。通过电商平台,农民可以直接对接市场,减少中间环节,提高农产品销售效率和价格透明度,有效缓解农产品滞销问题。其次,农村电商的可持续发展能够带动农村相关产业的发展,如物流配送、仓储包装、网络营销等,形成完整的产业链条,增加农村就业机会,促进农村经济的多元化发展。此外,农村电商的可持续发展还有助于提升农村地区的信息化水平,缩小城乡数字鸿沟,推动农村社会治理现代化。通过电商平台,农民可以获取更多的市场信息、技术指导和金融服务,提高生产效率和产品质量,增强市场竞争力。同时,农村电商产业生态的可持续发展也是实现乡村振兴战略的重要途径。乡村振兴战略旨在通过一系列政策措施,促进农村经济社会全面发展,实现农业现代化、农村繁荣和农民富裕。农村电商作为新兴业态,具有广阔的发展前景和巨大的市场潜力,是乡村振兴战略的重要抓手。通过推动农村电商的可持续发展,可以激发农村经济发展活力,促进农业供给侧结构性改革,提升农产品附加值和品牌影响力,为乡村振兴提供有力支撑。

要实现农村电商产业生态的可持续发展,需要从多个方面入手,采取综合措施,推动农村电商产业生态的转型升级和高质量发展。首先,加强农村电商基础设施建设是推动可持续发展的基础。农村电商的发展离不开完善的基础设施支撑。政府应加大对农村电商基础设施建设的投入力度,完善农村地区的宽带网络覆盖和物流配送网络。通过建设县级电子商务公共服务中心、物流配送中心等设施,提高农村电商的物流配送效率和服务质量。同时,加强农村地区的信息化建设,推动农村电商与农业生产的深度融合,实现农产品从生产到销售的全程信息化管理。此外,还应加强农村电商人才培训,提高农民的电商操作技能和市场意识，为农村电商的可持续发展提供人才保障。推动农村电商与农业生产的深度融合是实现可持续发展的关键。农村电商不应仅仅局限于销售环节，而应深入到农业生产的全过程，推动农业生产的现代化和智能化。通过电商平台，农民可以获取市场需求信息，根据市场需求调整种植结构和品种选择，实现农产品的精准生产和定制化销售。同时，电商平台可以为农民提供农业技术咨询、病虫害防治、农产品溯源等服务，提高农业生产效率和产品质量。此外，还可以探索建立农产品直供直销模式，减少中间环节，提高农产品销售效率和价格透明度，增加农民收入。其次，促进农村电商与物流配送的协同发展是实现可持续发展的重要环节。物流配送是农村电商发展的关键环节之一。政府应加大对农村物流配送体系的支持力度，推动物流企业与电商平台的深度合作，建立完善的农村物流配送网络。通过优化物流配送路线、提高物流配送效率、降低物流配送成本等措施，为农村电商的发展提供有力支撑。同时，还应加强农村物流人才的培养和引进，提高农村物流服务的专业化水平。此外，还可以探索建立农村物流信息共享平台，实现物流资源的优化配置和高效利用。再次，加强农村电商的监管和服务也是实现可持续发展的重要保障。政府应加强对农村电商市场的监管力度，规范市场秩序和竞争行为。建立健全农村电商市场监管体系，加强对农产品质量、价格、广告等方面的监管；加大对知识产权侵权、合同违约等违法行为的打击力度；完善消费者权益保护机制，及时处理消费者投诉和纠纷。同时，政府还应加强对农村电商的服务支持，为农村电商企业提供政策咨询、融资支持、市场开拓等全方位服务。通过加强监管和服务，为农村电商的可持续发展营造良好的市场环境。最后，推动农村电商与金融服务的深度融合也是实现可持续发展的重要途径。金融服务是农村电商发展的重要支撑。政府应鼓励金融机构加大对农村电商的支持力度，为农村电商企业提供融资、保险、支付等全方位金融服务。通过创新金融产品和服务模式，降低农村电商企业的融资成本和市场风险。同时，还应加强农村电商企业与金融机构的合作，推动信用体系建设，提高农村电商企业的信用评级和融资能力。此外，还可以探索建立农村电商风险补偿机制，为农村电商的发展提供风险保障。

  随着互联网的普及和电子商务的快速发展，农村电商产业生态的可持续发展将迎来更加广阔的前景和机遇。首先，农村电商将更加注重品牌建设和品质提升。随着消费者对农产品品质和品牌的要求越来越高，农村电商将更加注重品牌建设和品质提升。通过加强农产品品牌建设、提高产品质量和安全性、加强营销推广等措施，打造具有市场竞争力的农产品品牌。同时，农村电商还将加强与消费者的互动和沟通，了解消费者需求和反馈，不断改进产品和服务，提高消费者满意度和忠诚度。其次，农村电商将更加注重技术创新和模式创新。技术创新和模式创新是推动农村电商可持续发展的重要动力。未来，农村电商将更加注重技术创新和模式创新，探索建立更加高效、便捷、安全的电商模式。利用大数据、云计算、人工智能等先进技术，实现农产品的精准生产和定制化销售；探索建立农产品直供直销模式、社交电商模式等新兴电商模式，减少中间环节，降低成本，提高销售效率和价格透明度。再次，农村电商将更加注重与其他产业的融合发展。农村电商不仅是一个独立的产业，更是与其他产业紧密相连、相互促进的产业。未来，农村电商将更加注重与其他产业的融合发展，形成完整的产业链条和生态系统。与农业生产深度融合，推动农业生产的现代化和智能化；与物流配送协同发展，建立完善的农村物流配送网络；与金融服务深度融合，为农村电商企业提供全方位的金融服务支持。通过与其他产业的融合发展，实现农村电商产业生态的可持续发展。此外，农村电商还将更加注重社会责任和可持续发展。随着社会的不断发展和进步，企业对社会责任和可持续发展的要求也越来越高。未来，农村电商将更加注重社会责任和可持续发展，积极参与社会公益事业和环保行动，推动农村电商产业的绿色发展和可持续发展。加强农产品质量安全和溯源体系建设，保障消费者权益和健康安全；推广绿色包装和低碳物流等环保措施，减少对环境的影响和破坏；积极参与农村扶贫和公益事业，为农村地区的经济社会发展做出贡献。最后，农村电商还将更加注重国际化发展和跨境电商。随着全球化的不断深入和国际贸易的不断发展，农村电商也将更加注重国际化发展和跨境电商。通过拓展国际市场、加强国际合作和交流等措施，推动农村电商产品的出口和跨境电商的发展。同时，还可以学习借鉴国际先进经验和做法，不断提升农村电商的发展水平和竞争力。

农村电商产业生态的可持续发展是一个复杂而系统的工程，需要政府、企业、农户等多方面的共同努力和协作。通过加强基础设施建设、推动与农业生产的深度融合、促进与物流配送的协同发展、加强监管和服务以及推动与金融服务的深度融合等措施，实现农村电商产业生态的转型升级和高质量发展。

第五卷

新质生产力驱动下农村电商的人才培养

第十二章

农村电商人才的需求分析

第一节 农村电商不同岗位的人才需求特点

农村电商的快速发展对人才提出了更高的要求。不同岗位的人才需求特点各异，从市场推广、运营管理到客户服务，每个环节都需要具备特定技能和素质的人才来支撑。

一、市场推广岗位的人才需求特点

市场推广岗位在农村电商企业中扮演着至关重要的角色，其核心职责在于将农产品有效地推向市场，提升品牌知名度和销售额。这一岗位对人才的需求特点不仅体现在专业知识与技能方面，还涵盖了创新思维、学习能力以及团队合作与沟通能力等多个维度。

首先，市场推广岗位的人才必须具备扎实的市场营销知识和丰富的推广经验。这是因为市场推广人员需要深入了解市场动态，把握消费者需求，从而制定出切实可行的营销策略和推广计划。他们需要熟悉各种营销渠道和工具，如社交媒体、搜索引擎优化（SEO）、内容营销等，并能够灵活运用这些工具来提升品牌曝光度和吸引潜在客户。此外，数据分析能力也是市场推广人员不可或缺的一项技能。通过对市场数据的深入分析，他们可以及时发现市场趋势和变化，从而调整推广策略，优化推广效果。通过分析用户在社交媒体上的互动行为，市场推广人员可以了解用户的兴趣点和偏好，进而制定更加精准的营销策略。

其次，创新思维和学习能力对于市场推广岗位的人才来说同样至关重要。随着农村电商市场的快速发展和竞争的日益激烈，传统的推广方式已经难以满足市场需求。因此，市场推广人员需要不断探索新的推广方式和渠道,如短视频营销、直播带货等,以吸引更多消费者的关注。这些新的推广方式不仅要求市场推广人员具备创新思维,能够勇于尝试和突破传统框架,还要求他们具备快速学习的能力,能够迅速掌握新技术、新工具的使用方法。在短视频营销领域,市场推广人员需要了解短视频平台的算法机制、用户行为特点以及内容创作技巧等,才能够制作出高质量、高曝光度的短视频内容。

再次,团队合作与沟通能力也是市场推广岗位人才的重要素质之一。市场推广工作往往涉及多个部门和环节的协同合作,如产品设计、运营管理等。因此,市场推广人员需要具备良好的团队合作和沟通能力,能够与团队成员密切合作,共同制定推广策略和执行计划。他们需要与产品设计人员沟通产品特点和卖点,以便在推广过程中能够准确传达产品信息;他们还需要与运营管理人员协调推广活动的执行和监控,确保推广活动的顺利进行。同时,市场推广人员还需要与供应商、合作伙伴等外部单位保持良好的沟通关系,以获取更多的资源和支持。在与供应商合作时,市场推广人员需要了解供应商的产品特点和优势,以便在推广过程中能够突出产品的独特卖点;在与合作伙伴合作时,市场推广人员需要协商推广资源的共享和分配,以实现互利共赢的合作效果。

此外,在实际工作中,市场推广岗位的人才还需要具备敏锐的市场洞察力和快速应变能力。他们需要时刻关注市场动态和竞争对手的情况,以便及时调整推广策略。当竞争对手推出新的促销活动或产品时,市场推广人员需要迅速分析其对自身品牌的影响,并制定出相应的应对措施。同时,他们还需要关注消费者的反馈和意见,以便不断优化推广内容和方式。当消费者对某个推广活动的反应不佳时,市场推广人员需要及时调整活动方案或更换推广渠道,以提高消费者的参与度和满意度。此外,市场推广岗位的人才还需要具备良好的创新意识和创造力。在推广过程中,他们需要不断探索新的推广方式和渠道,以吸引更多消费者的关注和参与。可以结合时下流行的社交媒体平台或短视频平台进行推广,策划具有创意和互动性的线上或线下活动;还可以与其他品牌或意见领袖进行合作推广等。这些创新性的推广方式不仅能够提升品牌知名度和影响力,还能够增强消费者的品牌忠诚度和购买意愿。在团队合作方面,市场推广岗位的人才需要积极参与团队讨论和决策过程,与团队成员保持良好的沟通和协作关系。他们需要尊重团队成员的意见和建议,能够倾听他人的想法并给出建设性的反馈。同时,他们还需要具备领导力和组织协调能力,能够带领团队共同完成推广任务和目标。在策划大型推广活动时,市场推广人员需要协调各个部门和环节的工作进度和资源分配,确保活动的顺利进行和圆满成功。

最后,在沟通能力方面,市场推广岗位的人才需要具备良好的语言表达和沟通技巧。他们需要能够清晰、准确地传达自己的想法和意见,并能够理解他人的需求和期望。同时,他们还需要具备良好的谈判能力和说服力,能够与供应商、合作伙伴等外部单位进行有效的沟通和协商。在与供应商谈判合作条件时,市场推广人员需要充分展示自己的专业能力和市场洞察力，以便争取到更有利的合作条件。

二、运营管理岗位的人才需求特点

运营管理岗位在农村电商企业负责整个平台的日常运营和管理工作。这一岗位的人才需求特点体现了对专业知识与技能的严格要求、战略规划与执行能力的重视，以及风险管理意识的必要性。首先，运营管理岗位的人才需要具备扎实的电子商务和运营管理知识，熟悉电商平台的运作机制和业务流程。这不仅仅是对理论知识的要求，更是对实际操作能力的考验。运营管理人员需要深入了解商品上架、库存管理、订单处理、物流配送等各个环节的操作流程，确保平台的日常运营能够顺利进行。他们需要掌握如何有效地管理商品信息，包括商品图片的拍摄、描述的撰写、分类的设置等，以提高商品的曝光率和销售量。同时，在库存管理方面，运营管理人员需要精准预测商品的需求量，合理安排库存，避免库存积压或缺货现象的发生。订单处理是电商平台运营中的关键环节，运营管理人员需要确保订单信息的准确无误，及时处理订单状态的变化，如发货、退款、换货等，以提高客户的满意度。物流配送环节同样不容忽视，运营管理人员需要与物流公司保持良好的合作关系，优化配送路线，缩短配送时间，降低物流成本。除了这些具体的操作技能外，运营管理人员还需要具备数据分析能力，能够通过对运营数据的深入分析，发现潜在的问题和机会，为企业的决策提供有力的支持。他们需要熟练运用各种数据分析工具，如 Excel、SPSS 等，对销售数据、用户行为数据等进行挖掘和分析，为企业的营销策略、产品优化、用户体验提升等方面提供科学依据。

其次，运营管理岗位的人才需要具备战略规划与执行能力。农村电商企业要想在激烈的市场竞争中立于不败之地，就必须制定科学合理的运营策略。运营管理人员需要参与战略规划的制定过程，深入了解市场的发展趋势和企业的实际情况，提出合理的建议和意见。他们需要对竞争对手进行深入研究，分析其优势和劣势，找出自身的差异化竞争点。同时，运营管理人员还需要密切关注政策环境的变化，如电商税收政策、跨境电商政策等，及时调整企业的运营策略。战略规划的制定只是第一步，更重要的是将战略规划转化为具体的行动计划和实施方案。运营管理人员需要具备强大的执行能力，能够带领团队高效地完成各项任务，确保企业的战略目标得以实现。他们需要制定详细的运营计划，明确各项任务的时间节点和责任人，确保计划的顺利执行。另外，他们还需要具备出色的沟通协调能力，能够协调各个部门之间的工作，解决运营过程中出现的问题，确保运营流程的顺畅进行。最后，运营管理岗位的人才需要具备强烈的风险管理意识。农村电商企业在运营过程中面临着各种风险，如市场风险、技术风险、法律风险等。运营管理人员需要密切关注市场动态和政策变化，及时发现潜在的风险因素并制定相应的应对措施。市场风险是农村电商企业面临的主要风险之一,市场需求的波动、竞争对手的动态、消费者偏好的变化等都可能对企业的运营产生重大影响。运营管理人员需要加强对市场的监测和分析,及时调整运营策略,降低市场风险。技术风险同样不容忽视。随着电商技术的不断发展,新的技术不断涌现,但同时也带来了新的风险。运营管理人员需要关注电商技术的最新动态,了解新技术的发展趋势和应用场景,及时引入新技术,提高平台的运营效率和用户体验。同时,他们还需要加强技术安全管理,防止黑客攻击、数据泄露等安全事件的发生。法律风险也是农村电商企业需要关注的重要方面。电商行业的法律法规不断完善,企业需要遵守相关法律法规,规范运营行为。运营管理人员需要加强对法律法规的学习和了解,确保企业的运营活动合法合规。另外,他们还需要与企业的法务部门保持密切沟通与合作,共同构建完善的风险管理体系,确保企业的稳健发展。

在具体实践中,运营管理岗位的人才还需要具备创新思维和学习能力。农村电商行业变化迅速,新的商业模式、营销手段不断涌现。运营管理人员需要具备敏锐的市场洞察力,能够及时发现新的商业机会和趋势,并勇于尝试和创新。他们需要关注行业动态和竞争对手的动态,学习借鉴先进的运营理念和方法,不断提升自身的运营水平。同时,运营管理人员还需要具备持续学习的能力,不断学习和掌握新的知识和技能,以适应行业发展的需求。他们可以通过参加行业培训、阅读专业书籍、参与线上课程等方式,不断提升自身的专业素养和综合能力。此外,运营管理岗位的人才还需要具备良好的团队协作和沟通能力。运营管理工作涉及多个部门和环节,需要与多个部门保持密切的沟通和协作。运营管理人员需要具备良好的团队协作精神,能够与团队成员紧密合作,共同完成任务。同时,他们还需要具备良好的沟通能力,能够与不同部门和岗位的人员进行有效的沟通和交流,确保信息的准确传递和任务的顺利执行。在团队协作中,运营管理人员需要注重团队氛围的营造和团队文化的建设,以此激发团队成员的积极性和创造力,提高团队的整体绩效。

三、客户服务岗位的人才需求特点

客户服务岗位在农村电商企业中扮演着至关重要的角色,它不仅是企业与客户之间的桥梁,更是塑造企业形象、提升客户满意度和忠诚度的关键所在。因此,对于客户服务岗位的人才需求,企业尤为注重其服务意识和沟通能力。强烈的服务意识是客户服务岗位人才不可或缺的素质。农村电商企业面对的客户群体广泛,包括农民、城市居民以及各类企事业单位。这些客户在购物过程中,往往有着各自的需求和期望。客户服务人员需要具备高度的责任感和使命感,将客户满意度放在首位,始终以客户为中心,积极为客户提供优质、高效的服务。他们需要时刻保持耐心和友善的态度,无论客户的问题多么琐碎或复杂，都要认真倾听、细致解答，确保客户的每一个需求都能得到及时响应和妥善处理。这种服务意识不仅体现在对客户的态度上，更体现在对客户需求的深刻理解和积极回应上。客户服务人员需要主动了解客户的购物习惯和偏好，为客户提供个性化的服务建议和解决方案，让客户感受到企业的关怀和温暖。

良好的沟通能力是客户服务岗位人才必备的技能。在与客户沟通的过程中，客户服务人员需要具备良好的沟通技巧和表达能力，能够用清晰、简洁、准确的语言向客户传递信息，解答客户的疑问和困惑。他们需要善于倾听客户的意见和建议，理解客户的真实需求，并根据客户的反馈及时调整服务策略，提升服务质量。同时，客户服务人员还需要具备良好的情绪管理能力，能够在面对客户的不满和投诉时保持冷静和理智，以积极、专业的态度应对各种挑战和压力。通过有效的沟通，客户服务人员能够建立起与客户之间的信任和合作关系，为企业赢得更多的口碑和忠实客户。为了培养客户服务岗位人才的服务意识和沟通能力，农村电商企业需要从多个方面入手。首先，企业应加强对客户服务人员的培训和教育，通过举办培训课程、分享会等活动，提升客户服务人员的专业素养和服务意识。培训内容可以包括客户服务理念、沟通技巧、情绪管理等方面，帮助客户服务人员全面掌握客户服务的知识和技能。其次，企业应建立完善的客户服务流程和标准，明确客户服务人员的职责和权限，确保客户服务工作的规范化和标准化。通过制定详细的服务流程和标准，企业可以为客户提供更加一致、高效的服务体验，提升客户的满意度和忠诚度。同时，企业还可以建立客户服务监督机制，对客户服务人员的服务质量和效果进行定期评估和反馈，及时发现和纠正服务中的问题和不足，推动客户服务工作的持续改进和提升。

农村电商企业可以通过引入先进的客户服务技术和工具，提升客户服务的质量和效率。企业可以利用智能客服系统、在线聊天工具等技术手段，实现与客户的实时互动和沟通，为客户提供更加便捷、高效的服务体验。同时，企业还可以利用大数据分析、人工智能等技术手段，对客户的需求和行为进行深入分析和挖掘，为客户提供更加个性化、精准的服务建议和解决方案。这些先进的技术和工具不仅可以提升客户服务的质量和效率，还可以为企业创造更多的商业价值和发展机会。在客户服务岗位人才的选拔和培养过程中，农村电商企业还需要注重人才的多元化和包容性。客户服务岗位需要面对各种各样的客户和问题，因此，企业需要选拔具有不同背景、经验和能力的人才来担任这一岗位。这些人才可以来自不同的地区、行业和领域，他们各自具备独特的优势和特长，可以为企业带来更多的创新和活力。同时，企业还需要注重培养人才的团队合作和协作精神，鼓励不同背景的人才相互学习、交流和合作，共同提升客户服务的质量和效率。客户服务岗位在农村电商企业中扮演着至关重要的角色，其人才需求特点主要体现在服务意识和沟通能力上。企业需要加强对客户服务人员的培训和教育，建立完善的客户服务流程和标准，引入先进的客户服务技术和工具，以及注重人才的多元化和包容性等方面的工作，才能培养和选拔具备强烈服务意识和良好沟通能力的客户服务人才。通过不断提升客户服务的质量和效率，农村电商企业可以赢得更多客户的信任和支持，为企业的持续发展和壮大奠定坚实的基础。

值得一提的是，随着农村电商市场的不断发展和竞争的日益激烈，客户服务岗位的需求也在不断变化和升级。未来，农村电商企业可能需要更加注重客户服务人才的创新能力和数字化技能。随着人工智能、大数据等技术的不断发展，企业可能需要客户服务人才具备相关的技术知识和应用能力，以便更好地利用这些技术提升客户服务的质量和效率。同时，随着消费者对个性化、定制化服务的需求不断增加，企业也需要客户服务人才具备更强的创新能力和服务设计能力，以满足消费者多样化的需求。因此，农村电商企业在培养和选拔客户服务岗位人才时，需要密切关注市场动态和技术发展趋势，及时调整人才培养策略和方向，以适应未来市场的发展和变化。

四、数据分析岗位的人才需求特点

数据分析岗位在农村电商企业中扮演着至关重要的角色，是企业决策支持体系的核心部分。该岗位的人才需求特点不仅体现在其专业技能的广度与深度上，更在于其对企业业务的理解与洞察，以及将复杂数据转化为实际业务行动的能力。数据分析与挖掘能力是数据分析岗位的基本要求。随着农村电商行业的快速发展，企业每天都会产生大量的市场数据，这些数据包括用户行为、销售记录、库存状态、市场趋势等多个维度。数据分析人员需要运用专业的工具和方法，对这些数据进行收集、整理、分析和挖掘，以提取出有价值的信息，提炼出洞见。他们必须熟练掌握 Excel、SPSS、Python 等数据分析工具和软件，能够运用统计学原理、数据挖掘算法和机器学习技术，对数据进行深入的分析和建模。通过运用 Excel 的数据透视表功能，快速汇总和对比不同时间段、不同区域或不同产品的销售数据；利用 SPSS 进行复杂的数据统计分析，识别出影响销售的关键因素；通过 Python 编写脚本，实现大规模数据的自动化处理和机器学习模型的构建。此外，数据分析人员还需要具备敏锐的数据洞察力，能够从海量数据中捕捉到细微的变化和隐藏的规律，为企业的战略规划和运营管理提供有力的数据支持。他们要善于从数据中发现问题，如识别出销售下滑的原因、预测市场趋势的变化等，并提出相应的解决方案或建议。

业务理解与洞察能力是数据分析岗位不可或缺的重要素质。数据分析不仅仅是数字的堆砌和计算，更重要的是要理解数据背后的业务逻辑和市场环境。数据分析人员需要深入了解农村电商企业的业务流程和运营模式，包括供应链管理、商品管理、营销推广、客户服务等各个环节。只有对业务有深入的理解，才能准确解读数据，将数据分析的结果与企业的实际业务相结合。在分析销售数据时，数据分析人员不仅要关注销售额、销售量等表面指标，还要深入了解产品的库存情况、物流效率、促销活动的效果等因素对销售的影响。同时，数据分析人员还需要具备敏锐的市场洞察力，能够通过对市场数据的分析，发现市场的趋势和变化，为企业的市场策略和推广计划提供有力的支持。他们要善于捕捉市场中的新机会，如新兴的消费群体、热门的产品类别等，并为企业制定相应的市场进入策略或产品优化建议。通过深入的业务理解和市场洞察，数据分析人员能够帮助企业更好地把握市场动态，优化业务流程，提升运营效率。此外，报告撰写与沟通能力也是数据分析岗位人才的重要需求。数据分析的结果需要以清晰、简洁的方式呈现出来，以便企业的管理层和业务部门能够理解和应用。数据分析人员需要具备良好的报告撰写能力，能够将复杂的数据分析结果转化为易于理解的图表、文字和结论。他们要善于运用可视化工具，如Tableau、Power BI等，将数据以直观的形式展示出来，提高报告的可读性和说服力。同时，数据分析人员还需要具备良好的沟通能力，能够与企业的管理层和业务部门进行有效的沟通和交流。他们需要能够将数据分析的结果转化为企业的实际行动和决策，与相关部门紧密合作，推动数据驱动的决策过程。在分析用户行为数据时，数据分析人员可能会发现某些用户群体的购买偏好或流失原因。他们需要将这些发现以报告的形式呈现给市场营销部门，并与他们共同制定具有针对性的营销策略或用户挽留计划。通过有效的沟通和协作，数据分析人员能够确保数据分析的结果得到充分地利用，为企业的业务发展提供有力的支持。

除了上述基本素质外，数据分析岗位的人才还需具备一些其他重要的能力。学习能力和自我提升能力。随着技术的不断进步和市场的不断变化，数据分析人员需要不断学习和掌握新的数据分析工具和方法，以保持自己的竞争力。他们需要关注行业动态和技术发展趋势，积极参与相关的培训和研讨会，不断提升自己的专业素养和技能水平。同时，数据分析人员还需要具备批判性思维和解决问题的能力。在面对复杂的数据问题时，他们需要能够独立思考、分析原因并提出有效的解决方案。他们需要善于从多个角度审视问题，综合考虑各种因素，以找到最优的解决方案。此外，数据分析人员还需要具备良好的团队合作精神和项目管理能力。在数据分析项目中，他们需要与团队成员紧密合作，共同完成任务。他们需要具备良好的组织协调能力，能够合理安排项目进度和资源分配，确保项目按时按质完成。

在农村电商企业中，数据分析岗位的人才需求还受到一些特定因素的影响。首先，农村电商市场的特殊性要求数据分析人员具备对农产品和农村市场的深入了解。他们需要了解农产品的生产周期、季节性特点、供应链管理等知识，以便更好地分析相关数据。在分析农产品销售数据时，数据分析人员需要考虑农产品的季节性供应和市场需求的变化，以及供应链中的物流、仓储等环节对销售的影响。其次，农村电商企业的规模和业务模式也会影响数据分析岗位的人才需求。对于规模较小的企业，数据分析人员可能需要身兼多职，既要负责数据分析工作，又要参与业务运营和市场推广等活动。而对于规模较大的企业，数据分析岗位可能更加细分和专业化，需要不同背景和专业技能的人才共同协作完成数据分析任务。此外，农村电商的行业发展趋势和政策环境也会对数据分析岗位的人才需求产生影响。随着农村电商市场的不断扩大和竞争的加剧，企业对数据分析的需求将越来越高。同时，政府政策的支持和引导也将为农村电商企业提供更多的发展机会和挑战，从而对数据分析岗位的人才提出更高的要求。

数据分析岗位的人才需求特点不仅体现在其强大的数据分析和挖掘能力上，更在于其深入的业务理解和洞察能力、良好的报告撰写与沟通能力以及不断学习和自我提升的能力。同时，农村电商市场的特殊性、企业规模和业务模式以及行业发展趋势和政策环境等因素也会对数据分析岗位的人才需求产生影响。因此，对于从事数据分析工作的人才来说，需要不断提升自己的专业素养和技能水平，以适应农村电商行业快速发展的需求。同时，企业也需要注重数据分析人才的培养和引进工作，为企业的决策提供有力的数据支持，推动企业的持续健康发展。

五、物流与仓储岗位的人才需求特点

物流与仓储岗位是农村电商企业运营中不可或缺的关键环节，它直接关乎商品的顺畅流通、库存的有效管理以及物流成本的合理控制。这一岗位的人才需求特点体现在多个方面，包括深厚的物流与仓储管理知识、出色的实际操作与协调能力，以及强烈的责任心与安全意识。物流与仓储岗位的人才必须具备扎实的物流与仓储管理知识。他们需要对物流行业的运作机制和业务流程有深入的了解，掌握仓储管理、库存控制、物流配送等各个环节的操作流程。这不仅要求他们熟悉传统的仓储管理方法，如货物的入库、出库、盘点、保管等，还需要他们紧跟行业发展趋势，了解先进的物流技术和管理模式。他们需要掌握自动化仓储系统的操作原理，了解智能分拣、无人配送等前沿技术的应用。此外，供应链管理知识也是必不可少的。物流与仓储人员需要能够从全局出发，优化供应链流程，降低物流成本，提高物流效率。他们需要与供应商、采购部门紧密合作，确保原材料的及时供应，同时与运营部门协同工作，合理安排库存，避免积压和缺货现象的发生。通过科学的管理手段，他们能够有效地提升企业的物流运作水平，增强企业的市场竞争力。

物流与仓储岗位的人才需要具备出色的实际操作与协调能力。物流与仓储工作涉及大量的实际操作，如货物的装卸、搬运、打包等。因此，物流与仓储人员需要能够熟练操作各种物流设备和工具，如叉车、托盘、打包机等。他们需要具备熟练的技能和丰富的经验，以确保商品在存储和配送过程中的安全和完整。同时，物流与仓储工作还涉及多个部门和环节的协同作业。物流仓储人员需要与采购部门、运营部门、客服部门等保持密切的沟通和协作。他们需要能够及时了解各部门的需求和计划，合理安排物流资源，确保物流流程的顺畅和高效。在销售旺季到来之前，物流仓储人员需要与运营部门紧密合作，提前预测销量，增加库存，确保商品能够及时送达消费者手中。此外，在处理客户投诉和退货等问题时，物流仓储人员还需要与客服部门紧密配合，及时查找问题原因，提供解决方案，提升客户满意度。因此，出色的实际操作与协调能力是物流与仓储岗位人才的重要素质之一。

物流与仓储岗位的人才还需要具备强烈的责任心与安全意识。物流与仓储工作直接关系到商品的安全和企业的声誉。一旦商品在存储或配送过程中出现问题，不仅会给企业带来经济损失，还会影响企业的形象和信誉。因此，物流与仓储人员需要具备强烈的责任心，严格按照企业的规章制度和操作流程进行工作。他们需要时刻关注商品的状态，及时发现并处理潜在的问题，确保商品的安全和完整。同时，物流仓储人员还需要具备高度的安全意识。他们需要了解物流行业的安全动态和政策法规，加强安全管理和风险防范工作。他们需要定期检查仓库的消防设施和安全设备，确保其处于良好状态；在搬运和装卸货物时，他们需要严格遵守安全操作规程，防止发生意外事故。此外，在应对突发事件时，如自然灾害、交通事故等，物流仓储人员需要能够迅速反应，采取有效措施，保障商品和人员的安全。通过强烈的责任心和安全意识，物流与仓储人员能够确保企业的物流安全和可持续发展。

物流与仓储岗位的人才需求特点体现在扎实的物流与仓储管理知识、出色的实际操作与协调能力，以及强烈的责任心与安全意识等方面。为了满足这些需求，农村电商企业可以采取多种措施。首先，企业可以加强与高校和职业院校的合作，共同制定人才培养方案，开设相关的专业课程和实训项目，培养具备扎实专业知识和实践技能的物流仓储人才。其次，企业可以定期组织内部培训和交流活动，邀请行业专家进行授课和分享经验，提升物流仓储人员的专业素养和综合能力。此外，企业还可以建立完善的激励机制和晋升机制，激发物流仓储人员的工作积极性和创造力，为企业的发展贡献更多的智慧和力量。通过这些措施的实施，农村电商企业能够吸引和留住优秀的物流仓储人才，提升企业的物流运作水平，推动企业的持续健康发展。随着农村电商行业的快速发展和市场竞争的日益激烈，物流与仓储岗位的人才需求也在不断变化和升级。一方面，随着物联网、大数据、人工智能等先进技术的应用，物流仓储工作正朝着智能化、自动化、信息化的方向发展。因此，未来的物流仓储人才需要具备相关的技术背景和应用能力，能够熟练操作智能仓储系统、数据分析工具等先进设备和技术。另一方面，随着消费者对物流服务的要求越来越高，物流仓储人员还需要具备良好的服务意识和沟通能力，能够提供个性化、高品质的物流服务，提升客户满意度和忠诚度。因此，农村电商企业在培养和引进物流仓储人才时，需要注重其综合素质和能力的全面提升，以适应行业发展的需求和趋势。

此外，值得注意的是，农村电商企业在物流与仓储岗位的人才需求方面还面临一些挑战和困境。由于农村地区的基础设施相对落后，物流仓储设施和技术水平相对较低，导致物流仓储人才难以在农村地区扎根和发展。同时，由于农村电商企业的规模和实力相对较小，难以提供与城市企业相媲美的薪酬待遇和职业发展机会，也制约了物流仓储人才的引进和留任。为了解决这些问题，农村电商企业需要加大投入力度，改善基础设施条件，提升物流仓储设施和技术水平。同时，企业还可以通过提供具有竞争力的薪酬待遇和广阔的职业发展空间来吸引和留住物流仓储人才。此外，政府和社会各界也可以给予农村电商企业更多的支持和关注，通过政策扶持、资金援助等方式促进其健康发展，为物流仓储人才的成长和发展创造更加有利的环境和条件。总之，物流与仓储岗位是农村电商企业运营中不可或缺的关键环节。该岗位的人才需求特点体现在多个方面，包括扎实的物流与仓储管理知识、出色的实际操作与协调能力，以及强烈的责任心与安全意识等。农村电商企业需要采取多种措施来培养和引进优秀的物流仓储人才，以适应行业发展的需求和趋势。同时，政府和社会各界也需要给予更多的支持和关注，共同推动农村电商行业的健康发展和繁荣进步。

农村电商不同岗位的人才需求特点各异，从市场推广、运营管理到客户服务、数据分析、物流与仓储等各个环节，都需要具备特定技能和素质的人才来支撑。企业应根据自身的实际情况和岗位需求，制定合理的人才招聘和培养计划，吸引和留住优秀的人才，为农村电商的持续发展提供有力的人才保障。同时，政府和社会各界也应加大对农村电商人才的培养和支持力度，推动农村电商行业的健康发展。

第二节　农村电商人才的素质要求与能力模型

农村电商人才作为推动农村经济发展的关键力量，其素质要求是多维度且全面性的，涵盖政治素质、道德素质、专业知识与技能、沟通协调能力、创新能力以及抗压能力等多个方面。这些素质要求共同构成了农村电商人才的核心竞争力，也是他们在复杂多变的市场环境中立于不败之地的关键所在。

政治素质是农村电商人才不可或缺的基本素质之一。农村电商人才应具备坚定的政治方向，坚定不移地拥护中国共产党的领导和社会主义制度。他们应深入理解并贯彻党的路线方针政策，特别是关于乡村振兴和电子商务发展的相关政策。较高的政治素质有助于农村电商人才在复杂多变的市场环境中保持清醒的头脑，明确自身的责任和使命，确保电商业务的发展符合国家的战略方向和政策要求。在乡村振兴的大背景下，农村电商人才更应积极响应国家号召，将电商业务与农村发展紧密结合，为农村经济的繁荣贡献自己的力量。

道德素质是农村电商人才必备的基本素质之一。良好的道德素质不仅体现了个人修养，也是电商业务持续健康发展的基石。农村电商人才应具备良好的职业操守和道德品质，遵守法律法规，诚实守信，尊重他人。在电商经营过程中，他们应坚持诚信经营，不欺诈、不虚假宣传，维护良好的市场秩序和消费者权益。诚信是电商行业的生命线，只有坚持诚信经营，才能赢得消费者的信任和支持，才能实现电商业务的可持续发展。同时，农村电商人才还应积极参与社会公益活动，履行社会责任，为农村社会的和谐稳定贡献力量。

专业知识与技能是农村电商人才的核心竞争力所在。他们应具备扎实的电子商务专业知识和技能，熟悉电子商务的运作机制、业务流程和法律法规。掌握网店运营、在线支付、物流管理等方面的技能是农村电商人才的基本要求。此外，针对农产品电商的特点，农村电商人才还应了解农产品的生产、加工、销售等环节，具备相关的农业知识。通过不断学习和实践，农村电商人才应不断提升自己的专业素养和技能水平，以适应市场发展的需求。他们应关注行业动态和技术发展趋势，积极引入新技术、新模式，提升电商业务的运营效率和市场竞争力。

沟通协调能力是农村电商人才在电商业务中不可或缺的能力之一。农村电商工作涉及多个部门和环节的协同作业，包括采购、运营、客服等多个部门。因此，农村电商人才应具备良好的沟通协调能力，能够与各部门保持密切的沟通和协作，确保物流流程的顺畅和高效。他们应善于倾听各方意见，协调各方利益，形成工作合力。同时，农村电商人才还应与消费者保持良好的沟通，及时了解消费者需求，提供个性化的服务，从而提升客户满意度。通过有效的沟通协调，农村电商人才能够建立起良好的合作关系，为电商业务的顺利发展奠定坚实基础。

创新能力是农村电商人才在激烈的市场竞争中脱颖而出的关键所在。面对不断变化的市场需求和日益激烈的竞争环境，农村电商人才应具备敏锐的市场洞察力和创造性思维。他们能够敏锐地捕捉市场趋势，提出新颖的经营理念和营销策略。在产品开发和品牌推广方面，农村电商人才应具备创造性思维，不断推陈出新，提升产品的市场竞争力和品牌影响力。通过创新，农村电商人才能够打破传统束缚，开拓新的市场空间，实现电商业务的跨越式发展。

抗压能力是农村电商人才必备的心理素质之一。农村电商工作具有一定的挑战性和压力，特别是在市场竞争激烈、业务运营复杂的情况下，农村电商人才往往需要面对各种困难和挫折。因此，他们应具备较强的抗压能力，能够在面对压力和挫折时保持冷静和乐观的态度。农村电商人才应善于调整自己的心态，积极寻求解决问题的方法，确保工作的顺利进行。同时，他们还应注重自我调适和心理健康，保持良好的工作状态和生活质量。通过提升抗压能力，农村电商人才能够更好地应对各种挑战和困难，为电商业务的持续健康发展提供有力保障。农村电商人才的素质要求是多维度且全面性的。他们应具备坚定的政治方向、良好的道德素质、扎实的专业知识与技能、良好的沟通协调能力、敏锐的市场洞察力和创造性思维以及较强的抗压能力。这些素质要求共同构成了农村电商人才的核心竞争力，也是他们在复杂多变的市场环境中立于不败之地的关键所在。因此，农村电商人才的培养和发展应注重全面提升这些素质要求，为农村电商的持续健康发展提供有力的人才保障。

在实际操作中，政府、高校、职业院校以及企业等各方应共同努力，加强农村电商人才的培养和发展。政府应出台相关政策措施，鼓励和支持农村电商人才的培养和引进；高校和职业院校应开设相关课程和专业，为农村电商人才提供系统的教育和培训；企业应注重内部人才培养和外部人才引进相结合，建立完善的激励机制和晋升通道，激发农村电商人才的工作积极性和创造力。同时，还应加强农村电商人才的实践锻炼和交流合作，提升他们的实战能力和团队协作能力。通过这些措施的实施，可以有效提升农村电商人才的素质和能力水平，为农村电商的持续健康发展提供有力的人才保障。

此外，随着农村电商市场的不断发展和竞争的日益激烈，农村电商人才的素质要求也将不断发生变化和升级。因此，各方应密切关注市场动态和技术发展趋势，及时调整和完善农村电商人才的培养策略和发展规划。通过不断创新和优化人才培养模式和方法，可以培养出更多适应市场需求的高素质农村电商人才，为农村电商的持续健康发展注入新的活力和动力。

总之，农村电商人才的素质要求是全面而多维度的，涵盖了政治素质、道德素质、专业知识与技能、沟通协调能力、创新能力以及抗压能力等多个方面。这些素质要求共同构成了农村电商人才的核心竞争力，也是他们在复杂多变的市场环境中立于不败之地的关键所在。通过加强农村电商人才的培养和发展，可以为农村电商的持续健康发展提供有力的人才保障，推动农村经济更加繁荣和实现可持续发展。

农村电商人才的能力模型是一个多维度、综合性的体系，涵盖了基础能力、专业能力、拓展能力和创新能力等多个方面，这些能力相互关联、相互促进，共同构成了农村电商人才在复杂多变的市场环境中取得成功所必需的综合能力。基础能力是农村电商人才开展工作的基石。这包括学习能力、语言表达能力和计算机操作能力等。学习能力是农村电商人才不断提升自我、适应市场变化的关键。在快速迭代的电商行业中，新的商业模式、技术手段和营销策略层出不穷，农村电商人才必须具备强烈的求知欲和自主学习能力，才能够迅速掌握新知识、新技能，紧跟市场发展的步伐。只有这样，他们才能在激烈的竞争中保持领先地位，为农村电商的发展贡献智慧和力量。语言表达能力则是农村电商人才与客户、合作伙伴进行有效沟通的基础。无论是线上还是线下，良好的沟通都是建立信任、促进合作的关键。农村电商人才应具备良好的口头表达和书面表达能力，能够清晰、准确地传达自己的意思，理解并回应他人的需求，从而建立良好的人际关系，为电商业务的顺利开展创造有利条件。此外，计算机操作能力也是农村电商人才不可或缺的基础能力之一。在数字化时代，电商业务高度依赖计算机技术和互联网平台。农村电商人才应熟练掌握计算机操作技巧，能够熟练运用各种电商工具和平台，如网店管理系统、数据分析工具、社交媒体平台等，以提高工作效率，优化业务流程，实现精准营销。

专业能力是农村电商人才在电商领域所具备的核心竞争力。这包括网店运营能力、数据分析能力和营销策划能力等。网店运营能力是农村电商人才开展电商业务的基础。他们应熟悉网店的开设、装修、运营等流程，了解不同电商平台的规则和政策，能够制定合理的运营策略，提升网店的流量和转化率。这包括优化商品展示、提高客户服务质量、制定促销策略等，以吸引和留住客户，提高销售额和利润。数据分析能力则是农村电商人才优化运营策略、提升经营效益的重要手段。在大数据时代，数据已成为企业决策的重要依据。农村电商人才应掌握数据分析的基本方法和工具，能够对市场数据、销售数据等进行深入挖掘和分析，发现潜在的商业机会和风险点，为决策提供有力支持。通过数据分析，他们可以了解客户需求、市场趋势和竞争对手动态，从而制定更加精准和有效的营销策略。营销策划能力则是农村电商人才提升产品市场竞争力和品牌影响力的重要手段。他们应具备敏锐的市场洞察力，能够把握市场脉搏，了解消费者需求和心理，制定切实可行的营销策划方案。这包括品牌定位、产品推广、活动策划等，可以通过线上线下相结合的方式推广产品，提升品牌知名度和美誉度。通过有效的营销策划，农村电商人才可以吸引更多潜在客户，提高品牌忠诚度，为企业的长期发展奠定坚实基础。拓展能力则是农村电商人才在电商领域之外所具备的重要能力，有助于他们在更广阔的市场中寻求机遇和突破。这包括团队协作能力、跨文化交流能力等。在电商行业中，团队合作是实现共同目标、创造更大价值的关键。团队协作能力是农村电商人才在团队中发挥重要作用的基础。因此，农村电商人才应具备良好的团队合作精神和沟通协调能力，能够与团队成员紧密合作，共同完成任务。他们应尊重他人意见，善于倾听和表达，能够在团队中发挥自己的优势，弥补他人的不足，形成协同效应。通过团队协作，农村电商人才可以集思广益，共同解决问题，提高工作效率和质量。跨文化交流能力则是农村电商人才在国际化背景下所具备的重要能力。随着跨境电商的兴起，农村电商人才越来越多地参与到国际市场的竞争和合作中。他们应了解不同国家和地区的文化习俗、消费习惯等，以便更好地进行市场拓展和客户服务。这包括了解不同市场的法律法规、商业惯例和消费者心理等，以便制定符合当地市场需求的营销策略。通过跨文化交流，农村电商人才可以拓宽国际视野，提高跨文化沟通能力，为企业的国际化发展贡献力量。创新能力是农村电商人才在电商领域不断取得突破和发展的重要保障。在快速变化的电商行业中,创新已成为企业持续发展的核心动力。农村电商人才应具备敏锐的市场洞察力和创造性思维,能够不断提出新颖的经营理念和营销策略。在产品开发和品牌推广方面,他们应敢于尝试新事物、新方法,通过不断创新提升产品的市场竞争力和品牌影响力,包括研发新产品、优化产品功能、改进用户体验等,以满足消费者不断变化的需求和期望。同时,农村电商人才还应关注行业发展趋势和技术动态,积极引入新技术、新模式,推动电商业务的转型升级。利用人工智能、大数据等先进技术优化供应链管理、提升客户服务质量;利用社交媒体、短视频等新媒体平台拓展营销渠道、提高品牌曝光度等。通过不断创新,农村电商人才可以保持企业的竞争优势,实现可持续发展。

农村电商人才的能力模型是一个多维度、综合性的体系,涵盖了基础能力、专业能力、拓展能力和创新能力等多个方面。这些能力相互关联、相互促进,共同构成了农村电商人才在复杂多变的市场环境中取得成功所必需的综合能力。农村电商人才的素质要求与能力模型是农村电商发展的重要支撑。通过加强教育培训、完善激励机制、搭建实践平台、强化政策扶持和推动跨界融合等措施,可以有效培养和发展农村电商人才,推动农村电商的健康发展。

第三节　未来农村电商人才需求的趋势预测

农村电商的持续健康发展离不开专业人才的支撑。未来,随着农村电商市场的进一步拓展和深化,对人才的需求也将呈现出新的趋势和特点。

一、复合型人才需求增加

随着农村电商与农业产业链的深度融合和跨界合作的加强,对既懂农业又懂电商的复合型人才的需求将不断增加。这类人才不仅需要具备扎实的农业知识和电商技能,还需要在多个领域展现出色的能力。他们需要熟练掌握电商平台的运营和推广技巧。这包括了解各大电商平台的规则和政策,熟悉平台上的各种营销工具和推广手段,以及能够根据市场变化及时调整运营策略。只有这样,才能在竞争激烈的电商市场中脱颖而出,为农产品打开更广阔的销售渠道。另外还需要了解农产品的生产、加工、销售等整个产业链的流程。从种植、养殖到采摘、加工,再到包装、物流,每一个环节都需要有深入的了解和把控。只有这样,才能确保农产品的品质和安全,提升消费者的购买信心和满意度。

此外，复合型人才还需要具备敏锐的市场洞察力和创新思维。他们需要能够敏锐地捕捉到市场的变化和趋势，及时调整经营策略，以满足消费者的需求和期望。同时，需要具备创新思维，不断探索新的商业模式和营销手段，为农村电商的发展注入新的活力和动力。在农业与电商的跨界合作中，复合型人才还需要具备良好的沟通能力和团队协作精神。他们需要能够与农业从业者、电商平台、物流公司等多方进行有效的沟通和协调，确保各个环节的顺畅衔接。他们还需要具备团队协作精神，能够与团队成员共同协作，共同解决问题，推动项目的顺利进行。

二、技术创新与数据分析人才需求迫切

随着大数据、云计算、人工智能等技术在农村电商领域的广泛应用，对技术创新和数据分析人才的需求将变得更为迫切。这类人才不仅需要具备深厚的技术背景和数据分析能力，还需要能够将这些技术应用于农村电商的实际运营中，提升运营效率和用户体验。在技术创新方面，农村电商需要不断引入新的技术手段和工具，以提升运营效率和降低成本。通过引入自动化仓储和物流系统，可以实现农产品的快速分拣和配送，提高物流效率；通过引入智能客服系统，可以实现24小时不间断的客户服务，提升用户体验。这些技术创新都需要具备深厚技术背景的人才来推动和实现。

在数据分析方面，农村电商需要利用大数据和人工智能技术来挖掘和分析数据背后的商业价值。通过对用户行为、购买记录、市场趋势等数据的分析，可以了解消费者的需求和偏好，为产品开发和营销策略的制定提供有力支持。同时，通过对供应链数据的分析，可以优化库存管理和物流配送，降低运营成本。这些数据分析工作都需要具备数据分析能力的人才来完成。此外，技术创新与数据分析人才还需要具备持续学习和创新的能力。随着技术的不断发展和市场的不断变化，他们需要不断学习和掌握新的技术和方法，以适应市场的变化和需求。他们还需要具备创新思维，不断探索新的应用场景和解决方案，为农村电商的发展注入新的活力和动力。

三、国际化与跨文化交流人才需求上升

随着农村电商的国际化进程加速，对具备国际化视野和跨文化交流能力的人才的需求将不断上升。这类人才不仅需要具备良好的外语沟通能力和国际市场分析能力，还需要足够了解不同国家和地区的消费习惯和文化差异，以及能够代表企业参与国际商务谈判和合作的能力。在国际化进程中，农村电商需要不断拓展海外市场，了解不同国家和地区的消费习惯和文化差异。具备国际化视野和跨文化交流能力的人才可以为企业提供更准确的市场分析和预测，帮助企业制定更符合当地市场需求的营销策略和产品方案。同时，在国际

商务谈判和合作中，具备国际化视野和跨文化交流能力的人才可以发挥其他重要作用。他们不仅具备良好的外语沟通能力，能够准确理解和传达双方的意思和意图；还具备丰富的国际经验和文化背景知识，能够了解不同国家和地区的商业习惯和法律法规，为谈判和合作提供有力的支持和保障。此外，国际化与跨文化交流人才还需要具备跨文化适应能力和团队协作精神。在海外市场拓展过程中，他们需要能够适应不同的文化环境和工作方式，与当地的合作伙伴和团队成员建立良好的合作关系。同时，他们还需要具备团队协作精神，能够与团队成员共同协作，共同解决问题，推动项目的顺利进行。

四、绿色发展与可持续发展人才需求增强

随着绿色发展和可持续发展理念的深入人心，对具备环保意识和可持续发展理念的人才的需求将不断增强。这类人才不仅需要了解环保政策和法规，还需要能够推动农村电商在绿色包装、低碳物流等方面的实践，以及关注农村生态文明建设，推动农村电商与乡村旅游、休闲农业等产业的融合发展。在绿色包装方面，农村电商需要采用环保材料和可降解材料来替代传统的塑料包装材料，以减少对环境的污染和破坏。具备环保意识和可持续发展理念的人才可以为企业提供更环保的包装方案和建议，帮助企业实现绿色包装的目标。同时，他们还可以监督和管理包装材料的使用和回收处理过程，确保符合环保政策和法规的要求。在低碳物流方面，农村电商需要优化物流配送路线和方式，减少能源消耗和排放。具备环保意识和可持续发展理念的人才可以为企业提供更低碳的物流方案和建议，帮助企业实现低碳物流的目标。同时，他们还可以推广使用新能源车辆和智能化物流设备等技术手段来降低物流过程中的碳排放量。此外，绿色发展与可持续发展人才还需要关注农村生态文明建设。他们需要了解农村地区的生态环境和资源状况，推动农村电商与乡村旅游、休闲农业等产业的融合发展。通过推广绿色旅游和生态农业等理念和实践，来促进农村地区的经济发展和生态保护相协调，实现可持续发展目标。

未来农村电商人才的需求将呈现多样化、专业化和综合性的特点。为了满足这些需求，需要加强人才培养和引进工作，提高人才的综合素质和专业能力。同时，还需要加强行业内的交流与合作，推动技术创新和产业升级，为农村电商的发展提供有力的人才保障和支持。只有这样，才能推动农村电商行业的持续健康发展，为乡村振兴和农村经济发展注入新的活力和动力。

针对未来农村电商人才的需求趋势，必须从多个维度出发，系统性地加强人才培养，以适应行业发展的迫切需要。首先，加强校企合作与产教融合是一个至关重要的策略。在这一方面，高校和职业院校应当积极与电商企业和农业企业建立紧密的合作关系，共同承担人才培养的重任。这种合作模式能够实现资源共享和优势互补，不仅为学生提供更为贴

近实际工作场景的实践机会和更广阔的就业渠道，同时也为企业带来高校和职业院校强大的科研力量、技术支持和人才团队，助力其技术创新和产业升级。通过共同开展实践教学、项目合作、技术研发等活动，双方可以形成良性互动，共同推动农村电商人才的培养与发展。具体而言，校企合作可以体现在多个层面。比如，企业可以为学生提供实习实训基地，让学生在真实的工作环境中锻炼技能，积累经验。同时，企业可以邀请高校和职业院校的专家学者参与其技术研发和产业升级项目，利用高校和职业院校的科研优势解决企业在发展中遇到的技术难题。此外，双方还可以共同开发课程，将企业的实际需求融入教学内容，使学生更全面地了解行业动态和企业运营，提升其就业竞争力。

在构建多层次、多元化的人才培养体系方面，需要针对不同层次和类型的人才需求，采取灵活多样的培养方式。对于基层电商从业者，他们更注重实际操作技能和电商知识的应用。可以通过短期培训、在线课程、技能鉴定等方式，快速提升他们的电商技能和实际操作能力。这些培训可以涵盖电商平台操作、营销推广、客户服务等多个方面，使基层从业者能够迅速适应工作需求。而对于中高层管理人才，他们则需要具备更广阔的视野、更深厚的理论基础和更强的战略思维能力。可以通过学历教育、研修班、高级研修课程等方式，为他们提供系统的、深入的理论学习和实践机会。这些课程可以涵盖电子商务战略规划、供应链管理、数据分析等多个领域，使中高层管理人才能够全面把握行业发展趋势，制定科学合理的企业战略。此外，还需要鼓励和支持社会力量参与人才培养工作。政府可以出台相关政策，引导和支持企业、高校、职业院校和社会组织等多元主体共同参与人才培养。通过设立人才培养基金、搭建人才培养平台等方式，形成政府引导、企业主导、社会参与的多元化人才培养格局。这种多元化的培养体系能够更全面地满足农村电商行业对不同层次和类型人才的需求。

在强化实践教学和创新创业能力培养方面，需要注重将理论与实践相结合，培养学生的实际操作能力和创新思维。在课程设置上，可以增加模拟实战、案例分析、项目实践等实践环节，让学生在模拟的或真实的工作环境中锻炼技能、积累经验。同时，还需要鼓励学生积极参与创新创业活动，为他们提供创新创业的指导和支持。可以设立创新创业基金，支持学生的创新创业项目；举办创新创业大赛，激发学生的创新创业热情；邀请成功的企业家和创业者分享他们的创业经验，为学生提供宝贵的创业指导。通过这些措施培养学生的创新意识和创业能力，使他们具备在复杂多变的市场环境中寻找机会、创造价值的能力。

此外，还需要加强国际交流与合作，培养国际化与跨文化交流人才。随着全球化的深入发展，农村电商行业也面临着国际化的挑战和机遇。因此，需要通过与国外高校和企业的合作与交流，引进先进的教育理念和技术手段，提升学生的国际视野和跨文化交流能力。这不仅可以使学生更好地适应国际市场的竞争和合作，还可以推动农村电商的国际化发展，拓展海外市场和资源渠道。在具体实施上，可以与国外高校开展联合培养项目，共同开发国际课程，为学生提供国际化的学习机会。还可以与国外企业建立合作关系，共同开展技术研发和市场拓展活动，推动农村电商的国际化进程。通过这些合作与交流培养学生的跨文化沟通能力、团队协作能力和国际竞争力，使他们成为具备国际视野和跨文化交流能力的农村电商人才。

最后，还需要注重绿色发展和可持续发展理念的培养。在当前全球环境问题日益严峻的背景下，农村电商行业也需要关注绿色发展和可持续发展。因此，在人才培养过程中需要将绿色发展和可持续发展理念融入教学内容和实践环节。通过开设环保政策和法规课程，让学生了解环保政策的重要性和具体要求；举办相关讲座和研讨会，邀请环保领域的专家学者分享绿色发展的实践经验和成功案例；鼓励学生积极参与环保实践和可持续发展项目，培养他们的环保意识和可持续发展能力。通过这些措施使学生认识到绿色发展和可持续发展的重要性，并具备在实践中应用这些理念的能力。在农产品包装方面，学生可以考虑如何采用环保材料、减少包装废弃物等问题；在物流配送方面，学生可以考虑如何优化物流路线、减少能源消耗等问题。这些实践不仅有助于提升学生的综合素质和就业竞争力，还可以为农村电商行业的绿色发展和可持续发展做出贡献。

针对未来农村电商人才的需求趋势需要从加强校企合作与产教融合、构建多层次多元化的人才培养体系、强化实践教学和创新创业能力培养、加强国际交流与合作以及注重绿色发展和可持续发展理念的培养等多个方面入手，系统性地加强人才培养工作。这样才能培养出适应行业需求、具备实践能力和创新精神的农村电商人才，为农村电商行业的持续健康发展提供有力的人才保障。

第十三章

农村电商人才培养的现状与问题

第一节 当前农村电商人才培养的主要途径与方式

农村电商的发展不仅拓宽了农产品的销售渠道，提高了农产品的附加值，还带动了农村地区的经济发展，促进了农民增收。农村电商的快速发展也对人才提出了更高的要求，然而，农村电商人才短缺成为制约其进一步发展的瓶颈。据统计，全国农村电子商务累计带动618.8万农民增收，农村网店数量达到1 632.5万家。然而，农村电商人才的数量仍然无法满足市场需求。据不完全统计，目前全国农村电商人才缺口超过百万。随着农村电商市场的不断发展壮大，这一缺口还将进一步扩大。因此，培养符合市场需求的农村电商人才，对于推动农村电商的持续健康发展具有重要意义。

当前农村电商人才培养的主要途径有高等院校教育、职业技能培训、在线教育平台、政府政策支持几种。其中高等院校作为培养电商人才的重要基地，承担着系统传授专业知识和技能的重任。据教育部数据显示，截至2024年，全国已有超过800所高校开设了电子商务、市场营销等相关专业，年招生规模超过20万人。这些专业通过科学合理的课程设置，为学生提供全面而深入的学习体验。以青岛农业大学为例，该校电子商务专业在人才培养方案中，特别注重强化电子商务运营管理和商务数据分析能力，其模块化课程设置不仅满足了学生的个性化发展需求，还确保了教学内容的针对性和实用性。近五年来，青岛农业大学电子商务专业毕业生就业率保持在95%以上，其中超过60%的毕业生选择从事电商相关行业。此外，高校还积极与企业开展产学研合作，共同实施项目，如青岛农业大学与阿里巴巴集团合作建立的电子商务实训基地，每年为超过500名学生提供宝贵的实践机会，使他们在实践中不断提升自己的实际操作能力，为将来步入社会打下坚实的基础。

职业技能培训是快速提升农村电商人才专业素养的有效途径。自 2020 年以来，全国各级政府和社会机构已组织超过 10 万场次的电商培训课程，惠及学员超过 500 万人次。这些培训课程根据农村电商发展的实际需求，涵盖了网店运营、产品拍摄、客户服务、数据分析等多个方面。云南省玉溪市新平县推出的"新青云客"青年电商人才培养工程，就是一个成功的案例。该项目自启动以来，已累计培训青年电商人才超过 1 000 人，其中超过 80% 的学员在培训后成功开设了网店或提升了现有店铺的运营水平。项目不仅邀请了业内专家进行理论与实践的系统授课，还安排了本土青年电商导师分享实战经验，有效提升了学员的电商专业素养和实战能力。一些电商企业如京东、拼多多等也积极参与其中，定期举办内部培训班，为员工提供最新的电商知识和技能培训，确保员工能够紧跟行业动态，不断提升自身竞争力。

随着互联网技术的飞速发展，在线教育平台逐渐成为农村电商人才培养的新宠。据艾媒咨询数据显示，2023 年中国在线教育市场规模达到 4 858 亿元，同比增长 20.2%。众多知名电商平台和培训机构如淘宝大学、京东商学院等纷纷推出在线课程，内容涵盖电商运营的各个方面，从基础知识到进阶技巧应有尽有。学员可以根据自己的时间安排和需求选择合适的课程进行学习，极大地提高了学习的灵活性和效率。淘宝大学推出的"农村电商实战营"课程，累计吸引了超过 10 万名农村学员报名学习，课程完成率高达 90% 以上。此外，在线教育平台还提供了丰富的案例分析和实战演练机会，如模拟店铺运营、产品推广等，帮助学员在模拟环境中积累经验，从而更好地理解和掌握电商技能。

政府在推动农村电商人才培养方面扮演着不可或缺的角色。为了鼓励和支持农村电商人才的培养和发展，各级政府纷纷出台了一系列相关政策。据不完全统计，自 2020 年以来，全国各级政府已累计投入超过 100 亿元用于农村电商人才培训和发展。这些政策包括提供培训补贴以降低学员的经济负担、设立创业扶持资金以激发农村电商人才的创业热情、搭建合作平台以促进高校、企业和社会机构之间的交流与合作等。浙江省政府推出的"农村电商万人培训计划"，计划在未来三年内培训农村电商人才超过 1 万人，并提供每人最高 5 000 元的培训补贴。这些政策的实施不仅有助于降低农村电商人才的创业成本，还能为他们提供更多的发展机会和资源支持。同时，政府还通过举办各类活动如论坛、研讨会等，为农村电商人才搭建展示自我、交流经验的舞台，进一步推动农村电商人才队伍的壮大和发展。

当前农村电商人才培养的主要方式包括理论教学与实践操作相结合、校企合作与产教融合、创新创业教育与实战演练、多元化培训与个性化辅导等。这些途径和方式各有优势且相互补充，共同推动了农村电商人才的培养和发展。

在农村电商人才的培养过程中，理论教学与实践操作相结合是不可或缺的核心策略。理论教学为学生构建起扎实的电商知识体系，涵盖了电子商务的基本概念、原理、市场分析、运营管理等多个方面。这一环节的重要性在于，它为学生后续的实践操作提供了坚实的理论基础，使他们能够更好地理解和应用电商知识。例如，在青岛农业大学电子商务专业的培养方案中，理论教学占据了重要地位，课程内容涵盖了电子商务概论、网络营销、供应链与物流管理、电子商务运营管理等多个领域。与此同时，实践操作则是将理论知识转化为实际技能的关键步骤。青岛农业大学通过电子商务专业认知实习、电子商务创新创业训练、电子商务运营实训等实践性教学环节，让学生在真实或模拟的电商环境中进行实际操作，从而加深对电商流程、技巧和方法的理解。这些实践环节不仅帮助学生巩固了所学知识，还显著提高了他们的实际操作能力和问题解决能力。在电子商务运营实训中，学生需要分组运营一个模拟的电商店铺，从产品选择、店铺装修、营销推广到客户服务等各个环节进行实际操作，从而全面提升他们的电商运营能力。

校企合作与产教融合是培养农村电商人才的重要途径，它有效地将高校的教育资源与企业的实践经验相结合。高校与企业共同制定人才培养方案，确保教学内容与市场需求紧密相连。高校可以邀请企业专家参与课程设置和教学计划，使课程内容更加贴近实际工作环境。同时，企业可以为学生提供实习和就业机会，让他们在实践中学习和成长。青岛农业大学与阿里巴巴、京东等电商巨头建立了紧密的合作关系，共同开展实践教学和科研项目，为学生提供宝贵的实习和就业机会。此外，产教融合还促进了科研成果的转化和应用。高校可以依托企业的实际需求开展科研活动，解决企业在电商运营中遇到的实际问题。企业则可以利用高校的科研成果提升自身的竞争力。云南省梁河县作为全国第六批电子商务进农村示范县，积极推动电商产业的发展。通过建设电子商务公共服务中心，不仅为当地青年创业者提供了免费的入驻、孵化和培训服务，还促进了电商与农业的深度融合发展。该中心依托当地特色农产品资源，结合电商平台的优势，推动农产品上行，带动了当地农业产业的发展。

创新创业教育是培养农村电商人才的重要手段之一。高校通过开设创新创业课程，引导学生了解创新创业的基本知识和流程，激发他们的创新创业意识。这些课程不仅涵盖了创业计划书的撰写、市场调研与分析、融资策略等内容，还注重培养学生的创新思维和解决问题的能力。青岛农业大学通过开设电子商务创新创业训练项目，让学生分组进行市场调研、项目策划、运营管理等各个环节的实战演练，从而培养他们的创新意识和创业能力。同时，学校还可以举办创新创业大赛等活动，为学生提供展示才华和锻炼能力的平台。这些活动不仅能够激发学生的创新潜力，还能够让他们在实践中学习和成长。青岛农业大学定期举办的电子商务创新创业大赛，吸引了众多学生参与。在比赛中，学生需要提交创新性的电商项目方案，并接受专家评委的点评和指导。通过这一过程，学生不仅锻炼了自己的创新思维和创业能力，还获得了宝贵的实践经验。此外，一些电商企业也会定期举办实战演练活动，如模拟电商运营、市场推广等，帮助员工提高应对市场变化的能力。

这些活动不仅有助于员工熟悉电商运营的各个环节和流程，还能够提升他们的团队协作能力和问题解决能力。

多元化培训与个性化辅导是满足不同层次和需求学员的有效途径。政府和社会机构可以根据学员的背景和需求，提供不同层次的培训课程和辅导服务。针对初学者可以提供电商基础知识培训，帮助他们快速入门；针对有一定经验的学员可以提供进阶培训和实战演练，提升他们的专业技能和实战能力；针对创业者可以提供创业指导和扶持政策，帮助他们成功创业并持续发展。在培训过程中，个性化辅导也起到了至关重要的作用。培训机构可以根据学员的兴趣和特长进行个性化辅导，帮助他们更好地发挥自己的优势。对于擅长数据分析的学员，可以提供更深入的数据分析培训；对于擅长营销策划的学员，可以提供更专业的营销策划指导。这种个性化辅导不仅能够提升学员的专业技能水平，还能够激发他们的学习热情和创造力。同时，政府和社会机构还可以利用网络平台和社交媒体等渠道，为学员提供远程培训和在线辅导服务。这种灵活多样的培训方式不仅满足了学员的不同需求，还提高了培训的覆盖面和影响力。一些电商平台和培训机构推出了在线电商课程和培训服务，学员可以随时随地进行学习和实践。通过这种方式，更多学员能够接收到高质量的电商培训服务，从而推动农村电商人才队伍的壮大和发展。未来需要进一步加强政策引导和支持力度，完善培训体系和质量保障机制，推动农村电商人才的高质量发展。同时，还需要加强高校与企业之间的合作与交流，促进产学研深度融合发展，为农村电商人才的培养提供更多实践机会和就业渠道。

第二节　农村电商人才培养存在的瓶颈与挑战

随着数字经济的蓬勃发展，农村电商已经成为推动乡村振兴的重要力量。据商务部数据显示，截至 2023 年年底，全国农村电商网络零售额已达到 2.17 万亿元，相比 2015 年的 0.18 万亿元，8 年间增长了超过 10 倍。这一数据不仅彰显了农村电商的强劲发展势头，也反映出其巨大的市场潜力和广阔的发展前景。然而，在这光鲜亮丽的数字背后，农村电商人才供需矛盾却日益凸显，成为制约行业进一步发展的关键因素。

当前，农村电商人才供需矛盾主要表现在两个方面：一是总量不足，二是结构失衡。从总量上看，尽管近年来国家和地方政府大力推动农村电商人才培养，但面对快速增长的农村电商市场需求，人才供给仍显不足。据《中国电子商务人才发展报告》[1] 显示，当前

---

[1] 中国国际电子商务中心．中国电子商务人才发展报告［R］．2024-3-8．

我国电子商务从业人数已超7 000万人，但农村电商人才占比仍然较低，尤其是在一些偏远地区，人才短缺问题更为严重。这种人才总量的不足，直接导致了农村电商企业在运营、管理、营销等方面的人才缺口，影响了企业的竞争力和市场拓展能力。从结构上看，农村电商人才供需矛盾还体现在高素质、复合型人才的匮乏上。随着农村电商市场的不断成熟和竞争的加剧，企业对人才的需求也在不断提升，不仅要求从业者具备扎实的电商知识和技能，还要求他们具备创新思维、市场洞察力和团队协作能力等综合素质。然而，在现实中，这类高素质、复合型人才在农村电商领域却十分稀缺。许多农村电商企业不得不降低用人标准，聘用一些缺乏专业培训和实战经验的从业者，然而这不仅影响了企业的运营效率和服务质量，也增加了企业的运营成本和风险。

造成农村电商人才供需矛盾的原因是多方面的。首先，由于地理位置偏远、经济发展水平相对较低，农村地区在吸引和留住人才方面面临着天然的劣势。许多高素质人才更倾向于选择在城市或经济发达地区发展，导致农村电商人才供给不足。其次，农村电商人才培养体系尚不完善，培训内容和方式难以满足市场需求。许多培训课程过于注重理论知识的传授，而忽视了实践操作的重要性，导致培训效果不理想。最后，一些地方政府和企业在推动农村电商人才培养方面缺乏长期规划和持续投入，也是造成人才供需矛盾的重要原因之一。

其次是人才流失与结构不合理现象突出。农村电商的快速发展为农村经济注入了新的活力，但同时也面临着人才流失与结构不合理的严峻挑战。随着城市化进程的加速和城乡差距的扩大，大量农村青年选择外出务工或求学，导致农村人口空心化现象日益严重。这种人才流失不仅加剧了农村电商人才的短缺问题，还进一步恶化了农村电商从业人员的结构。据统计，近年来农村年轻人口流失率持续上升，特别是在中西部地区，这一问题尤为突出。年轻劳动力的流失不仅削弱了农村电商的发展潜力，还导致了农村电商从业人员结构的不合理。目前，农村电商从业人员中中老年人和缺乏专业技能的劳动力占比较大，他们在电商运营、营销、物流等方面缺乏专业知识和技能，难以适应市场竞争的需求。这种人才结构的不合理不仅限制了农村电商的创新能力和服务水平提升，还增加了企业的运营成本和风险。

除了人才流失外，农村电商人才结构不合理还表现在高素质、复合型人才的匮乏上。随着农村电商市场的不断成熟和竞争的加剧，企业对人才的需求也在不断提升。然而，在现实生活中，这类高素质、复合型人才在农村电商领域却十分稀缺。许多农村电商企业由于人才短缺而不得不降低用人标准或采取临时招聘等方式应对市场需求的变化，这不仅影响了企业的运营效率和服务质量，还增加了企业的运营成本和风险。具体来看，造成农村电商人才流失与结构不合理的原因是多方面的。首先，农村地区的经济发展水平相对较低、基础设施薄弱、生活条件艰苦等因素使得高素质人才更倾向于选择在城市或经济发达地区发展。其次，农村电商企业往往规模较小、实力较弱、缺乏吸引力，难以留住优秀人才。最后，一些地方政府和企业在推动农村电商发展过程中，缺乏长期规划和持续投入也是导致人才流失的重要原因之一。

另外，还面临着培训不足与需求不匹配的现象；尽管近年来国家和地方政府加大了对农村电商人才的培养力度，但培训内容和方式仍存在诸多问题，导致培训效果不理想、人才供需不匹配。这种培训不足与需求不匹配的问题不仅影响了农村电商人才的培养质量，也制约了农村电商的进一步发展。一方面，培训内容往往重理论轻实操，难以适应乡村的实际需求。许多培训课程过于注重电商理论知识的传授，如电子商务的基本概念、原理、市场分析等，而忽视了实践操作的重要性。然而，在农村电商领域，实践操作能力是至关重要的。如何进行市场调研、如何制定营销策略、如何进行物流配送等都需要具备丰富的实践经验。如果培训课程只注重理论知识的传授而忽视了实践操作能力的培养，那么学员在实际工作中就很难将所学知识应用到实际中去。另一方面，培训模式单一，多以市县为单位统一组织，忽略了各镇村的差异性和对培训内容的多样化需求。不同地区、不同产业背景的农村电商企业对人才的需求是不同的。一些地区可能需要更多的电商运营人才，而另一些地区则可能需要更多的电商营销或物流人才。因此，在培训过程中应该根据不同地区、不同产业背景的需求来制定个性化的培训计划。然而，在现实中许多培训项目往往采取"一刀切"的方式来进行培训内容和方式的安排，导致培训效果不理想、人才供需不匹配。此外，培训后的跟踪问效机制也不完善。许多学员在参加完培训课程后往往缺乏有效的跟踪和支持机制来帮助他们将所学知识应用到实际工作中去。这不仅影响了培训效果的提升也制约了农村电商人才的成长和发展。因此，在培训过程中应该建立完善的跟踪问效机制，为学员提供持续的支持和指导，帮助他们将所学知识转化为实际能力。造成培训不足与需求不匹配的原因是多方面的。首先，一些地方政府和企业在推动农村电商人才培养过程中，缺乏深入的市场调研和需求分析，导致培训内容和方式与市场需求脱节。其次，一些培训机构或师资力量不足也影响了培训效果的提升。此外，一些学员自身的学习动力和实践能力较弱也是导致培训效果不理想的原因之一。

农村电商人才培养的瓶颈首先在于经济发展水平的制约。农村地区经济基础薄弱，产业结构相对单一，这直接导致了农村电商人才吸引力的不足。相比于城市或发达地区，农村地区的企业规模普遍较小，发展空间有限，难以提供具有竞争力的薪酬和福利体系。这种经济环境使得高素质电商人才更倾向于流向那些能够提供更多机会和更好待遇的地区。一些大型电商平台或互联网企业往往位于一线城市或经济发达地区，这些地区的企业不仅规模更大，还能为员工提供更多的培训和发展机会，从而吸引了大量电商人才。同时，农村地区的教育资源相对匮乏，这也是制约电商人才培养的重要因素之一。据教育部数据显示，农村地区高中阶段教育毛入学率远低于城市地区，而高等教育资源更是稀缺。这种教育资源的不均衡分布导致了农村学生在接受电商教育方面存在明显劣势。他们往往缺乏接触先进电商理念和实践经验的机会，因此难以培养出具备创新思维和实践能力的高素质电商人才。此外，农村地区的经济发展水平也影响了电商市场的规模和潜力。在一些偏远或经济落后的农村地区，由于消费能力不足和市场需求有限，电商企业难以形成规模效益，从而限制了电商人才的培养和发展。

农村地区的基础设施建设相对滞后，特别是网络覆盖和物流配送等方面存在诸多问题。这不仅限制了农村电商的发展空间，也影响了电商人才的培养。据国家统计局数据显示，截至2023年年底，我国仍有部分农村地区未实现宽带网络全覆盖，这直接影响了电商业务的开展和人才的培养。许多潜在的电商人才由于缺乏稳定的网络环境而无法进行有效地学习和实践。物流配送体系的不完善也是制约农村电商发展的瓶颈之一。在一些偏远地区，由于交通不便和物流成本高昂，电商商品的配送往往面临诸多困难。这不仅影响了消费者的购物体验，也增加了电商企业的运营成本。同时，物流配送的不畅也限制了电商人才的实践机会和成长空间。在政策支持方面，尽管国家和地方政府出台了一系列支持农村电商发展的政策，但在具体实施过程中仍存在许多不足。一些政策缺乏可操作性和针对性，难以有效落地；另一些政策则由于宣传不到位，导致许多农村电商从业者对相关政策了解不足。这种政策支持的缺失使得农村电商人才在创业和发展过程中缺乏足够的保障和激励。

当前，农村地区的电商教育与培训体系尚不完善，无法满足电商人才培养的需求。一方面，农村地区的电商教育资源匮乏，缺乏专业的电商培训机构和师资力量。许多农村地区的电商培训主要依靠政府或企业组织的短期培训班，这些培训班往往缺乏系统性和连贯性，难以形成有效的培训体系。另一方面，农村地区的电商培训内容和方法也存在诸多问题。许多培训课程过于注重理论知识的传授，而忽视了实践操作的重要性。这种重理论轻实践的培训方式使得学员在实际操作中往往感到无所适从。此外，一些培训课程缺乏针对性和实用性，无法满足学员的实际需求。在一些农村地区，由于农产品种类和市场需求的不同，电商人才需要具备针对当地特色的电商运营和营销能力。然而，现有的培训课程往往缺乏这种针对性和实用性，导致学员在培训结束后仍然无法有效地开展电商业务。

农村电商人才激励机制的缺失也是制约人才培养的重要因素之一。在许多农村地区，由于缺乏有效的人才激励机制，电商人才往往难以获得应有的回报和认可。这导致许多高素质电商人才选择离开农村地区，寻求更好的发展机会。一方面，农村地区的企业往往规模较小，利润空间有限，难以为电商人才提供具有竞争力的薪酬待遇。另一方面，农村地区的职业发展空间也相对有限，许多电商人才在从事一段时间后感到缺乏挑战和成就感，从而选择离开。为了吸引和留住高素质电商人才，农村地区需要建立更加完善的人才激励机制。这包括提供更加优厚的薪酬待遇、提供更多的职业发展机会和培训资源等。同时，还需要加强对电商人才的表彰和奖励力度，提升他们的社会地位和影响力。通过这些措施的实施，可以激发电商人才的积极性和创造力，推动农村电商的持续发展。

第三节　农村地区人才流失对农村电商发展的影响

近年来，随着互联网的普及和农村基础设施的不断完善，农村电商呈现出蓬勃发展的态势。电商平台如淘宝、京东等纷纷布局农村市场，通过线上销售农产品、手工艺品等特色商品，不仅拓宽了农产品的销售渠道，也带动了农村经济的发展。同时，农村电商还促进了农村物流、金融等服务业的发展，为农村居民提供了更多的就业机会和收入来源。然而，农村电商在发展过程中也面临着诸多挑战。其中，人才短缺和人才流失问题尤为突出。由于缺乏专业的电商运营和管理人才，许多农村电商企业难以形成规模化、品牌化的发展态势。同时，由于农村地区的生活条件、教育资源等方面相对落后，导致大量优秀人才外流，进一步加剧了农村电商的人才短缺问题。

农村地区的人才流失对农村电商的发展产生了深远且多方面的负面影响，这些影响不仅制约了农村电商的快速发展，还阻碍了农村经济结构的优化与升级。具体来说，人才流失对农村电商的负面影响主要体现在电商运营和管理能力下降、品牌建设和市场推广能力受限、技术创新和应用能力不足以及供应链管理和物流配送效率降低等几个关键方面。

首先，从电商运营和管理能力方面来看，农村电商作为一个新兴的商业模式，其成功运营需要依赖专业的电商运营和管理人才。这些人才不仅需要具备深厚的电商理论知识，还需要有丰富的实战经验，能够准确把握市场动态，制定有效的运营策略，以及进行精细化的管理。然而，由于农村地区经济发展相对滞后，生活条件和工作环境与城市相比存在较大差距，这导致很多具有电商运营和管理才能的人才纷纷流向城市，寻求更好的发展机会。因此，农村电商企业在招聘时往往难以找到合适的人选，即便勉强招聘到一些人员，也往往因为缺乏专业知识和经验而难以胜任电商运营和管理的重任。这直接导致农村电商企业的运营效率和管理水平下降，无法及时响应市场变化，难以满足消费者日益多样化的需求，从而严重影响了农村电商的竞争力。

其次，品牌建设和市场推广能力的受限也是人才流失带来的一个重要问题。在农村电商的发展过程中，品牌建设和市场推广是提升知名度、扩大市场份额的关键环节。一个成功的品牌不仅能够吸引更多消费者的关注，还能够增强消费者的忠诚度，为农村电商企业带来持续稳定的收益。然而，品牌建设和市场推广需要专业的人才来策划和执行，包括市场调研、品牌定位、营销策划、广告投放等一系列复杂的工作。由于人才流失问题严重，农村电商企业在这一领域往往缺乏专业的人才支持，导致品牌建设和市场推广工作难以有效开展。这不仅使得农村电商企业的品牌知名度和市场影响力较低，还使得企业在激烈的市场竞争中难以脱颖而出，甚至面临被市场淘汰的风险。

再次，技术创新和应用能力的不足也是人才流失对农村电商发展造成的一个重要影响。在信息技术日新月异的今天，技术创新和应用已经成为推动农村电商发展的重要动力。通过技术创新，农村电商企业可以开发出更加便捷、高效的服务模式，提升消费者的购物体验；通过技术应用，农村电商企业可以实现业务的智能化、自动化，降低运营成本，提高运营效率。然而，技术创新和应用需要依赖专业的人才来实施和推动。由于人才流失问题严重，农村电商企业在技术创新和应用方面往往缺乏足够的人才支持。这不仅导致农村电商企业在技术应用和创新方面滞后于市场需求和消费者期望，还使得企业在面对新技术、新模式时难以快速适应和融入，从而失去了抢占市场先机的机会。

最后，供应链管理和物流配送效率的降低也是人才流失对农村电商发展造成的一个不可忽视的影响。在农村电商的运营过程中，供应链管理和物流配送是连接生产者和消费者的关键环节。一个高效、准确的供应链管理系统和物流配送体系能够确保商品从生产到消费者手中的每一个环节都顺畅无阻，从而满足消费者对快速、准确配送的需求。然而，供应链管理和物流配送需要专业的人才来规划和执行，包括供应商的选择与管理、库存的控制与优化、物流路线的规划与优化等一系列复杂的工作。由于人才流失问题严重，农村电商企业在这一领域往往也缺乏专业的人才支持。这不仅导致农村电商企业的供应链管理和物流配送效率降低，还使得企业在面对消费者投诉和退货时难以迅速响应和处理，从而严重影响了消费者的购物体验和企业的声誉。农村地区的人才流失对农村电商的发展产生了多方面的负面影响。为了克服这些影响，推动农村电商的健康发展采取一系列有效的措施来吸引和留住人才，包括改善农村地区的工作和生活环境、提高薪资待遇和福利水平、加强人才培训和引进力度等。致力于为农村电商的发展提供坚实的人才保障，推动农村经济结构的优化与升级，实现乡村振兴的宏伟目标。

第十四章

农村电商人才培养的策略与建议

第一节 构建多元化的农村电商人才培养体系

在信息技术迅猛发展的今天，电子商务已成为连接城乡、促进农业产业升级、带动农民增收的重要途径。然而，农村电商的发展面临着人才短缺的瓶颈问题，这严重制约了其进一步的发展潜力。因此，构建多元化的农村电商人才培养体系显得尤为重要。

农村电商作为新兴业态，其快速发展对于促进农村产业结构调整、提升农村经济活力具有不可估量的重要意义。这一领域不仅打破了传统农产品销售的时空限制，还通过大数据、云计算等现代信息技术手段，实现了农产品供应链的优化与升级。然而，人才短缺成为制约农村电商进一步发展的关键因素。目前，许多农村地区缺乏既懂电商运营又熟悉农业技术的复合型人才，这严重限制了农村电商产业的创新能力和市场竞争力。因此，构建多元化的人才培养体系显得尤为重要。这一体系能够源源不断地为农村电商产业输送高素质、专业化的管理人才和技术人才。这些人才需要具备敏锐的市场洞察力、扎实的电商运营能力和丰富的农业知识，能够推动农村电商产业向更高层次发展，实现产业结构的优化与升级。农村电商为农民提供了更广阔的销售渠道和增收途径。传统的农产品销售模式往往受到地域、时间等因素的限制，导致农产品滞销、价格低迷。而农村电商则打破了这些限制，使农民能够直接对接全国乃至全球的市场，实现农产品的快速流通和价值提升。通过培训，农民可以掌握电商运营技能，如网店开设、产品上架、营销推广等，利用电商平台销售自家农产品，从而显著提高收入。同时，农村电商企业的发展也带动了相关产业的就业需求。随着电商业务的不断拓展，物流配送、客户服务、数据分析等岗位需求日益增加，为农村剩余劳动力提供了大量的就业机会。这不仅有助于缓解农村就业压力，还能促进农民就近就地就业，实现家庭与工作的平衡。乡村振兴战略的实施离不开人才的支撑。人才是乡村发展的第一资源，是推动乡村振兴的关键力量。构建多元化农村电商人才培养体系，有助于吸引和留住人才，为乡村振兴战略提供坚实的智力支持。通过电商人才的引领和带动，可以推动农村经济多元化发展，提升农村整体发展水平。一方面，电商人才能够利用自身的专业知识和实践经验，帮助农民优化种植结构、提高产品品质、拓展销售渠道，实现农产品的品牌化和高端化。另一方面，电商人才还能带动相关产业的发展，如乡村旅游、农产品加工等，形成完整的产业链条和产业集群，提升农村经济的综合竞争力。此外，电商人才的涌入还能促进农村文化的传承与创新，提升农民的文化素养和生活品质，为乡村振兴注入新的活力和动力。

构建多元化农村电商人才培养体系，旨在全面提升农村电商领域的人才质量和数量，为农村电商的持续发展提供坚实的人才保障。在快速变化的电商市场中，复合型电商人才是推动农村电商产业创新发展的关键。这些人才不仅需要精通电商运营，包括网店管理、营销推广、客户服务等核心环节，还需具备深厚的农业技术知识，能够准确理解农产品的特性和市场需求。通过培养既懂电商运营又懂农业技术的复合型人才，才能够准确把握市场动态，有效整合资源，推动农产品上行，实现农村电商产业的可持续发展。这些人才将成为连接农业生产和电商市场的桥梁，促进农产品供应链的优化和升级，提升农产品的附加值和市场竞争力。农民是农村电商发展的主体和基础。通过系统的培训和教育，使广大农民掌握电商基础知识、网店运营、营销推广等关键技能，是提升农村电商整体水平的重要途径。通过多样化的培训方式，如线上课程、线下实训、现场指导等，帮助农民快速掌握电商技能，增强他们的电商创业能力。这不仅能够拓宽农产品的销售渠道，提高农民的收入水平，还能激发农民的创业热情，促进农村经济的多元化发展。通过提升农民的电商技能，够培养出一批具有市场意识和创新能力的新型农民，为农村电商的长远发展奠定坚实的人才基础。

农村电商产业的持续发展需要不同层次、不同领域的人才支撑。因此，构建从初级到高级的人才梯队，是确保农村电商产业在不同发展阶段都有足够人才支撑的关键。要注重培养初级电商人才，如网店运营助理、客服人员等，同时也重视中高级电商人才的培养，如电商运营经理、市场分析师等。通过完善人才梯队建设能够形成一支结构合理、素质优良、充满活力的农村电商人才队伍，为农村电商产业的持续发展提供源源不断的人才动力。产、学、研、用深度融合是推动农村电商产业创新发展的重要途径。通过校企合作、产教融合等方式推动科研成果向实际应用转化，从而提升农村电商产业的创新能力和竞争力。鼓励高校和科研机构与企业开展深度合作，共同研发新技术、新产品、新模式，推动农村电商产业的转型升级。同时，注重将科研成果应用于实际生产中，通过实践检验和完善科研成果，形成良性循环。通过促进产学研用深度融合激发农村电商产业的创新活力，推动其持续健康发展。

第二节 加强农村电商人才培训的师资队伍建设

  加强农村电商人才培训的师资队伍建设，是推动农村电商发展不可或缺的关键环节。在当前全球化和信息化的时代背景下，农村电商作为连接城乡、促进农业产业升级、带动农民增收的重要途径，其发展速度和规模正以前所未有的速度迅速扩大。农村电商不仅为农产品打开了更广阔的市场，也为农民提供了更多元的增收渠道，有效促进了农村经济的繁荣与发展。然而，随着农村电商市场的不断拓展和深化，对专业电商人才的需求也日益迫切。这些人才不仅需要具备扎实的电商理论知识，还需要拥有丰富的实战经验，能够灵活应对市场变化，推动农村电商的持续健康发展。因此，建设一支高素质、专业化的农村电商培训师资队伍，对于提升农村电商人才的整体素质，推动乡村振兴战略的深入实施，具有极其重要的意义。

  首先，师资队伍建设的意义深远，它直接关系到农村电商培训的质量和效果。农村电商培训的核心目标是帮助农民掌握电子商务知识、技能和操作方法，提升其电商运营能力和市场竞争力。然而，要实现这一目标，离不开一支高素质、专业化的师资队伍。一支优秀的师资队伍，不仅能够准确传授电商知识和技能，还能根据学员的实际情况和需求，制定个性化的培训计划，提供有针对性的教学指导。这样的培训方式，不仅能够提高学员的学习兴趣和积极性，还能确保培训内容的实用性和有效性。据全国电子商务进农村综合示范项目的统计数据显示，通过加强师资队伍建设，培训总人数不低于5 000人次，实操培训比例不低于60%，有效提升了学员的电商实操能力。这些学员在培训后，不仅能够独立开设网店，还能运用所学知识和技能进行产品推广和营销，取得了显著的经济效益。其次，师资队伍建设的重要性还体现在推动农村电商的可持续发展上。农村电商的发展是一个长期而复杂的过程，需要不断的人才支持和智力保障。通过加强师资队伍建设，可以培养出一批既懂农业又懂电商的复合型人才，他们将成为农村电商发展的中坚力量。这些人才不仅能够运用电商知识和技能推动农产品的销售和品牌建设，还能带动更多农民参与电商创业和就业，形成良性循环。河北省邯郸市通过举办乡村振兴"青马工程"高素质农民培训电商班，成功培养了一批具备电商知识和技能的青年创新创业人才。这些学员在培训后，积极投身农村电商事业，不仅实现了自身的创业梦想，还为当地农村电商的发展注入了新的活力。关于加强农村电商人才培训的师资队伍建设，在具体实施方案中可以从以下几个方面入手：

一是选拔和培养本土讲师。本土讲师熟悉当地农村电商发展的实际情况和需求，能够结合本土特色开展培训。他们了解当地农产品的特点和市场状况，能够为学员提供更加贴近实际的教学内容和案例。因此，可以通过组织本土讲师参加专业培训、交流研讨等方式，提升其教学水平和专业能力。同时，鼓励本土讲师积极参与电商实践，积累实战经验，以便更好地指导学员。河北邯郸市通过举办乡村振兴"青马工程"高素质农民培训电商班，不仅培养了一批本土电商讲师，还为他们提供了丰富的实践机会和资源支持，为当地农村电商培训提供了有力的人才保障。

二是引进外部优质师资资源。为了拓宽学员的视野和提升其电商运营水平，可以邀请知名电商企业创始人、高校电商讲师、淘宝大学讲师等外部专家来授课。这些专家拥有丰富的电商实战经验和前沿的电商理念，能够为学员提供宝贵的学习资源和指导。通过引进外部优质师资资源，可以让学员了解到更多先进的电商技术和模式，激发其创新思维和创业热情。浙江平阳县在电商培训中邀请了电商专业培训优质讲师进行授课，并加入了小组训练模拟实操和专业直播团队现场演示直播等环节，使学员在轻松愉快的氛围中掌握了电商实操技能。

三是加强校企合作。高校和职业院校拥有丰富的教育资源和科研优势，是培养农村电商人才的重要基地。可以选择与这些教育机构建立合作关系，共同开展农村电商人才培训。通过校企合作实现教育资源与产业资源的有机结合，为学员提供更加系统、全面的电商培训。同时还可以利用高校的科研优势，开展农村电商相关的课题研究和技术创新，推动农村电商产业的升级和发展。吉林省松原市前郭县妇联与前郭县农广校联合举办的高素质农村电商人才培训班，采用线上线下融合的教学方式，充分利用双方的资源和优势，取得了良好的培训效果。

四是建立师资培训和考核机制。为了确保师资队伍的专业水平和教学能力不断提升，定期组织师资培训活动。这些培训活动可以包括教学理论与方法、电商最新趋势与技术、案例分析与实践操作等内容，旨在提升讲师的教学水平和专业素养。同时还需要建立科学的考核机制，对讲师的教学质量进行评估和反馈。这可以通过学员评价、同行评审、教学成果展示等方式来实现。通过考核机制的建立激励讲师不断提高教学水平，确保培训质量和效果。某农村电商培训项目建立了完善的讲师管理制度和考核制度，对讲师的选拔、培训、考核等环节进行了明确规定和流程化管理，有效提升了师资队伍的整体素质。

在具体实施过程中需要结合当地农村电商发展的实际情况和需求，制定个性化的培训方案。针对农产品上行需求较大的地区可以重点开展网店开设、宣传推广、产品营销等方面的实操培训；针对农村电商创业者较多的地区提供创业指导、市场分析、品牌建设等方面的培训服务。同时还可以利用互联网平台开展线上培训，打破地域限制，降低培训成本，提高培训覆盖面和影响力。线上培训可以通过直播授课、在线互动、视频回放等方式进行，让学员随时随地都能接受到专业的电商培训。从数据上看，加强农村电商人才培训的师资队伍建设已经取得了显著成效。据《2024 中国农产品电商发展报告》[1] 显示，2023 年全国农产品网络零售额达到 5 870.3 亿元，同比增长 12.5%。这一数据的增长不仅反映了农村电商市场的蓬勃发展态势，也彰显了农村电商人才在推动农产品上行和农民增收方面的重要作用。而农村电商人才的培养又离不开专业的师资队伍。因此，加强师资队伍建设是推动农村电商产业快速发展的重要保障。此外，加强农村电商人才培训的师资队伍建设还有助于缩小城乡差距，推动城乡一体化发展。通过培训，农民可以掌握先进的电商知识和技能，提高农产品的市场竞争力和附加值，增加收入来源，提高生活水平。同时，农村电商的发展还可以吸引更多的城市资源和人才向农村流动，促进城乡之间的经济文化交流与合作，推动城乡协同发展。这不仅有助于实现城乡共享发展成果的目标，还有助于构建和谐社会和推动全面建设社会主义现代化国家进程。

综上所述，加强农村电商人才培训的师资队伍建设是推动农村电商发展的关键举措。通过选拔和培养本土讲师、引进外部优质师资资源、加强校企合作、建立师资培训和考核机制等措施的实施打造一支高素质、专业化的师资队伍，为农村电商培训提供有力的人才保障。同时，结合当地农村电商发展的实际情况和需求制定个性化的培训方案，并利用互联网平台开展线上培训等方式的推广运用可以进一步提高培训质量和效果，推动农村电商产业的快速发展和乡村振兴战略的深入实施。这将为农村经济的繁荣与发展注入新的活力与动力源泉。

第三节　制定农村电商人才激励政策与留住人才的措施

农村电商的持续发展离不开专业人才的支撑。由于农村地区经济相对落后、基础设施薄弱、生活条件有限，如何吸引、激励并留住电商人才成为一个亟待解决的问题。制定科学合理的农村电商人才激励政策与留住人才的措施，对于促进农村电商健康发展、助力乡村全面振兴具有重要意义。这一系列经过深思熟虑、细致入微的激励举措，不仅是对农村电商人才个体潜能的深度挖掘，更是对整个农村电商行业未来走向的积极引领与强力推动。它们如同一股清新的春风，吹拂着农村电商的广袤田野，旨在全面激活人才的内在活力，激发他们的创新思维与实践能力，从而促使整个行业实现由量变到质变的飞跃性提升。

---

[1] 中国食品（农产品）安全电商研究院.2024 中国农产品电商发展报告［R］.2024-03-15.

从农村经济发展的角度来看，这些激励政策无疑为农村经济的新一轮蓬勃发展注入了强大的动力源泉。农村电商的异军突起，不仅为农产品的销售开辟了前所未有的广阔渠道，更以其独特的魅力和无限的潜力，极大地促进了农民收入的增加与生活的富足。然而必须清醒地认识到，专业人才的匮乏始终是制约电商平台高效运行、产品品质持续优化与提升的关键性难题。正因如此，通过实施一系列富有吸引力与实效性的激励政策得以有效吸引并牢牢稳固住这支宝贵的人才队伍。他们以其专业的素养、丰富的经验以及不懈的努力，不断提升着农村电商的服务品质与市场竞争力，进而引领农村经济向着更加多元化、现代化的方向稳步前行。更为值得一提的是，这些激励政策在推动农业产业升级方面同样发挥着举足轻重的作用。在数字经济浪潮的席卷之下，传统农业向现代农业的转型升级已成为历史发展的必然趋势。而农村电商人才，正是这一转型过程中的核心力量与关键要素。他们以其敏锐的洞察力与前瞻性的思维，积极促进农业与现代信息技术的深度融合与无缝对接，不断提高农业生产的智能化与精准化水平。在他们的助力下，农业产业链与价值链得以延伸与重构，为农业的可持续发展奠定了坚实而稳固的基础。此外，这些激励政策在缩小城乡差距、促进机会公平方面也展现出了非凡的成效与贡献。农村电商的蓬勃发展，如同一座桥梁，连接着城市与乡村，让农产品能够跨越千山万水，走向全国乃至全球的广阔市场。而政策的引导与激励，更是吸引了无数有志之士投身于农村电商事业之中。他们不仅为农民提供了更多增收致富的渠道与机会，更在无形中拉近了城乡之间的收入差距，为构建和谐社会、实现共同富裕的美好愿景贡献了自己的力量。这些激励政策也在提升农村社会治理水平方面，发挥了不可估量的价值与意义。农村电商人才不仅是经济发展的生力军与排头兵，更是社会进步的引领者与推动者。他们通过电商平台这一重要的窗口与平台，向广大农村地区传播着现代文明的理念与价值观，不断提升着农民的信息素养与市场意识。在他们的带动下，农村社会治理正逐步向着更加现代化、科学化的方向转变与迈进。农村电商人才激励政策的制定与实施，不仅关乎农村电商行业的兴衰成败，更与农村经济的全面发展、农业产业的升级转型、城乡差距的缩小以及社会治理水平的提升等方面紧密相连、息息相关。因此必须高度重视并持续完善这些激励政策，为农村电商人才的成长与发展创造更加优越的环境与条件。

为了全面、有效地吸引、激励并稳固农村电商人才，推动农村电商行业的蓬勃发展需从多维度出发，精心策划并实施具体而详尽的方案。旨在通过优化人才发展的外部环境，强化内在激励机制，加强人才的培养与引进，建立健全科学的人才评价体系，以及加大政策的宣传与落实力度，来全方位地激发农村电商人才的潜能与活力，进而促进农村经济的多元化、现代化发展。首先，在优化人才发展环境方面，需着重改善农村地区的交通、通信、物流等基础设施条件，为电商人才打造一个便捷、舒适的工作与生活环境。这包括加大对农村宽带网络、移动通信基站等通信基础设施的投资，确保电商人才能够无阻碍地进行线上交流与业务操作，从而提升工作效率。同时，还应建立健全农村电商公共服务体系，为电商人才提供一站式、全方位的服务支持。这可以包括设立农村电商服务中心或创业孵化基地，提供办公场所、设备租赁、法律咨询等便利条件，以解除人才在创业过程中的后顾之忧。此外还应积极营造创新创业的浓厚氛围，通过举办电商创业大赛、交流会等活动，激发人才的创新思维与创业热情。同时，加大对农村电商成功案例的宣传力度，树立典型示范，以榜样的力量引导更多人才投身于农村电商这一充满挑战与机遇的事业中。

在强化人才激励机制方面需构建一套与市场接轨、公平合理的薪酬福利体系。这意味着电商人才的收入水平应能充分反映其劳动价值与贡献度。可以根据人才的工作绩效、创新能力、团队贡献等多维度因素，制定科学合理的薪酬标准，并设立年终奖、项目奖金等多样化的激励机制，以物质奖励激发人才的积极性与创造力。同时还应为电商人才提供广阔的职业发展空间与晋升机会，鼓励他们不断挑战自我、追求卓越。这可以通过设立人才成长计划、职业导师制度等，为人才提供个性化的职业发展规划与指导，帮助他们明确职业目标，实现职业晋升。此外，对于表现突出的电商人才，还可以实施股权激励，将他们的利益与企业的发展紧密绑定，共同分享企业发展的成果。这种长期激励机制不仅能增强人才的归属感与忠诚度，还能进一步激发他们的工作热情与创造力。

在加强人才培养与引进方面还应注重精准培训与实战锻炼的结合。针对农村电商人才的需求特点可以与高校、职业培训机构等建立紧密的合作关系，开设电商运营管理、市场营销、数据分析等专业课程，提升人才的专业素养与实战能力。同时还应积极拓宽人才引进渠道，通过举办人才招聘会、校园招聘等活动，吸引具有电商运营经验、市场营销能力等专业背景的人才到农村地区工作。为了降低外部人才的生活成本与工作压力可以出台一系列优惠政策措施，如提供住房补贴、子女教育优惠等，以吸引并留住这些宝贵的人才资源。此外还应充分挖掘和培养本土电商人才，鼓励和支持当地青年、返乡农民工等群体投身电商创业，为他们提供创业指导、资金扶持等全方位的支持措施，助力他们在电商领域实现自己的梦想。

建立健全科学的人才评价体系是确保人才激励政策有效实施的关键环节。根据农村电商行业的特点与发展需求制定科学、合理、可操作的人才评价标准。这一标准应综合考虑人才的专业技能、工作绩效、创新能力、团队协作等多个方面，确保对人才进行全面、客观、公正的评价。建立健全人才动态管理机制，定期对人才进行评价与考核，及时调整和优化人才激励政策。对于表现优秀的人才应给予表彰和奖励，以激励他们继续发挥榜样作用；对于工作不力的人才应及时进行督促和整改，帮助他们提升工作能力与业绩。此外，加强人才信息库的建设与管理，对人才的基本信息、专业技能、工作经历等进行全面记录和管理，为人才引进、培养、激励提供有力支持。最后，在加强政策宣传与落实方面需加大宣传力度，提高政策的知晓率与影响力。这可以通过媒体宣传、政策解读、经验分享等多种方式来实现。邀请专家学者进行经验交流与成功案例等分享活动，以生动的案例和实用的经验来增强政策的说服力与吸引力。同时还应强化政策执行力度，加强对政策执行情况的监督与检查，确保各项政策措施得到有效落实。为此可以建立政策执行反馈机制，及时了解政策执行过程中遇到的问题与困难，并采取有效措施加以解决。此外还应根据农村电商行业的发展变化与人才需求特点，持续优化和完善人才激励政策。这可以通过定期开展政策评估与调整工作来实现，确保政策与行业发展保持同步与协调，为农村电商人才的成长与发展创造更加优越的环境与条件。

为了验证上述实施方案的可行性与有效性应该收集并分析相关数据来提供有力支撑。具体而言可以关注以下几个方面的数据：一是人才流动数据，通过统计农村地区电商人才的流入与流出情况直观地评估激励政策对人才的吸引力与留存率。如果实施激励政策后，人才流入量显著增加且流出量有所减少，那么这足以说明政策在吸引与留住人才方面取得了显著成效。二是经济增长数据，通过对比实施激励政策前后农村地区的经济增长情况可以间接反映人才激励政策对农村经济发展的推动作用。如果经济增长速度明显加快且电商行业对经济增长的贡献度显著提高，那么这充分证明了政策在促进农村电商发展方面的积极作用。三是企业运营数据，通过收集与分析农村电商企业的运营数据，如销售额、利润、客户满意度等指标评估人才激励政策对企业绩效的影响。如果企业在实施激励政策后表现出更好的运营状况与市场竞争力，那么这说明政策在提升企业绩效方面发挥了积极作用。四是人才满意度调查数据，通过定期开展人才满意度调查活动深入了解电商人才对工作环境、薪酬福利、职业发展等方面的满意度情况。如果满意度得分较高且呈现上升趋势，那么这足以说明激励政策在提升人才满意度方面取得了显著成效。最后还可以委托专业机构对激励政策的实施效果进行全面评估与分析，形成详细的评估报告，包括政策目标的实现程度、存在的问题以及改进建议等内容，为政策的调整与优化提供科学依据和有力支撑。

制定科学合理的农村电商人才激励政策与留住人才的措施，对于促进农村电商健康发展、助力乡村全面振兴具有重要意义。通过优化人才发展环境、强化人才激励机制、加强人才培养与引进、建立健全人才评价体系以及加强政策宣传与落实等措施的综合施策，可以有效吸引和留住农村电商人才，为农村电商行业的持续健康发展提供有力的人才保障。同时，通过收集和分析相关数据来验证政策的实施效果，可以为政策的持续优化和完善提供科学依据。

第六卷

新质生产力驱动下农村电商的政策环境

第十五章

国家政策对农村电商的支持

第一节　国家层面农村电商政策的梳理与解读

农村电商作为推动农业现代化、促进农民增收的新引擎，近年来在国家政策的推动下快速发展。从中央到地方，各级政府纷纷出台了一系列政策措施，为农村电商的发展提供了有力支持。农村电商政策是推动农业现代化、实现农村产业兴旺的重要途径。传统农业面临着生产效率低、市场信息不对称、销售渠道单一等问题，而农村电商通过互联网技术，能够打破地域限制，将农产品直接对接到更广阔的市场，提高农产品的附加值和农民的收入。国家层面颁布农村电商政策，旨在通过政策引导和扶持，推动农村电商的快速发展，进而带动农业产业的升级和转型，实现农业现代化。农村电商政策的颁布进一步促进了农民增收、改善农村民生。农村电商的发展为农民提供了更多的就业机会和创业平台。农民可以通过电商平台销售自家的农产品，也可以通过学习电商技能，成为电商从业者，实现增收致富。此外，农村电商还带动了物流配送、金融服务等相关产业的发展，为农村经济的多元化发展提供了有力支撑。国家层面颁布农村电商政策，有利于进一步拓宽农民增收渠道，提高农民生活水平，改善农村民生。农村电商政策还推动了城乡融合发展，为实现乡村振兴打下坚实基础。城乡发展不平衡是我国经济社会发展中的一个突出问题。农村电商的发展能够促进城乡资源的优化配置和要素的双向流动，缩小城乡差距。通过电商平台，城市消费者可以购买到优质的农产品，同时农村也可以享受到城市提供的各种服务和产品。这种双向流动有助于打破城乡壁垒，推动城乡融合发展。国家层面颁布农村电商政策，旨在通过政策引导和扶持，推动农村电商的快速发展，进而为乡村振兴提供有力支撑。此外，农村电商政策还有助于提升农村地区的信息化水平，缩小城乡数字鸿沟。随着信息技术的快速发展，数字化、智能化已经成为推动经济社会发展的重要力量。然而，由于历史、地理等原因，我国农村地区的信息化水平相对较低，与城市地区存在较大的数字鸿沟。农村电商的发展需要依托互联网、大数据、云计算等现代信息技术手段，因此国家层面颁布农村电商政策，有利于推动农村地区的信息化基础设施建设，提升农村地区的信息化水平，缩小城乡数字鸿沟。

从国家层面颁布农村电商政策顺应数字经济发展趋势、推动经济高质量发展的必然选择。数字经济已经成为推动全球经济发展的重要力量。通过梳理近十年国家层面颁布的重要政策法规，发现这些政策的实施推动了我国农村电商的快速发展和创新升级，也为农村经济的全面发展注入了新的活力。

2014年1月19日至21日中央农村工作会议在北京隆重召开，会上深入探讨了农村改革与农业现代化的路径与策略，并审议通过了具有里程碑意义的《中共中央 国务院关于全面深化农村改革加快推进农业现代化的若干意见》[1]，即广为人知的2014年中央一号文件。这份文件不仅是对当时农村发展现状的深刻反思，更是对未来农村发展方向的明确指引，其中首次明确提出了"启动农村流通设施和农产品批发市场信息化提升工程"这一重大举措。这一政策的出台，不仅彰显了国家对农村流通体系和农产品市场信息化前所未有的重视，也预示着农村电商即将迎来前所未有的发展机遇。政策的颁布，其核心目的在于通过一系列实质性措施，加强农村流通设施的建设，特别是对农产品批发市场的信息化水平进行全方位提升。这不仅仅是简单的设施升级，更是对农村电商生态链的一次全面重塑。通过引入现代信息技术，如物联网、大数据等，农村流通设施的信息化水平得以大幅提升，为农村电商的快速发展提供了坚实的物质和技术基础。同时，这一工程还着眼于改善农村物流条件，通过优化物流网络布局、提升物流配送效率，进一步降低了农村电商的运营成本，提高了农产品的市场竞争力。尤为重要的是，该工程致力于促进农产品信息的快速传递与对接市场需求。在过去，由于信息不对称，农民往往难以准确把握市场动态，导致农产品滞销或价格低迷。而通过信息化手段，农民可以实时了解市场需求，调整种植结构，实现农产品的精准营销，有效推动了农产品的上行。这不仅解决了农产品销售难题，也为农民增收开辟了新的渠道。自政策实施以来，其成效显著。农村流通设施得到了全面改善，农产品批发市场的信息化水平实现了质的飞跃。电商企业纷纷涌入农村市场，借助完善的流通设施和高效的信息平台，构建起覆盖广泛、运作高效的农村电商网络。农产品的销售渠道得以拓宽，品牌知名度显著提升，市场竞争力极大增强。同时，农村电商

---

[1] 中华人民共和国中央人民政府网. 中共中央 国务院关于全面深化农村改革加快推进农业现代化的若干意见［Z］. 2014-01-19.

的兴起也带动了相关产业的发展，如物流、金融、包装等，形成了良性循环，为农村经济的多元化发展注入了新的动力。

在 2016 年和 2017 年的中央农村工作会议上，分别审议通过了当年的中央一号文件，均明确提出了实施"快递下乡"工程。这一连续两年的政策部署，充分体现了国家对解决农村地区物流配送难题、推动农村电商发展的高度重视。通过"快递下乡"工程的实施，快递服务逐步向农村地区延伸，有效完善了农村物流配送体系。这一变化不仅极大地便利了农村居民的生活，降低了物流成本，提高了农产品的市场竞争力，还进一步激发了农村地区的消费潜力，促进了农村消费市场的繁荣。随着快递服务的普及，农村居民能够更便捷地享受到线上购物的便利，同时，农产品的销售渠道也得到了有效拓宽，为农民增收和农村经济发展注入了新的活力。2019 年 2 月 19 日，中央一号文件《中共中央 国务院关于坚持农业农村优先发展做好"三农"工作的若干意见》❶ 正式发布，其中首次明确提出了实施"互联网+"农产品出村进城工程。这一创新举措旨在利用互联网技术推动农产品上行，为农民增收开辟新路径。自政策实施以来，农产品通过互联网平台直接对接城市消费者，销售渠道得到了显著拓宽。同时，互联网技术的应用还促进了农产品的品牌化和标准化生产，提高了农产品的附加值，进一步增加了农民收入。此外，该工程的加快还有力地推动了农村产业升级，促进了农村经济的多元化发展，为乡村振兴战略的实施提供了有力支撑。

中央一号文件作为指导"三农"工作的纲领性文件持续聚焦农村电商的发展，提出了一系列具有前瞻性和战略性的政策措施。从 2021 年至 2024 年，中央一号文件连续四年对农村电商的发展进行了深入部署，旨在通过数字技术推动农村电商的高质量发展，为乡村振兴注入新动力。

2021 年中央一号文件《中共中央 国务院关于全面推进乡村振兴加快农业农村现代化的意见》中，明确提出了深入实施"数商兴农"工程。这一政策的出台，标志着农村电商发展进入了数字化转型的新阶段。通过数字技术，农村电商的运营效率和用户体验得到了显著提升，推动农村电商的全面升级。具体而言，"数商兴农"工程不仅促进了农产品上行，还助力了农产品品牌的打造和推广。数字技术使得农产品品牌能够更广泛地触达消费者，提高了农产品的市场知名度和竞争力。同时，这一工程通过推动农村电商的发展，为乡村振兴提供了有力支撑，加速了农业现代化进程，促进了农村经济的多元化发展。进入 2022 年，中央一号文件《中共中央 国务院关于做好 2022 年全面推进乡村振兴重点工作的意见》中，进一步强调了加强县域商业体系建设的重要性。县域商业体系作为连

---

❶ 中华人民共和国中央人民政府网. 中共中央 国务院关于坚持农业农村优先发展做好"三农"工作的若干意见 [N]. 新华社，2019-02-19.

接城乡市场的桥梁和纽带，其完善程度直接影响到农村电商的发展。因此，文件提出要加强县域商业基础设施建设，优化商业网点布局，提升农村商业服务质量和水平。这一政策的实施，不仅完善了农村商业网络，还为农村电商提供了更加便捷、高效的物流和服务支持。随着县域商业体系的不断完善，农村地区的消费水平得到了显著提升，消费升级趋势明显。同时，城乡商业资源的互通共享也促进了城乡融合发展，为农村电商的持续发展奠定了坚实基础。2023年中央一号文件《中共中央 国务院关于做好2023年全面推进乡村振兴重点工作的意见》中，明确提出了实施农村电商高质量发展工程的要求。这一政策旨在通过提升农村电商的运营水平和市场竞争力，推动农产品上行，增加农民收入。高质量发展工程不仅注重农村电商的数量增长，更强调质量提升和结构优化。通过优化电商生态、提升服务质量、加强品牌建设等措施，农村电商实现了从粗放式发展到精细化运作的转变。这一工程的实施，不仅巩固了农村电商的发展成果，还为乡村振兴提供了新的动力源泉。农村电商的高质量发展推动了农村经济的多元化和可持续发展，为农民增收致富开辟了新途径。2024年，中央一号文件《中共中央 国务院关于学习运用"千村示范、万村整治"工程经验有力有效推进乡村全面振兴的意见》中，再次强调了持续推进农村电商高质量发展的重要性。这一政策的出台，表明国家对农村电商发展的高度重视和持续支持。文件提出要通过持续推进农村电商高质量发展，巩固已取得的成果，推动农村电商持续健康发展。同时，还要在高质量发展的基础上深化农村电商领域的改革，推动农村电商模式的创新和升级。这些措施旨在进一步提升农村电商的服务质量和市场竞争力，为乡村振兴提供更加坚实的支撑。随着农村电商的持续发展，农民的收入水平得到了显著提高，农村经济的活力也得到了进一步释放。农村电商的高质量发展不仅促进了农产品的销售和品牌的推广，还带动了相关产业的发展和就业机会的增加。此外，农村电商的发展还促进了城乡之间的交流和互动，推动了城乡融合发展进程。

在这四年间，中央一号文件对农村电商的发展进行了全面而深入的部署。从"数商兴农"工程的实施到县域商业体系的建设，再到农村电商高质量发展工程的推进和持续推动，这些政策措施共同构成了农村电商发展的完整蓝图。通过这一系列政策的实施，农村电商实现了从起步到快速发展的跨越式转变。数字技术的广泛应用推动了农村电商的数字化转型和升级；县域商业体系的完善为农村电商提供了更加便捷、高效的物流和服务支持；高质量发展工程的推进进一步提升了农村电商的服务质量和市场竞争力。这些变化不仅促进了农产品的销售和品牌的推广，还带动了相关产业的发展和就业机会的增加。同时，农村电商的发展也促进了城乡之间的交流和互动，推动了城乡融合发展进程。

2024年3月，商务部携手中央网信办等8个相关部门，共同发布了《关于推动农村电商高质量发展的实施意见》。这一政策的出台，是在国家全面推进乡村振兴战略的大背景下，针对农村电商领域现存问题与挑战，提出的一系列具有前瞻性和针对性的政策措施。

近年来，农村电商作为推动农业现代化、促进农民增收的重要途径，其发展速度之快、影响范围之广，已引起国家层面的高度关注。然而，农村电商在快速发展的同时，也面临着基础设施不健全、物流配送体系滞后、电商人才短缺等问题，这些问题在一定程度上制约了农村电商的进一步发展和乡村振兴战略的深入实施。因此，《实施意见》的发布，旨在通过完善政策体系、推动数字化转型、加强人才培养、促进产业融合等举措，为农村电商的高质量发展提供全方位支持。该《实施意见》的总体内容大致涵盖了以下几个方面：首先，它明确了农村电商高质量发展的总体目标和基本原则，为政策的实施提供了明确的方向和指导。其次，实施意见从多个维度出发，提出了一系列具体政策措施。在完善政策体系方面，实施意见强调要加强顶层设计，制定更加科学、合理的农村电商发展规划和政策措施；在推动数字化转型方面，实施意见提出要利用大数据、云计算、人工智能等先进技术，提升农村电商的运营效率和用户体验；在加强人才培养方面，实施意见鼓励开展多层次、多形式的农村电商培训活动，提高农村电商从业人员的专业素质和服务水平；在促进产业融合方面，实施意见提出要加强农村电商与农业、制造业、服务业等产业的深度融合，推动农村经济的多元化发展。

从政策颁布后的预期效果来看，《实施意见》的出台将对农村电商的发展产生深远影响。首先，它将进一步完善农村电商政策体系，为农村电商的发展提供更加稳定、可预期的政策环境。其次，通过推动农村电商的数字化转型和加强人才培养，将显著提升农村电商的运营效率和服务质量，增强农村电商的市场竞争力。同时，促进农村电商与乡村产业的融合发展，将有助于推动农村经济的转型升级和可持续发展。此外，《实施意见》的实施还将为乡村振兴战略的深入实施提供有力支撑，通过农村电商的发展带动农民增收、农业增效和农村繁荣。

近年来，为了全面加速乡村振兴战略的深入实施与农业农村现代化的步伐，我国政府还密集出台了一系列具有里程碑意义的农村电商政策，旨在通过政策引领和科技创新，为农村地区经济发展注入新活力。

2018年9月，中共中央、国务院正式发布了《乡村振兴战略规划（2018—2022年）》[1]，这一规划作为指导未来五年乡村振兴工作的纲领性文件，明确提出了加快构建适应农产品电商发展的标准体系的重要任务。这不仅意味着要建立健全农产品质量追溯、分级包装、冷链物流等标准，还强调了通过电商平台促进农产品上行，拓宽农民增收渠道，为农村电商的规范化、规模化发展奠定了坚实的政策基础。紧接着，2019年5月，中共中央办公厅、国务院办公厅联合发布了《数字乡村发展战略纲要》[2]，该文件进一步聚焦数字技术

---

[1] 中共中央，国务院．乡村振兴战略规划（2018—2022年）［Z］．2018-09-26．
[2] 中共中央办公厅，国务院办公厅．数字乡村发展战略纲要［Z］．2019-05．

在农业农村领域的应用,特别指出要深化电子商务进农村的综合示范,通过培育农村电商产品品牌,提升农产品附加值,同时利用大数据、云计算等现代信息技术,推动农村电商的转型升级,实现农村经济的数字化、网络化、智能化发展。为确保2020年全面建成小康社会目标的顺利达成,同年12月,中共中央、国务院发布了《关于抓好"三农"领域重点工作确保如期实现全面小康的意见》❶。该意见特别强调要扩大电子商务进农村的覆盖面,鼓励供销合作社、邮政快递企业等服务主体下沉市场,延伸乡村物流服务网络,解决农村电商配送"最后一公里"难题,让农村消费者享受到更加便捷、高效的电商服务,也为农产品外销打开了更广阔的市场空间。

2021年6月,农业农村部针对农业全产业链的培育发展,出台了《关于加快农业全产业链培育发展的指导意见》❷。该文件明确指出,要通过加强农村电商主体的培训培育,提升农民的互联网营销技能和电商运营能力,引导农业生产基地、农产品加工企业等产业链上下游环节积极拥抱电子商务,促进农村电商与农业产业的深度融合,形成线上线下融合发展的新模式,为农业现代化插上"互联网+"的翅膀。2022年1月,国务院发布《"十四五"推进农业农村现代化规划》❸明确提出实施"数商兴农"战略,强调要加快农村电商基础设施的数字化改造与智能化升级,包括提升农村宽带网络覆盖水平、建设智慧农业云平台等,同时,着力打造一批具有地方特色的农产品网络品牌,利用科技力量提升农产品的品牌影响力和市场竞争力,推动农村电商向高质量发展阶段迈进,为农业农村现代化的全面推进提供强大动力。这一系列政策的连续出台,不仅展现了国家对农村电商发展的高度重视,也为农村电商的未来发展指明了方向,预示着我国农业农村经济将迎来一个前所未有的发展机遇期。

第二节 政策对农村电商基础设施建设的推动

近年来,农村电商作为推动农业现代化、促进农民增收的重要引擎,其发展速度之快、潜力之大,引起了国家层面的高度关注。然而,农村电商在快速发展的同时,也面临着基础设施薄弱、物流配送体系滞后等突出问题,这些问题在一定程度上制约了农村电商的进一步发展和乡村振兴战略的深入实施。为了打破这一瓶颈,我国政府出台了一系列具有针对性的政策措施,以推动农村电商基础设施的建设和完善。这一系列政策的出台和实

---

❶ 中共中央,国务院.关于抓好"三农"领域重点工作确保如期实现全面小康的意见[Z].2020-01-02.
❷ 农业农村部.关于加快农业全产业链培育发展的指导意见[Z].2021-05-31.
❸ 国务院."十四五"推进农业农村现代化规划[Z].2021-11-12.

施，不仅为农村电商的发展提供了坚实的政策保障，更在实践中推动了农村电商基础设施的全面升级，为农村电商的繁荣奠定了坚实的基础。具体来说，冷链物流设施的完善、物流网络的延伸与服务的提升，以及数字化、智能化基础设施的建设，共同构成了农村电商基础设施变革的三大支柱，它们各自发挥着不可替代的作用，共同促进了农村电商的快速发展。

冷链物流设施的完善，是农村电商基础设施升级的关键一环。长期以来，农产品在运输过程中的损耗一直是制约农村电商发展的重要因素之一。由于农产品具有易腐、易损的特性，传统的常温物流方式在农产品运输过程中容易出现腐烂、变质等问题，无法满足其保鲜、保质的需求，不仅影响了农产品的品质和附加值，也降低了消费者的购买意愿和满意度。为了解决这一问题，国家出台了一系列政策，加大对冷链物流设施的投资和建设力度。一方面，通过建设骨干冷链物流基地和县域产地公共冷链物流设施，形成了覆盖广泛、布局合理的冷链物流网络，为农产品的储存、运输提供了有力保障。这些冷链物流设施采用了先进的冷藏、冷冻技术，能够有效延长农产品的保鲜期，降低损耗率，提高农产品的品质和附加值。另一方面，政策还鼓励和支持农产品生产企业、电商平台等市场主体自建或合作建设冷链物流设施。这些市场主体根据自身的业务需求和市场特点，灵活布局冷链物流节点，形成了多元化的冷链物流服务模式。一些电商平台通过自建冷链物流体系，实现了从产地到销地的全程冷链运输，确保了农产品的新鲜度和品质；而一些农产品生产企业则通过与第三方冷链物流企业合作，将冷链物流服务外包出去，降低了自身的运营成本和风险。冷链物流设施的完善，不仅降低了农产品在运输过程中的损耗，提高了农产品的品质和附加值，也为农村电商的发展提供了有力支撑。随着冷链物流设施的不断普及和完善，越来越多的农产品得以通过电商平台走向全国乃至全球市场，为农民增收致富开辟了新的途径。

物流网络的延伸和服务的提升，是农村电商基础设施升级的另一个重要方面。长期以来，由于农村地区地理位置偏远、交通不便等原因，物流网络覆盖不全、配送效率低下等问题一直困扰着农村电商的发展。这些问题不仅增加了农村电商的运营成本，也限制了农村电商的市场拓展和潜力发挥。为了解决这些问题，国家出台了一系列政策推动物流网络向农村地区延伸，提升物流服务质量。一方面，通过加强交通基础设施建设，改善农村地区的交通条件，为物流网络的延伸提供了有力支撑。加大对农村公路、桥梁等基础设施的投资和建设力度，提高农村地区的道路通行能力和运输效率；同时，通过优化交通线路布局和运输组织方式，降低物流成本，提高物流效率。另一方面，政策还鼓励和支持电商平台、物流企业等市场主体加强合作，共同推动物流网络的延伸和服务的提升。一些电商平台通过与物流企业合作，建立了覆盖广泛、高效便捷的农村物流网络，为农村电商提供了有力的物流保障；而一些物流企业则通过拓展业务范围、提升服务质量等方式，积极参与农村电商的发展进程。物流网络的延伸和服务的提升，使得农产品能够更加快速地送达消费者手中，增强了消费者的购买信心和满意度。同时，这也为农村电商的市场拓展和潜力发挥提供了有力支撑。随着物流网络的不断完善和服务质量的不断提升，农村电商的市场规模将进一步扩大，为农民增收致富和乡村振兴战略的深入实施注入新的动力。

数字化、智能化基础设施的建设，是农村电商基础设施升级的又一重要方面。随着信息技术的快速发展和广泛应用，数字化、智能化已经成为推动各行各业转型升级的重要力量。对于农村电商而言，数字化、智能化基础设施的建设不仅能够提升运营效率和市场竞争力，还能够为消费者提供更加便捷、高效的购物体验。国家出台了一系列政策加大对信息技术、人工智能等领域的投入和支持力度。一方面，通过建设智慧农业云平台、农村电商服务平台等数字化基础设施，为农村电商提供了强大的技术支持和服务保障。智慧农业云平台能够实现对农业生产的精准管理和智能控制，提高农业生产的效率和品质；而农村电商服务平台则能够为电商平台、物流企业等市场主体提供便捷的信息查询、订单处理等服务，降低运营成本，提高服务质量。政策还鼓励和支持电商平台、科技企业等市场主体加强合作，共同推动农村电商数字化、智能化基础设施的建设和应用。一些电商平台通过与科技企业合作，引入了大数据、人工智能等先进技术，实现了对商品推荐、库存管理、物流配送等环节的智能化管理；而一些科技企业则通过开发适用于农村电商的智能化设备和系统，为农村电商的发展提供了有力支撑。数字化、智能化基础设施的建设，为农村电商提供了更加强大的技术支持和服务保障。通过运用大数据、人工智能等先进技术，农村电商能够实现对市场需求、消费者行为等数据的精准分析和预测，为商品选品、定价、促销等决策提供科学依据；同时，通过优化物流配送、客户服务等环节，提高运营效率和服务质量，增强市场竞争力。此外，数字化、智能化基础设施的建设还能够为消费者提供更加便捷、高效的购物体验，提升消费者的满意度和忠诚度。

随着一系列政策的出台和实施，农村电商基础设施已经发生了显著变化。然而，这只是一个开始，未来还有更多的工作需要做。可以预见农村电商基础设施将继续朝着更加完善、高效、智能的方向发展。一方面，随着冷链物流设施的不断完善和物流网络的不断延伸，农村电商的物流配送能力将得到进一步提升。这将使更多的农产品能够快速地送达消费者手中，满足消费者对新鲜、优质农产品的需求；同时，也将为农村电商的市场拓展和潜力发挥提供更加有力的支撑。另一方面，随着数字化、智能化基础设施的不断建设和应用，农村电商的运营效率和市场竞争力将得到进一步提升。通过运用大数据、人工智能等先进技术，农村电商将能够实现更加精准的市场定位、商品选品和营销策略制定；同时，也将能够为消费者提供更加个性化、智能化的购物体验和服务。这将有助于提升农村电商的品牌形象和知名度，吸引更多的消费者关注和购买农村电商产品。此外，未来农村电商基础设施的建设还将更加注重可持续发展和绿色环保。随着全球气候变化和环境污染问题的日益严峻，可持续发展和绿色环保已经成为各行各业发展的重要趋势。对于农村电商而言，加强可持续发展和绿色环保意识的培养和实践，不仅能够提升自身的社会责任感和品牌形象，还能够为消费者提供更加健康、安全、环保的产品和服务。因此，未来农村电商基础设施的建设将更加注重节能减排、资源循环利用等方面的考虑和实践。

第三节 财政政策对农村电商企业的扶持

财政政策作为国家宏观调控的重要手段，在推动农村电商企业发展中扮演着至关重要的角色。近年来，随着农村电商的迅速崛起，各级政府纷纷出台了一系列财政政策，旨在通过资金扶持、税收优惠、基础设施建设支持等多种方式，促进农村电商企业的健康快速发展。

财政政策的多样化扶持手段在推动农村电商企业发展过程中发挥了至关重要的作用。首先，资金扶持作为最直接且有效的财政政策手段，各级政府通过设立专项基金、提供财政补贴等多种方式，直接为农村电商企业注入资金支持。这些资金扶持措施不仅涵盖了初创期的启动资金补助，还涵盖了按照销售额比例给予的奖励，从而有效缓解了农村电商企业在发展初期的资金压力，为其快速扩张和稳健运营奠定了坚实基础。某些地区为鼓励农村电商企业的发展，特别设立了专项扶持基金，对符合条件的农村电商企业给予一次性启动资金补助，同时根据其销售额的增长情况，按比例给予额外的奖励，这种灵活的资金扶持方式极大地激发了农村电商企业的创新活力和市场竞争力。其次，税收优惠作为另一种重要的财政政策扶持手段，对于降低农村电商企业的运营成本、提升其盈利能力具有显著效果。政府通过实施一系列税收减免和优惠政策，如对小型微利企业实行所得税减免，对农产品网络销售实行增值税即征即退等，有效减轻了农村电商企业的税收负担。这些税收优惠措施不仅降低了企业的运营成本，还增强了其市场竞争力，促进了农村电商企业的持续健康发展。通过税收优惠政策的引导，农村电商企业能够更加专注于业务拓展和服务提升，从而在激烈的市场竞争中脱颖而出。基础设施建设支持也是财政政策扶持农村电商企业不可或缺的一环。农村电商的发展离不开完善的基础设施支撑，因此政府通过财政政策加大对农村电商基础设施建设的投入力度，包括农村宽带网络、物流配送体系、仓储设施等多个方面。政府积极支持农村宽带网络的普及和提速降费工作，推动冷链物流设施的建设和完善，提升农村物流配送效率等。这些基础设施建设的投入不仅为农村电商企业提供了良好的运营环境，还促进了农村电商与物流、仓储等行业的协同发展，为农村电商企业的长远发展奠定了坚实基础。通过完善的基础设施建设支持，农村电商企业能够更加便捷地开展业务活动，提高服务质量和效率，从而赢得更多消费者的青睐和信任。

从现如今的实施效果中可以看出，财政政策对农村电商企业的扶持效果极为显著，财政政策的扶持极大地促进了农村电商企业的快速成长，通过资金扶持和税收优惠政策的实施，有效降低了农村电商企业的创业成本和运营成本，使其能够将更多的资金投入产品研发、市场推广等关键环节，从而加速了企业规模的扩张和市场份额的提升。通过设立专项基金、提供财政补贴等方式，政府直接为农村电商企业注入了发展动力，帮助它们克服初创期的资金难题。同时，税收减免、增值税即征即退等优惠措施也进一步减轻了企业的税收负担，提高了其盈利能力。基础设施建设的完善也为农村电商企业的发展提供了有力保障。政府加大对农村宽带网络、物流配送体系、仓储设施等方面的投入，提升了农村电商的运营效率和客户体验，为其快速发展奠定了坚实基础。财政政策的扶持还显著提升了农村电商企业的竞争力。通过资金扶持和税收优惠，农村电商企业能够引进更先进的技术和设备，提升产品质量和服务水平，从而在市场竞争中占据优势地位。企业可以利用引进的先进技术和设备，对农产品进行精深加工和包装，提升产品的附加值和市场竞争力。同时，完善的基础设施建设也提高了农村电商企业的物流配送效率和客户满意度。随着农村物流配送体系的不断完善，农村电商企业能够实现更快速、更准确的商品配送，满足消费者的多样化需求。这些措施共同提升了农村电商企业的市场竞争力，使其在激烈的市场竞争中脱颖而出。财政政策的扶持还推动了农村电商行业的创新发展。在资金和政策支持下，农村电商企业敢于尝试新的商业模式和技术应用，如直播带货、社交电商等新兴业态的兴起。这些创新不仅丰富了农村电商的内涵和外延，也为其持续发展注入了新的活力。直播带货作为一种新兴的营销方式，通过直播形式展示农产品特点和优势，吸引了大量消费者的关注和购买。社交电商则利用社交媒体平台开展营销活动，通过分享、互动等方式增强用户黏性和忠诚度。这些创新模式的应用，不仅提升了农村电商企业的销售额和市场份额，也促进了整个行业的转型升级和高质量发展。

第十六章

地方政策对农村电商的促进

第一节 各地区农村电商政策的特色与差异

为了促进农村电商的健康发展,各地区纷纷出台了一系列政策措施,旨在优化农村电商发展环境,提升农村电商发展水平。中国各地区在推动农村电商发展的过程中,均结合本地实际情况出台了具有地方特色的政策措施。东部地区注重产业融合和园区建设,中部地区强调枢纽作用和品牌建设,西部地区则依托旅游资源和基础设施完善来推动农村电商发展,东北地区则利用沿海优势积极发展跨境电商。这些政策差异体现了中国各地区农村电商发展的多样性和创新性,也为其他地区提供了有益的借鉴和参考。

一、东部地区农村电商政策

在东部地区的农村电商政策中,浙江省和江苏省分别推出了具有鲜明地方特色的政策措施。浙江省政府办公厅于 2015 年发布了《关于大力发展电子商务加快培育经济新动力的实施意见》[1],该政策着重强调产业融合的重要性。具体而言,浙江省鼓励农村电商与乡村旅游、民宿经济等产业进行深度融合,通过"电商+旅游"的创新模式,为农民开辟更多增收渠道,实现农村经济多元化发展。同时,浙江省还积极推动县域电商产业园的建设,旨在发挥园区的集聚效应,通过资源共享和优势互补,提升整个农村电商行业的竞争力。在服务体系建设方面,浙江省加强了农村电商服务站点的布局和物流配送网络的构

---

[1] 浙江省人民政府. 关于大力发展电子商务加快培育经济新动力的实施意见 [Z]. 2015-12-30.

建，确保农村电商服务的高效便捷，满足农民的多样化需求。江苏省农业农村厅，江苏省发展和改革委员会，江苏省财政厅，江苏省商务厅于2020年发布了《江苏省"互联网+"农产品出村进城工程实施方案》❶。该政策在创新发展模式上做出了积极探索，鼓励各地根据自身资源禀赋和产业特点，创新农村电商发展模式，如"电商+农业""电商+文化"等，以打造具有江苏特色的农村电商品牌。江苏省还高度重视人才在农村电商发展中的关键作用，通过加强农村电商人才的培养和引进，不断提升农村电商从业人员的专业素养和服务能力。此外，江苏省还大力支持农产品电商平台的建设，通过拓宽农产品销售渠道，有效促进了农民的增收，为农村经济发展注入了新的活力。

二、中部地区农村电商政策

湖南省与湖北省在推动农村电商发展方面，均出台了具有地方特色的政策措施。湖南省人民政府办公厅于2019年发布了《湖南省推进电子商务与快递物流协同发展实施方案》❷，该政策着重强调了县域电商服务中心的枢纽作用，通过推动农村电商资源的整合与共享，促进农村电商的高效运作。同时，湖南省还注重培育一批农村电商示范企业和品牌，旨在通过示范引领，带动整个农村电商行业的快速发展。此外，湖南省还加强了农村物流配送体系的建设，通过降低物流成本和提高配送效率，为农村电商的持续发展提供了有力保障。湖北省人民政府办公厅在2018年也发布了《湖北省农村电商工程三年（2018—2020年）行动方案》❸。湖北省的政策特色主要体现在深化服务融合方面，通过推动农村电商与现代农业、乡村旅游等领域的深度融合，进一步拓宽了农村电商的服务领域，提升了农村电商的综合效益。此外，湖北省还高度重视农村电商品牌建设，通过提升农产品的附加值和市场竞争力，助力农民增收和农村经济发展。为了优化农村电商的发展环境，湖北省还出台了一系列政策支持与资金扶持措施，为农村电商的蓬勃发展创造了良好的外部条件。这些政策不仅体现了湖南省与湖北省在推动农村电商发展方面的积极态度，也展示了中部地区在促进农村电商繁荣方面的独特路径和显著成效。

三、西部地区农村电商政策

西部地区农村电商政策展现了地方政府在推动农村电商发展中的独特思路和策略。四川省农村电商政策尤为突出，其《四川省促进农村电子商务加快发展实施方案》❹明确指

---

❶ 江苏省农业农村厅，江苏省发展和改革委员会，江苏省财政厅，江苏省商务厅. 关于印发《江苏省"互联网+"农产品出村进城工程实施方案》的通知［Z］. 2020.
❷ 湖南省人民政府办公厅. 关于印发《湖南省推进电子商务与快递物流协同发展实施方案》的通知［Z］. 2019.
❸ 湖北日报. 湖北省农村电商工程三年（2018—2020年）行动方案［Z］. 2018.
❹ 四川省人民政府. 关于加快电子商务产业发展的实施意见［Z］. 2016.

出，要依托"四川扶贫"等电商平台，将本地优质农产品推向更广阔的市场，通过电商渠道实现农产品上行，从而有效促进农民增收。四川省还鼓励探索"电商+旅游""电商+文化"等新型商业模式，不仅拓宽了农村电商的发展路径，还促进了农村产业结构的优化升级。此外，四川省高度重视农村电商人才的培养，通过系统培训提升从业人员的专业素养和实际操作能力，为农村电商的持续发展提供了坚实的人才保障。贵州省的农村电商政策也颇具特色，《贵州省人民政府关于大力发展电子商务的实施意见》[1]强调要充分利用贵州得天独厚的旅游资源，通过"电商+旅游"的创新模式，推动农村经济与旅游产业的深度融合。贵州省还注重培育一批具有示范效应的农村电商企业和合作社，通过树立行业标杆，引领和带动更多农村电商主体规范化、专业化发展。在基础设施建设方面，贵州省不断加大投入，完善农村电商所需的网络覆盖、物流配送等关键环节，努力提升农村电商的服务质量和效率，为农民群众提供更加便捷、高效的电商服务体验。这些政策的实施，不仅促进了贵州省农村电商的快速发展，也为西部地区乃至全国的农村电商发展提供了宝贵的经验和启示。

四、东北地区农村电商政策特色

在《辽宁省人民政府办公厅关于促进农村电子商务加快发展的实施意见》[2]充分利用了辽宁沿海的地理位置优势，积极发展跨境电商，将辽宁丰富的农产品销往国际市场，这不仅拓宽了农产品的销售渠道，也增加了农民的收入来源。同时，政策还积极推动农村电商与特色农业、乡村旅游等融合发展，通过电商平台展示和销售特色农产品，结合乡村旅游体验，吸引更多消费者，进一步拓宽了农民的增收渠道。此外，辽宁省还非常注重农村电商品牌建设，通过提升农产品的品质和附加值，打造具有地方特色的电商品牌，以增强市场竞争力。特别值得一提的是，吉林省作为东北地区的另一重要省份，其农村电商政策还强调了对农村电商人才的引进和培养，通过建立农村电商培训基地，提供系统的电商技能培训，为农村电商的发展注入了新鲜血液和持续动力。这些政策的实施，共同推动了东北地区农村电商的快速发展，为农村经济的繁荣注入了新的活力。

可以看出中国各地区在推动农村电商发展的过程中，都结合本地实际情况，出台了一系列具有地方特色的政策措施。这些政策在加强农村电商基础设施建设、培育农村电商市场主体、完善农村电商服务体系、强化农村电商人才支撑等方面都取得了显著成效。然而，由于各地区经济发展水平、产业结构、资源禀赋等方面的差异，农村电商政策在具体实施过程中也呈现出一定的差异性和多样性。

---

[1] 贵州省人民政府. 贵州省人民政府关于大力发展电子商务的实施意见 [Z]. 2016.
[2] 辽宁省人民政府办公厅. 关于促进农村电子商务加快发展的实施意见 [Z]. 辽宁省人民政府公报, 2016.

第二节 地方政府在农村电商产业园区建设中的政策举措

为了促进农村电商的发展，各级地方政府积极响应国家号召，纷纷出台了一系列具有前瞻性和针对性的政策举措。这些政策举措不仅覆盖了农村电商的各个方面，还特别注重在农村电商产业园区建设方面的投入与支持。产业园区作为农村电商发展的重要载体，不仅能够集聚产业资源、优化产业结构，还能提升农村电商的整体竞争力和可持续发展能力。

其中以浙江省最为典型。浙江省政府高度重视农村电商产业园区的基础设施建设，将其视为推动农村电商发展的关键一环。为此，政府不仅加大了对宽带网络、物流仓储、交通设施等基础设施的投入，还积极推动农村电商产业园区的智能化、信息化建设。在宽带网络建设方面，政府推动实现了园区内光纤到户、无线宽带网络全覆盖，为电商企业提供了高速、稳定的网络环境；在物流仓储方面，政府支持建设了现代化、智能化的仓储设施，并引入了先进的物流管理系统，提高了仓储和配送效率。这些基础设施的完善，为电商企业的顺畅运营提供了有力保障。为了吸引更多电商企业入驻产业园区，浙江省政府还出台了一系列优惠政策。这些政策包括税收减免、租金补贴、融资支持等，旨在降低企业的运营成本，提高企业的盈利能力。对于新入驻园区的电商企业，政府给予一定期限的税收减免和租金补贴；同时，政府还积极协调金融机构，为园区企业提供优惠的贷款条件和融资服务。这些政策的实施，有效降低了企业的运营风险，增强了企业的市场竞争力。另外，政府积极与高校和职业培训机构合作，共同开设电商专业课程，培养电商专业人才。这些课程涵盖了电商运营、市场营销、数据分析等多个方面，旨在提升学生的综合素质和专业技能。此外，政府还鼓励企业参与人才培养，通过校企合作、实习实训等方式，为学生提供更多的实践机会和就业渠道。这些举措不仅为园区企业提供了源源不断的人才支持，也为农村电商的持续发展奠定了坚实的人才基础。在浙江省政府的努力下，"电商小镇"建设取得了显著成效。浙江省已成功打造多个具有影响力的"电商小镇"，如临安"白牛电商小镇"、义乌"电商城"等。这些小镇不仅集聚了大量电商企业，还带动了周边物流、仓储等相关产业的发展，形成了良好的产业生态。同时，这些小镇还积极探索农村电商的新模式、新业态，为全国农村电商的发展提供了有益借鉴和示范。可以说，浙江省的"电商小镇"建设不仅推动了当地农村电商的快速发展，也为全国农村电商的转型升级提供了有力支持。

福建省作为中国东南沿海的重要省份，凭借其丰富的农业资源和独特的地理优势，也积极响应国家乡村振兴战略，大力推进"互联网+"现代农业产业园建设，旨在通过科技创新与产业升级，推动传统农业向现代化、智能化转型，为农村电商的蓬勃发展提供广阔舞台。福建省政府深入调研各地区的农业资源禀赋和产业特色，因地制宜地规划产业园区的布局和功能定位。在闽南地区，依托丰富的水果种植资源，规划了以水果深加工和电商销售为主的产业园区；而在闽北山区，则结合茶叶种植优势，打造了集茶叶种植、加工、销售于一体的综合性产业园。这种精准规划确保了园区建设与当地农业产业的紧密结合，有效促进了资源的优化配置和高效利用。此外，福建省政府高度重视现代信息技术在农业领域的应用，大力推动物联网、大数据、云计算等技术在产业园区的普及。通过建设智能温室、精准灌溉系统等，实现了农业生产的智能化管理，显著提高了农业生产效率和产品质量。同时，利用大数据平台对农产品销售数据进行深度分析，为电商企业提供了精准的市场预测和营销策略，推动了农产品电商化进程。据统计，自实施该计划以来，福建省农产品电商销售额年均增长率超过30%，有效带动了农民增收。福建省政府还鼓励园区内企业开展多元化经营，通过农产品加工、休闲农业、乡村旅游等方式，实现一、二、三产业的融合发展。这种融合模式不仅延长了农业产业链，增加了农产品附加值，还带动了农村旅游、餐饮等相关产业的发展，为农村经济注入了新的活力。以某知名茶叶产业园为例，该园区不仅从事茶叶种植和加工，还开发了茶文化体验、茶山旅游等项目，年接待游客超过百万人次，直接带动周边农民增收超过50%。通过建设"互联网+"现代农业产业园不仅有效提升了福建省农业的现代化水平，还推动了农产品电商化进程，增加了农民收入，促进了农村经济的全面发展。截至目前，福建省已建成省级以上现代农业产业园超过50个，覆盖种植面积超过百万亩，带动农户超过百万户，年增加农民收入超过百亿元。这些产业园区的成功建设，不仅为福建省乃至全国的农业现代化发展提供了宝贵经验，也为乡村振兴战略的实施奠定了坚实基础。

第三节　地方政策对农村电商品牌建设的支持

地方政策在农村电商品牌建设中发挥着举足轻重的作用。通过科学规划和精准施策，地方政府不仅推动了农产品电商化进程，还提升了农产品的品牌知名度和市场竞争力。这些政策的实施不仅促进了农村经济的发展和农民收入的增加，还为乡村振兴战略的实施提供了有力支撑。

一、福建省：以"互联网+"现代农业产业园为抓手，推动农产品品牌化

福建省作为中国东南沿海的重要省份，拥有丰富的农业资源和独特的地理优势。为了推动农村电商的发展，福建省政府实施了"互联网+"现代农业产业园建设计划。该计划通过科学规划产业园区的布局和功能定位，引入物联网、大数据、云计算等现代信息技术，提升园区的智能化水平，推动农业产业升级。同时，福建省政府还鼓励园区内企业开展农产品加工、休闲农业、乡村旅游等多元化经营，实现一、二、三产业的融合发展。在品牌建设方面，福建省政府积极支持农产品品牌的注册和推广。福建省的安溪县以铁观音茶叶闻名遐迩，当地政府通过举办茶叶博览会、茶文化节等活动，提升安溪铁观音的品牌知名度。同时，安溪县政府还引导茶叶企业加强品牌建设，推动茶叶电商化进程。据统计，安溪县已有数十家茶叶企业注册了自己的品牌商标，并通过电商平台将安溪铁观音销往全国各地乃至海外市场。除了安溪铁观音，福建省的平和蜜柚、连城地瓜干、古田银耳等农产品品牌也在地方政策的支持下逐渐崭露头角。这些品牌不仅提升了农产品的附加值，还带动了当地农民增收和农村经济发展。

二、浙江省：以"电商进万村"工程为载体，打造特色农产品品牌

浙江省作为中国电商的发源地之一，一直走在农村电商发展的前列。为了推动农村电商的普及和深化，浙江省政府实施了"电商进万村"工程。该工程通过建设农村电商服务站、培训农村电商人才、推广农村电商应用等方式，将电商服务延伸到农村基层，让农民享受到电商带来的便利和实惠。在品牌建设方面，浙江省政府注重挖掘和培育特色农产品品牌。浙江省的临安市以山核桃著称，当地政府通过举办山核桃文化节、建立山核桃电商产业园等方式，提升临安山核桃的品牌知名度和市场占有率。同时，临安市还引导山核桃企业加强品牌建设，推动山核桃电商化进程。目前，临安山核桃已成为国内知名的农产品品牌之一，其销售额和市场份额均位居行业前列。除了临安山核桃，浙江省的奉化水蜜桃、仙居杨梅、诸暨香榧等农产品品牌也在地方政策的支持下逐渐壮大。这些品牌不仅提升了农产品的附加值和竞争力，还带动了当地农村经济的发展和农民收入的增加。

三、四川省：以"川货出川"行动计划为引领，推动农产品品牌走向全国

四川省作为中国西南地区的农业大省，拥有丰富的农产品资源和深厚的农业文化底

蕴。为了推动农产品走向全国市场，四川省政府实施了"川货出川"行动计划。该计划通过搭建电商平台、举办农产品展销会、开展品牌宣传等方式，将四川的优质农产品推向全国乃至海外市场。在品牌建设方面，四川省政府注重挖掘和培育具有地方特色的农产品品牌。四川省的峨眉山茶以其独特的品质和口感深受消费者喜爱。为了提升峨眉山茶的品牌知名度和市场竞争力，峨眉山市政府通过举办茶叶博览会、建立茶叶电商产业园等方式，加强峨眉山茶的品牌建设和推广。同时，峨眉山市还引导茶叶企业加强质量管理和品牌建设，推动峨眉山茶电商化进程。目前，峨眉山茶已成为国内知名的茶叶品牌之一，其销售额和市场份额均位居行业前列。除了峨眉山茶，四川省的郫县豆瓣、广元猕猴桃、会理石榴等农产品品牌也在地方政策的支持下逐渐崭露头角。这些品牌不仅提升了农产品的附加值和竞争力，还带动了当地农村经济的发展和农民收入的增加。

四、山东省：以"好品山东"区域公共品牌为引领，推动农产品品牌化发展

山东省作为中国东部的农业大省，拥有丰富的农产品资源和发达的农业产业体系。为了推动农产品品牌化发展，山东省政府打造了"好品山东"区域公共品牌。该品牌以"品质优良、信誉可靠、特色鲜明"为核心价值，旨在通过品牌化运作提升山东农产品的知名度和美誉度。在品牌建设方面，山东省政府注重挖掘和培育具有地方特色的农产品品牌。山东省的烟台苹果以其色泽鲜艳、口感脆甜而享誉全国。为了提升烟台苹果的品牌知名度和市场竞争力，烟台市政府通过举办苹果文化节、建立苹果电商产业园等方式，加强烟台苹果的品牌建设和推广。同时，烟台市政府还引导苹果企业加强质量管理和品牌建设，推动烟台苹果电商化进程。目前，烟台苹果已成为国内知名的水果品牌之一，其销售额和市场份额均位居行业前列。除了烟台苹果，山东省的金乡大蒜、寿光蔬菜、日照绿茶等农产品品牌也在地方政策的支持下逐渐壮大。这些品牌不仅提升了农产品的附加值和竞争力，还带动了当地农村经济的发展和农民收入的增加。

五、湖南省：以"一县一特"产业扶贫工程为平台，推动农产品品牌扶贫

湖南省作为中国中部的农业大省，拥有丰富的农产品资源和多样的农业产业形态。为了推动贫困地区农产品销售，助力乡村振兴，湖南省政府实施了"一县一特"产业扶贫工程。该工程通过挖掘和培育贫困地区的特色农产品品牌，推动农产品电商化进程，实现产业扶贫和电商扶贫的有机结合。在品牌建设方面，湖南省政府注重挖掘和培育贫困地区的特色农产品品牌。湖南省的炎陵县以黄桃著称，但由于地处偏远山区，黄桃的销售一直面

临困难。为了推动炎陵黄桃的销售和品牌建设,炎陵县政府通过举办黄桃文化节、建立黄桃电商产业园等方式,加强炎陵黄桃的品牌建设和推广。同时,炎陵县政府还引导黄桃企业加强质量管理和品牌建设,推动炎陵黄桃电商化进程。目前,炎陵黄桃已成为国内知名的水果品牌之一,其销售额和市场份额均位居行业前列。通过品牌建设和电商扶贫的结合,炎陵县成功实现了产业致富和农民增收。除了炎陵黄桃,湖南省的湘西腊肉、安化黑茶、永兴冰糖橙等农产品品牌也在地方政策的支持下逐渐崭露头角。这些品牌不仅提升了农产品的附加值和竞争力,还带动了当地贫困地区的经济发展和农民增收。

随着农村电商市场的不断扩大和竞争的日益激烈,地方政府应继续加大对农村电商品牌建设的支持力度。一方面,要深入挖掘和培育具有地方特色的农产品品牌,提升品牌的知名度和美誉度;另一方面,要加强品牌保护和管理,打击假冒伪劣行为,维护品牌的合法权益。同时,地方政府还应加强与电商平台、物流企业等的合作与协调,共同推动农村电商的健康发展和品牌建设。地方政策对农村电商品牌建设的支持是推动农村经济发展和农民增收的重要举措。通过科学规划和精准施策,地方政府可以引导农村电商走上品牌化、规模化的发展道路,为乡村振兴战略的实施贡献更多力量。

第十七章

政策环境对农村电商发展的影响与优化

第一节 政策环境对农村电商企业创新的激励作用

政策环境对农村电商企业创新的直接推动作用显著，主要体现在财政补贴与税收优惠、金融支持以及基础设施建设等方面，这些措施共同激发了企业的创新活力，推动了农村电商行业的蓬勃发展。

财政补贴与税收优惠为企业创新提供了坚实的资金后盾。各级政府通过实施一系列财政补贴和税收减免政策，有效降低了企业的运营成本，使其能够将更多资金投入到研发和创新中。以浙江省为例，该省推出的"电商进万村"工程，不仅为符合条件的农村电商企业提供了一次性财政补助，还减免了相关税费。据浙江省商务厅统计，截至2023年年底，该省已累计投入超过10亿元财政资金，直接支持了近万家农村电商企业的快速发展。这些政策不仅减轻了企业的财务负担，更激发了企业在产品创新、服务模式创新等方面的活力，推动了农村电商行业的转型升级。金融支持为企业的创新发展注入了强劲动力。各地政府积极与金融机构合作，为农村电商企业提供低息贷款、信用贷款等多样化的金融服务，有效缓解了企业的资金压力。以四川省为例，该省通过实施"川货出川"行动计划，联合多家银行为农村电商企业提供了专项贷款支持。据统计，截至2023年年底，四川省已累计为农村电商企业发放贷款超过50亿元，这些资金被广泛应用于技术研发、市场开拓等创新领域，有力推动了企业的快速成长和持续发展。最后，基础设施建设的不断完善为企业创新提供了有力保障。各级政府加大对农村电商基础设施的投入，通过建设高标准农田、智能温室、冷链物流等设施，提升了农村地区的电商发展水平。以福建省为例，该省实施的"互联网+"现代农业产业园建设计划,不仅促进了农业与互联网的深度融合,还为农村电商企业提供了良好的发展环境。据福建省农业农村厅数据显示,截至2023年年底,该省已建成现代农业产业园超过100个,这些产业园集聚了先进的农业技术和设备,为农村电商企业提供了创新发展的平台。在这些产业园内,企业可以充分利用先进的技术手段进行产品创新和模式创新,如利用大数据分析消费者需求、运用物联网技术实现精准农业等,这些创新举措不仅提升了企业的运营效率和市场竞争力,还为整个农村电商行业带来了新的活力和增长点。

人才培养与引进、技术创新与推广以及市场准入与监管,共同构成了政策环境对农村电商企业创新的间接激励作用。在人才培养与引进方面,各级政府高度重视电商人才的培育,通过实施一系列人才政策,如山东省的"好品山东"区域公共品牌建设工程,不仅举办了多场电商培训班,还积极开展校企合作,旨在培养一批既精通农业知识又熟悉电商运营的复合型人才。据山东省人力资源和社会保障厅统计,截至2023年年底,该省已累计培训农村电商人才超过10万人次,这些人才不仅为农村电商企业注入了新鲜血液,更在产品开发、营销策略、供应链管理等多个领域发挥了创新引领作用,推动了农村电商企业的业务模式创新和技术应用升级。技术创新与推广方面,各级政府出台了一系列政策,鼓励农村电商企业加强技术研发和应用。湖南省通过实施"一县一特"产业扶贫工程,不仅建设了多个电商平台,还积极推广智能物流等先进技术,为农村电商企业提供了强有力的技术支持。这些创新技术的应用,不仅提升了农村电商企业的运营效率,还促进了农产品上行和工业品下乡的双向流通,拓宽了农村电商企业的市场空间。同时,技术创新还推动了农村电商企业的产品创新,如通过大数据分析消费者需求,定制化生产农产品,满足市场的多样化需求,实现了从"卖产品"到"卖服务"的转型升级。在市场准入与监管方面,各级政府通过出台相关政策,明确了农村电商市场的准入标准和监管要求,为农村电商企业营造了公平竞争的市场环境。广东省出台了《广东省促进农村电子商务发展实施方案》[1],通过加强市场监管,有效遏制了不正当竞争和假冒伪劣产品的流通,保护了农村电商企业的合法权益。此外,政府还积极推动农村电商企业参与标准制定,提升行业整体水平,为企业的创新发展提供了有力保障。在严格的监管下,农村电商企业更加注重品牌建设和服务质量,通过提升消费者体验,增强品牌忠诚度,实现了可持续发展。这些措施不仅促进了农村电商市场的健康发展,也为企业的创新提供了广阔的空间和坚实的后盾。

政策环境对农村电商企业创新的激励作用具有深远的意义。它不仅促进了农村电商企业的快速发展和创新活力的提升,还推动了农村产业结构的优化升级和乡村振兴战略的实

---

[1] 广东省人民政府办公厅. 关于印发《广东省促进农村电子商务发展实施方案》的通知(粤府办〔2016〕12号)[Z]. 2016.

施。同时，它还有助于提升农村消费水平和质量，为农村经济的持续健康发展提供了有力支撑。

第二节　农村电商政策的实施效果评估与反馈

自2014年起，"农村电商"就被正式写入中央一号文件，成为推动农业农村经济发展新引擎、帮助贫困地区实现跨越式发展重要手段的角色。为了促进农村电商的发展，国家出台了一系列政策，包括《关于做好2023年全面推进乡村振兴重点工作的意见》❶《全国现代设施农业建设规划（2023—2030年）》❷《县域商业三年行动计划（2023—2025年）》❸等。2024年3月，商务部等9部门联合印发了《关于推动农村电商高质量发展的实施意见》，明确提出了用5年时间，基本建成设施完善、主体活跃、流通顺畅、服务高效的农村电商服务体系，并计划在全国培育100个左右农村电商"领跑县"。

在政策推动下，各地纷纷出台具体措施，推动农村电商的发展。以陕西省安塞区为例，该区于2015年启动了电子商务进农村综合示范项目，旨在通过电商平台连接农村与城市，拓宽农产品销售渠道，提升农民收入水平。项目实施过程中，该区建立了三级物流体系，实现了城区24小时配送、基层72小时配送的目标，同时建立了公共服务中心，为电商企业提供一站式服务。为了保障项目的顺利实施，该区还加强了资金监管，确保专项资金使用合规、高效。类似的项目在全国各地如雨后春笋般涌现。以浙江省松阳县为例，该县以国家电子商务进农村综合示范项目为引领，将发展以茶产业为主导的农村电子商务作为推进共同富裕的重要抓手。通过出台一系列配套政策，如《松阳县促进电子商务高质量发展的二十条意见（试行）》《松阳县创建"中国有机茶乡"扶持办法》等，该县成功吸引了5 000多人返乡从事电商创业，培育电子商务企业（网店）2 000余家，带动就业10 000余人。

为了评估农村电商政策的实施效果，各地纷纷开展了评估工作。在评估方法上，各地普遍采用了定量分析与定性分析相结合的方法。定量分析主要通过收集和分析相关数据，如网络零售额、增长率、用户规模等，来评估政策的实施效果。定性分析则主要通过问卷调查、访谈等方式，收集电商企业、农民等利益相关者的意见和建议，以了解政策的实施情况和存在的问题。以浙江省松阳县为例，该县在评估农村电商政策的实施效果时，不仅

---

❶ 中共中央，国务院．关于做好2023年全面推进乡村振兴重点工作的意见［Z］．2023-02-13.
❷ 农业农村部，国家发展改革委，财政部，自然资源部．全国现代设施农业建设规划（2023—2030年）［Z］．2023-06-09.
❸ 商务部等9部门．县域商业三年行动计划（2023-2025年）［Z］．2023.

收集了大量相关数据,如网络零售额、电商企业数量、就业人数等,还通过问卷调查、访谈等方式,深入了解了电商企业、农民等利益相关者的意见和建议。评估结果显示,该县农村电商政策的实施效果显著,不仅促进了当地经济的发展,还带动了就业和农民增收。安塞区于2022年5月邀请了商务部流通产业促进中心评估组,对2015年电子商务进农村综合示范项目进行了全面评估和绩效评价。评估结果显示,该区在专项资金使用、物流体系建设、公共服务中心运营等方面均取得了显著成效。同时,评估组也指出了存在的问题,如部分合同条款约定不明确、部分专项资金超范围列支等,并提出了相应的整改建议。在整改过程中,安塞区采取了多项措施,如完善财务管理制度、建立专项资金台账、加强合同管理等,确保问题得到彻底解决。同时,该区还进一步加强了与电商企业的合作,推动农产品上行和工业品下行,拓宽了农村电商的发展空间。据统计,截至2023年年底,安塞区农村电商网络零售额已达到数亿元,同比增长超过20%。除了陕西省安塞区外,其他地区也纷纷开展了农村电商政策的实施效果评估与反馈工作。《广东省促进农村电子商务发展实施方案》中也提出定期对农村电商市场进行监督检查。据统计,截至2023年年底,广东省已查处农村电商市场违法案件超过1 000起,有效维护了市场秩序和消费者权益。同时,该省还积极推动农村电商企业参与标准制定,提升行业整体水平。

农村电商政策的实施效果反馈显示,这些政策在促进农村电商发展、带动农民增收、推动乡村振兴等方面发挥了积极作用。政府加大了对农村电商基础设施建设的投入,包括农村宽带网络、物流体系、电商服务中心等。这些基础设施的完善为农村电商的发展提供了有力支持。随着农村电商政策的实施,越来越多的电商平台进入农村市场,加剧了市场竞争,同时也推动了农村电商企业的快速发展。这些企业通过提供优质的商品和服务,赢得了消费者的信任和好评。同时,企业也在不断加强自身的技术研发和创新能力,提升服务水平和用户体验。京东通过全产业链模式,深耕产业带,培育出一系列农产品品牌,为农民提供了增收渠道。农村电商政策的实施,直接带动了农民收入水平的提升。通过电商平台,农产品可以更加便捷地走向市场,农民可以获得更高的销售收益。同时,农村电商还带动了相关产业的发展,如物流、包装、设计等,为农民提供了更多的就业机会和收入来源。

第三节 不断优化农村电商政策环境的建议与对策

尽管农村电商政策的实施取得了显著成效,有效促进了农村经济的发展和农民收入的增加,但在实际过程中仍面临一些挑战。这些挑战不仅制约了农村电商的进一步发展,也影响了乡村振兴的整体进程。例如,农村电商人才短缺就是一个亟待解决的问题。由于农村地区教育资源相对匮乏，具备电商专业技能的人才数量有限，难以满足农村电商快速发展的需求。这导致许多农村电商企业在运营过程中面临人才瓶颈，难以有效提升业务水平和市场竞争力。物流配送体系不健全也是制约农村电商发展的一个重要因素。农村地区的交通条件和基础设施相对落后，物流配送成本高、效率低，难以满足农村电商对快速、准确配送的需求。这不仅增加了农村电商企业的运营成本，也影响了消费者的购物体验，限制了农村电商市场的拓展。电子商务意识相对较弱也是当前农村电商发展面临的一个挑战。由于农村地区信息相对闭塞，许多农民对电子商务缺乏足够的了解和认识，对电商平台的操作和使用不够熟练。这导致他们难以充分利用电商平台进行产品销售和品牌推广，限制了农村电商的潜力和发展空间。为了应对这些挑战，政府和企业需要采取更加有力的措施。

第一，要加强基础设施建设，提升农村网络覆盖水平；当前，农村电商的蓬勃发展对网络基础设施提出了更高的要求。据《中国互联网络发展状况统计报告》❶显示，截至2023年年底，我国农村网民规模已达到3.09亿，占网民整体的28.2%，这一数据凸显了农村网络用户群体的庞大潜力。然而，与城镇地区相比，农村地区的网络基础设施仍存在显著差距，这在一定程度上制约了农村电商的发展。为进一步提升农村网络覆盖水平，加大投资力度是关键。政府应持续加大对农村网络基础设施建设的资金投入，特别是在中西部和边远地区，这些区域往往因地理位置偏远、经济基础薄弱而面临网络覆盖不足的问题。通过专项财政拨款、引入社会资本等方式，确保每个行政村都能享受到稳定、高速的网络服务，为农村电商的发展奠定坚实基础。据统计，仅2023年，我国政府在农村网络基础设施建设上的投资就达到了数百亿元人民币，有效推动了农村网络覆盖率的提升。推动运营商合作也是重要一环。鼓励电信运营商在农村地区开展共建共享基站项目，通过资源整合和优势互补，降低基站建设成本，提高网络覆盖效率。这种合作模式不仅有助于加快农村网络覆盖进程，还能促进运营商之间的良性竞争，提升服务质量。中国电信、中国移动、中国联通等运营商已在多个省份开展了农村基站共建共享项目，取得了显著成效。利用新技术提升网络性能同样不可忽视。随着5G、光纤等新一代通信技术的快速发展，其在农村地区的应用前景广阔。政府应积极推动这些新技术在农村地区的部署和应用，提升网络速度和稳定性，为农村电商提供更加坚实的网络基础。据预测，2025年我国农村地区5G网络覆盖率将达到80%以上，这将为农村电商的快速发展提供有力支撑。智能终端设备作为连接农村用户与电商平台的桥梁，其普及程度直接关系到农村电商的发展水平。为提高农村电商的普及率和应用水平建议实施智能终端补贴政策。政府可以对购买智能终端设备的农民给予一定比例的财政补贴，降低其使用成本。这种政策不仅能够激发农民的

---

❶ 中国互联网络信息中心（CNNIC）.第52次《中国互联网络发展状况统计报告》[R]．2023.

购买热情，还能促进智能终端设备在农村地区的快速普及。据估算，如果政府对每台智能终端设备补贴500元人民币，将能显著带动农村智能终端设备的销量增长。并同时开展智能终端培训。组织专业人员深入农村地区，开展智能终端使用培训活动，帮助农民掌握基本的操作技能和应用知识。通过现场演示、互动问答等方式，提高农民对智能终端设备的认知度和使用意愿。同时，还可以建立线上学习平台，提供远程教学服务，让农民随时随地学习智能终端设备的使用方法。还要进一步推动智能终端与电商平台对接。鼓励电商平台与智能终端厂商开展深度合作，共同开发适合农村市场的智能终端产品，并提供便捷的电商平台接入服务。通过预装电商应用、优化用户界面等方式，提升农民在智能终端设备上的购物体验。此外，还可以建立智能终端设备与电商平台的数据共享机制，为农村电商提供更加精准的市场分析和用户画像服务。

  第二，要完善物流配送体系，降低农村物流成本；农村物流配送体系的完善对于推动农村电商的发展至关重要。当前，农村物流配送成本高、效率低的问题仍然突出，成为制约农村电商发展的重要瓶颈。应对这一挑战的根本是加强农村物流基础设施建设。在乡镇和重点行政村建设物流中心，这些物流中心将作为农村物流配送的集散地，集中处理来自各方的货物，从而提高配送效率。同时，需要优化物流网络布局，通过合理规划物流线路，减少中转环节，进一步降低物流成本。此外，针对生鲜农产品等需要冷藏保鲜的商品，推广冷链物流技术显得尤为重要，这不仅能确保商品质量，还能提升消费者的购物体验。推动物流资源整合也是关键。物流资源的分散和低效利用是当前农村物流发展的另一大难题。为此可以建立物流信息平台，通过这一平台实现物流资源的共享和调度，从而提高物流资源的利用效率。同时，鼓励大型物流企业与农村物流站点开展合作，实现资源共享和优势互补，共同提升农村物流服务水平。此外，推广共同配送模式也是降低物流成本的有效途径。在农村地区，通过整合多个商家的配送需求，实施共同配送，可以减少配送车辆和次数，从而降低物流成本，提高配送效率。

  第三，培养电商人才是提升农村电商发展水平的关键举措；当前，农村电商人才短缺已成为制约农村电商发展的主要瓶颈之一。在电商人才培养方面应注重开展多层次、多形式的培训活动。这些培训应根据农村电商发展的实际需求，涵盖基础知识培训、实操技能培训等多个层面。通过举办电商培训班、研讨会、工作坊等形式，让农民掌握电商运营的基本知识和技能。同时，为了增强培训的实效性和针对性可以在农村地区建立电商实训基地，为农民提供实践操作的机会，让他们在实践中学习和掌握电商技能，从而更好地适应农村电商发展的需要。为了吸引更多人才投身农村电商事业，政府还需要出台一系列优惠政策，鼓励外出务工人员、大学生等返乡创业。这些政策可以包括提供创业资金扶持、税收减免、土地使用优惠等，为返乡创业者创造良好的创业环境。同时，积极宣传农村电商的发展前景和创业机遇，激发更多人的创业热情。在引进高端电商人才方面可以提供优厚的薪酬待遇和福利待遇，吸引具有丰富电商经验和专业技能的高端人才来到农村，为农村电商的发展注入新的活力。并且为高端电商人才搭建创业平台，支持他们开展农村电商项目，实现个人价值和社会价值的双赢。同时，为促进高端电商人才与本地农民、企业的交流合作还应加强沟通协调，推动资源共享和优势互补，共同推动农村电商的发展。通过这些措施的实施培养出更多优秀的电商人才，为农村电商的发展提供有力的人才保障。

第四，营造良好农村电商发展环境的重点是强化政策支持。为了推动农村电商的持续健康发展，政府需要在财政扶持、法律法规体系完善以及宣传推广等多个方面加大力度。在财政扶持方面，政府应设立专门的农村电商发展专项资金，这笔资金将主要用于支持农村电商基础设施的建设，如网络覆盖、物流中心的建设等，以及农村电商人才的培养和物流配送体系的优化。同时，政府还应给予从事农村电商的企业和个人税收优惠政策，通过减免税收等方式降低其运营成本，激发市场活力。此外，对于在农村地区积极开展业务的电商平台，政府也应给予资金补贴等支持，鼓励其扩大服务范围，提升服务质量。完善法律法规体系是保障农村电商健康有序发展的基础。政府应针对农村电商的特点和发展需求，制定专门的法规，明确各方权责关系，为农村电商的发展提供法律保障。同时，政府还应加大对农村电商市场的监管力度，严厉打击违法违规行为，维护市场秩序，保护消费者权益。此外，推动农村电商的标准化建设也是提升产品质量和服务水平的重要手段，政府应引导企业积极参与标准化建设，提高农村电商的整体竞争力。加强宣传推广是提高农村电商知名度和影响力的重要途径。政府应组织开展一系列品牌营销活动，通过展示农村电商的发展成果和典型案例，提高农村电商的知名度和美誉度。同时，利用微博、微信、抖音等新媒体平台，广泛宣传农村电商的优势和潜力，吸引更多消费者关注和参与。此外，政府还应积极推动农村电商与国际市场的对接与合作，通过拓展海外市场，为农村电商的发展注入新的动力。通过这些措施的实施，相信能够进一步营造良好的农村电商发展环境，推动农村电商实现更高质量的发展。

第五，推动农村电商与农业产业的深度融合，是实现农村经济转型升级的重要途径。在这一过程中，农产品电商的发展扮演着举足轻重的角色。为了促进农产品电商的蓬勃发展，首先需要积极支持农产品品牌的建设。通过打造具有地域特色和优质品质的农产品品牌，可以显著提升农产品的附加值和市场竞争力，使农产品在激烈的市场竞争中脱颖而出。同时，完善农产品供应链也是至关重要的一环。优化农产品供应链管理，不仅可以提高农产品的流通效率，减少损耗，还能确保农产品的质量安全，增强消费者的信任度和满意度。此外，加强与电商平台的合作，推动农产品上行销售，拓宽农产品销售渠道，也是推动农产品电商发展的关键举措。在推动农村电商发展的同时还应注重促进农业产业的升级。推广智能农业技术是一个重要的方向。通过鼓励农民采用智能农业技术，如精准农业、智能灌溉等，可以显著提高农业生产效率，降低生产成本，同时提升农产品的品质。

此外，结合农村丰富的旅游资源，发展休闲农业和乡村旅游等新兴产业形态，不仅可以丰富农村经济结构，还能吸引更多的游客前来体验农村生活，增加农民收入。最后，推动农业与工业、服务业等产业的深度融合发展，形成多元化的农村经济结构，也是实现农业产业升级的重要途径。通过一、二、三产业的融合发展，可以促进资源的优化配置和产业的协同发展，为农村经济的持续健康发展注入新的活力。

农村电商作为新兴业态，在推动农村经济转型升级、促进农民增收、助力乡村振兴等方面发挥了重要作用。然而，农村电商的发展仍面临诸多挑战。通过加强基础设施建设、完善物流配送体系、培养电商人才、强化政策支持等措施，可以不断优化农村电商政策环境，为农村电商提供更加有力的支持和保障。

▶▶▶▶ 第七卷

新质生产力驱动下农村电商的未来展望

第十八章

新质生产力的发展趋势对农村电商的影响

第一节 新技术的不断涌现对农村电商的推动作用

在当今时代，信息技术的迅猛发展正深刻改变着各行各业，农村电商作为信息技术与农村经济深度融合的产物，也在这场变革中迎来了前所未有的发展机遇。新质生产力，作为创新中起主导作用，具有高科技、高效能、高质量特征的先进生产力形态，为农村电商的发展注入了强劲动力。新质生产力以科技创新为核心，通过技术革命性突破、生产要素创新性配置和产业深度转型升级，推动农村电商在多个维度上实现变革。其中，人工智能、大数据、云计算、物联网等新技术不断涌现，成为推动农村电商高质量发展的关键力量。

人工智能技术的引入，极大地提升了农村电商的智能化水平。通过智能推荐系统，电商平台能够利用 AI 算法深度分析用户的购物行为和偏好，为用户推荐符合其需求的农产品，从而提高购买转化率。同时，智能客服系统的应用，使得电商平台能够 24 小时不间断地为用户提供高效、精准的咨询服务，极大地提升了用户体验。在供应链管理方面，人工智能技术的应用使得电商平台能够实时监控库存状态，预测市场需求，指导农民和供应商进行有针对性的生产和采购，有效避免了产能过剩或短缺的问题。此外，AI 技术还应用于农产品的质量检测和追溯，确保产品的品质和安全性，增强了消费者对农村电商的信任度。

大数据技术的运用，为农村电商提供了强大的数据支持。通过大数据分析，电商平台能够深入挖掘市场数据，精准把握消费者的需求变化，为农产品的生产和销售提供科学依据。同时，大数据还助力电商平台优化营销策略，实现精准营销，提高销售转化率。在物流配送方面，大数据技术通过对物流数据的分析，优化物流路线和配送时间，降低物流成本，提高配送效率。此外，大数据还助力电商平台构建用户画像，为个性化推荐和精准营销提供数据支持。

云计算技术的普及，为农村电商提供了高效、稳定的计算资源。通过云计算平台，电商平台能够实现弹性伸缩，快速响应市场变化，提升业务处理能力和运营效率。同时，云计算还助力电商平台实现数据共享和协同工作，提升团队协作效率。在农产品溯源方面，云计算技术使得农产品从生产到销售的全过程信息可追溯，提高了农产品的透明度和安全性。此外，云计算还助力电商平台实现快速迭代和灵活部署，以满足不断变化的市场需求。

物联网技术的应用，使得农村电商能够实现农产品的智能化管理。通过物联网传感器，电商平台能够实时监控农产品的生长环境和生长状态，为农民提供科学的种植建议。同时，物联网技术还助力电商平台实现农产品的智能分拣和包装，提高农产品的处理效率和质量。在物流配送方面，物联网技术通过 GPS 定位和 RFID 标签，实现农产品的全程追踪和可视化管理，提高物流配送的准确性和安全性。此外，物联网技术还助力电商平台实现农产品的智能化存储和保鲜，以此延长农产品的保鲜期，减少损耗。

这些新技术的不断涌现和应用，不仅推动了农村电商的产业升级和模式创新，还带来了农村电商运营模式的深刻变革。在技术创新的推动下，农村电商逐渐从传统的 B2C 模式向 C2B、C2M 等新型模式转变，实现了更加个性化和定制化的服务。同时，电商平台还通过直播带货、短视频营销等新型营销方式，拓宽了农产品的销售渠道，提高了销售转化率。此外，技术创新还助力农村电商实现了供应链的数字化和智能化管理，提高了供应链的透明度和协同效率。新质生产力驱动下新技术的不断涌现，对农村电商的发展产生了深远影响。首先，技术创新推动了农村电商的产业升级和模式创新，使得农村电商逐渐从传统的销售模式向智能化、个性化、定制化的新型模式转变。其次，技术创新提升了农村电商的运营效率和用户体验，使得电商平台能够更加精准地把握市场需求和消费者偏好，实现更加高效的运营和管理。最后，技术创新还助力农村电商实现了供应链的数字化和智能化管理，提高了供应链的透明度和协同效率，降低了运营成本，提高了市场竞争力。此外，技术创新还推动了农村电商与农业生产的深度融合。通过物联网传感器和智能控制系统，农民可以实时监测农作物的生长环境和生长状态，实现精准种植和科学管理。同时，电商平台还可以根据市场需求和消费者偏好，为农民提供科学的种植建议和销售策略，实现农产品的精准营销和定制化服务。这种深度融合不仅提高了农业生产效率和产品质量，还促进了农产品的品牌化和标准化生产，推动了农村电商与农业生产的协同发展。新质生产力驱动下新技术的不断涌现和应用，为农村电商的发展注入了强劲动力。通过人工智能、大数据、云计算、物联网等新技术的应用，农村电商实现了产业升级、模式创新、运营效率提升和供应链数字化管理等多方面的变革。这些变革不仅推动了农村电商的快速发展，还促进了农村经济的转型升级和乡村振兴的实现。

第二节 新产业形态对农村电商的拓展与融合

在新质生产力蓬勃发展的背景下，新产业形态不断涌现，为农村电商的拓展与融合提供了广阔的空间和新的机遇。新质生产力，作为以技术创新为核心，具备高科技、高效能、高质量特征的先进生产力形态，正深刻改变着传统产业的格局，催生出一系列新兴产业和未来产业。这些新产业形态不仅丰富了农村电商的产品种类和服务模式，还促进了农村电商与农业、制造业、服务业等产业的深度融合，为农村经济的多元化发展注入了新的活力。

新产业形态的表现和特征主要体现在以下几个方面：一是高科技含量。新产业形态往往依托最新的科技成果，如人工智能、大数据、云计算、物联网等，实现了生产过程的自动化、智能化和精准化。二是高效能。新产业形态通过优化资源配置、提升生产效率、降低运营成本，实现了经济效益的最大化。三是高质量。新产业形态注重产品的品质和服务的质量，以满足消费者日益增长的个性化、差异化需求。四是融合性。新产业形态打破了传统产业的界限，实现了跨界融合，形成了新的产业链和生态系统。

在新质生产力的推动下，农村电商与新产业形态的拓展与融合表现得尤为明显。一方面，农村电商通过引入新技术、新模式，不断拓展业务范围和服务领域，形成了多元化、个性化的产品体系。通过大数据分析，农村电商可以精准把握市场需求，为农民提供定制化的种植建议和销售策略，提高农产品的附加值和市场竞争力。同时，利用直播带货、短视频营销等新型营销方式，拓宽了农产品的销售渠道，吸引了更多年轻消费者的关注。另一方面，农村电商与新产业形态的融合也促进了农业、制造业、服务业等产业的协同发展。在农业领域，农村电商通过引入智能农业设备和技术，实现了农作物的精准种植和科学管理，提高了农产品的产量和品质。同时，通过电商平台将农产品销往全国各地，实现了农业生产的规模化和标准化。在制造业领域，农村电商通过引入智能制造技术，实现了生产过程的自动化和智能化，提高了生产效率和产品质量。在服务业领域，农村电商通过提供物流配送、金融支付、售后服务等一站式解决方案，为消费者提供了更加便捷、高效的购物体验。

具体来说，农村电商与新产业形态的融合还体现在以下几个方面：一是农产品电商化。随着消费者对健康、绿色、有机食品的需求不断增加，农村电商通过引入先进的包装、保鲜和冷链物流技术,将农产品销往全国各地甚至全球市场。同时,农村电商还通过品牌建设、营销推广等手段提高农产品的知名度和美誉度,增强了农产品的市场竞争力。二是乡村旅游电商化。随着乡村旅游的兴起,农村电商通过引入在线预订、虚拟现实等技术手段,将乡村旅游产品销往全国各地甚至全球市场。同时,农村电商还通过提供民宿预订、餐饮预订、景点门票预订等一站式服务解决方案,为消费者提供了更加便捷、高效的旅游体验。三是农村服务业电商化。随着消费者对农村生活体验和文化体验的需求不断增加,农村电商通过引入在线教育、远程医疗、电子商务培训等服务手段,将农村服务业销往全国各地甚至全球市场。同时,农村电商还通过提供定制化服务、个性化推荐等手段满足消费者的多样化需求,提高了农村服务业的附加值和市场竞争力。此外,农村电商与新产业形态的融合还促进了农村经济的转型升级和可持续发展。通过引入新技术、新模式和新业态,农村电商推动了农业、制造业和服务业的协同发展,形成了新的经济增长点。同时,农村电商还通过提高资源利用效率、降低运营成本、减少环境污染等手段促进了农村经济的可持续发展。在农产品电商化方面,农村电商通过引入智能农业设备和技术提高了农产品的产量和品质,减少了化肥和农药的使用量降低了环境污染。在乡村旅游电商化方面,农村电商通过引入虚拟现实等技术手段,提高了乡村旅游产品的吸引力和竞争力,促进了乡村旅游业的快速发展。在农村服务业电商化方面,农村电商通过提供在线教育、远程医疗等服务手段,提高了农村居民的生活质量和幸福感,促进了农村社会的和谐发展。

第三节 新消费趋势下农村电商的发展机遇

在 21 世纪的今天,消费模式正在经历前所未有的变革,新消费趋势正逐步成为推动经济发展的新动力。这股潮流不仅改变了城市消费格局,也为农村电商带来了前所未有的发展机遇。新消费这一概念并非横空出世,而是基于移动互联网技术的快速发展和消费观念的转变而逐渐形成的。它代表了基于数字技术的新生活方式,其核心特征在于更便捷、更简单、更有趣。随着移动互联网的普及和社交网络的兴起,消费者的购物习惯、品牌认知以及消费决策过程都发生了深刻变化。新消费趋势的兴起,不仅改变了传统零售业的运营模式,也为农村电商带来了前所未有的发展机遇。

新消费趋势的表现多种多样,其中最为显著的是消费场景的重构和品牌营销方式的转变。传统消费模式下,品牌营销往往依赖于线下渠道和传统媒体,消费者需要主动寻找商品信息。而在新消费时代,品牌营销已经从线下转移到线上,从传统媒体转向社交媒体。通过大数据和人工智能技术,品牌能够实现精准营销,即"货找人",而非传统的"人找货"。这种转变不仅提高了营销效率，也极大地丰富了消费者的购物体验。抖音、快手等短视频平台通过直播带货、短视频营销等方式，将农产品的购买渠道直接推送到消费者面前，极大地拓宽了农产品的销售渠道。新消费趋势的另一个显著特征是产品形态的数字化和多元化。在新消费时代，产品不再仅仅以实物形态存在，而是以数字形态为主，实现了从单一产品向多场景融合的转变。这种转变使得消费者能够随时随地通过线上平台购买所需商品，极大地提高了购物的便捷性。同时，新消费时代下的产品更加注重个性化和定制化服务，满足消费者多样化的需求。农村电商平台可以根据消费者的购物历史和偏好，为其推荐符合其需求的农产品，实现个性化推荐和精准营销。

新消费趋势的兴起，为农村电商的发展带来了前所未有的机遇。首先，新消费趋势下的消费者更加注重产品的品质和体验，对绿色、健康、有机的农产品的需求日益增加。这为农村电商提供了广阔的市场空间。据统计，2023年全国农村网络零售额达2.5万亿元，比2014年增长近13倍；全国农产品网络零售额达5 870.3亿元，同比增长12.5%。预计未来五年，农村电商市场规模将继续保持快速增长态势。这表明，随着消费者对健康、绿色、有机等食品的需求增加，农村电商将迎来更加广阔的发展前景。

其次，新消费趋势下的消费者更加倾向于在线购物，尤其是通过移动设备进行购物。这为农村电商提供了更加便捷的销售渠道。随着智能手机的普及和移动互联网的发展，越来越多的农村居民开始通过手机等移动设备进行购物。这为农村电商提供了巨大的潜在用户群体。据中国互联网网络信息中心数据显示，截至2023年年底，中国农村网民规模已达3.09亿，占整体网民的30.9%。这表明，农村电商市场具有巨大的发展潜力，有望成为未来电商行业的重要增长点。

再次，新消费趋势下的消费者更加注重产品的社交价值、情感价值和精神价值。这为农村电商提供了更多的营销渠道和创新空间。通过社交媒体、短视频平台等渠道，农村电商可以更加直观地展示农产品的特点和优势，增强消费者的购买意愿。同时，农村电商还可以通过直播带货、短视频营销等方式，与消费者建立更加紧密的联系和互动，提高品牌认知度和忠诚度。抖音电商最新发布的助农数据报告显示，2023年9月至2024年9月，抖音电商累计销售出了农特产品71亿单，同比增长了61%。这表明，直播带货、短视频营销等方式已经成为农村电商的重要营销手段之一。

最后，新消费趋势下的消费者更加注重个性化和定制化服务。这为农村电商提供了更多的创新空间和发展机遇。通过大数据和人工智能技术，农村电商可以更加精准地把握消费者的需求和偏好，为其提供个性化的产品和服务。农村电商平台可以根据消费者的购物历史和偏好，为其推荐符合其需求的农产品；同时，还可以提供定制化服务，如定制礼盒、定制包装等，满足消费者的多样化需求。这种个性化和定制化服务不仅能够提高消费者的购物体验，还能够增强农村电商的品牌竞争力和市场占有率。在新消费趋势下，农村电商的发展机遇还体现在政策支持和技术进步等方面。近年来，国家对农村电商的扶持力度不断加大，出台了一系列政策措施推动其发展。2023年中央一号文件明确提出要加快完善县乡村电子商务和快递物流配送体系；商务部等9部门也联合印发了《关于推动农村电商高质量发展的实施意见》，引导农村电商实现数字化转型升级。这些政策措施为农村电商的发展提供了有力保障和广阔空间。同时，新一代信息技术的发展也为农村电商提供了强大的技术支撑。5G、人工智能、移动支付等技术的广泛应用，使得农村电商的运营效率和服务质量得到了显著提升。通过这些技术，农村电商可以实现更加精准的营销推广、更加便捷的支付结算和更加高效的物流配送等服务。这不仅提高了消费者的购物体验，还降低了农村电商的运营成本和市场风险。

新消费趋势下农村电商的发展机遇主要体现在市场需求增加、销售渠道拓宽、营销手段创新以及政策支持和技术进步等方面。随着消费者对健康、绿色、有机等食品的需求增加和在线购物习惯的普及化趋势加强，农村电商将迎来更加广阔的发展前景。同时，在政策支持和技术进步的推动下，农村电商将不断创新商业模式和服务方式，提高运营效率和服务质量，满足消费者多样化的需求。

第十九章

农村电商的未来发展方向与战略选择

第一节 农村电商的智能化、绿色化、国际化发展方向

农村电商当前正逐步走向智能化、绿色化、国际化的发展道路,这一现象背后蕴含着深刻的经济、社会和技术动因。智能化的发展提升了农村电商的运营效率和服务质量,绿色化的发展满足了消费者的需求并推动了农业生产的绿色转型,国际化的发展拓展了市场空间并提升了农村电商的国际竞争力。这些发展方向不仅符合当前信息技术的发展趋势和社会需求的变化,也为农村电商的持续发展注入了新的活力和动力。

智能化的发展道路是信息技术进步的必然结果。随着人工智能、大数据、云计算等先进技术的不断成熟和应用,农村电商得以利用这些技术实现业务流程的智能化升级。绿色化的发展道路是应对环境挑战和满足消费者需求的必然选择。随着消费者对食品安全和环保意识的提高,绿色、有机、健康等农产品越来越受到市场的青睐。农村电商通过推广绿色农产品和绿色消费理念,既满足了消费者的需求,同时也推动了农业生产的绿色转型。国际化的发展道路是拓展市场空间和提升竞争力的重要途径。随着全球化的加速和互联网技术的普及,农村电商正逐步走向国际市场,实现了农产品的跨境销售和国际化发展。通过与国际知名电商平台和品牌的合作,农村电商能够将中国的农产品推向国际市场,提高农产品的知名度和美誉度。同时,国际化的发展还促进了农村电商与国际贸易规则的接轨,提升了农村电商的国际竞争力。

一、农村电商的智能化发展方向

智能化是农村电商发展的重要趋势之一。在人工智能、大数据、云计算等先进技术的推动下,农村电商正逐步实现智能化管理和运营。通过智能化技术,农村电商能够精准把握市场需求和消费者偏好,以提供个性化、定制化的服务,提升用户体验和满意度。以阿里巴巴的"淘宝村"为例,该平台利用大数据和人工智能技术,对农产品进行精准推荐和智能匹配,帮助农民实现农产品的快速销售和增收。同时,淘宝村还通过智能化管理系统,对农产品进行质量追溯和防伪认证,保障农产品的品质和安全性。据统计,截至2022年,淘宝村已覆盖全国20多个省份,带动超过1 000万农民增收致富。此外,农村电商的智能化还体现在物流配送方面。通过智能化物流系统,农村电商能够实现实时监控和追踪物流信息,优化物流路线和配送时间,提高物流效率和服务质量。京东的"京东农服"利用大数据和人工智能技术,对农产品进行智能分拣和包装,实现快速发货和准时送达。同时,京东农服还通过智能化物流系统,对农产品进行全程追踪和可视化管理,保障农产品的安全和品质。智能化技术的应用还促进了农村电商的供应链协同和资源整合。通过智能化供应链管理系统,农村电商能够实现供应链的数字化和智能化管理,提高供应链的透明度和协同效率。拼多多的"拼农货"利用大数据和人工智能技术,对农产品进行智能匹配和协同调度,实现供应链的优化和资源整合。据统计,截至2022年,拼农货已带动超过100万农民增收致富。

二、农村电商的绿色化发展方向

绿色化是农村电商发展的另一个重要方向。随着消费者环保意识的不断提高,绿色、有机、健康等农产品越来越受到市场的青睐。农村电商通过推广绿色农产品和绿色消费理念,实现了绿色化发展和可持续发展。"淘宝村"积极推广绿色农产品和有机食品,帮助农民实现农产品的绿色化生产和销售。同时,淘宝村还通过智能化管理系统,对农产品的生产过程进行全程监控和追溯,确保农产品的绿色品质和安全性。截至2022年,淘宝村销售的农产品中绿色农产品的销售额占比超过30%。农村电商还通过智能化技术,实现了绿色包装和节能减排。通过智能化包装系统,农村电商能够对农产品进行精准包装和减量化处理,减少包装材料的浪费和环境污染。同时,农村电商还通过智能化物流系统,实现节能减排和绿色配送。"京东农服"利用大数据和人工智能技术,对农产品进行智能分拣和包装,实现包装材料的减量化处理。同时,京东农服还通过智能化物流系统,对物流配送进行优化和调度,减少运输过程中的能耗和排放。绿色化的发展方向不仅推动了农村电商的可持续发展,还促进了农村生态环境的改善和农业的绿色转型。通过推广绿色农产品和绿色消费理念，农村电商帮助农民实现了农产品的绿色化生产和销售，提高了农产品的附加值和市场竞争力。同时，农村电商还通过智能化技术，实现了绿色包装和节能减排，减少了对环境的污染和破坏。

三、农村电商的国际化发展方向

国际化是农村电商发展的另一个重要方向。随着全球化和互联网技术的不断发展，农村电商正逐步走向国际市场，实现了农产品的跨境销售和国际化发展。"淘宝村"利用跨境电商平台，将中国的农产品销往全球多个国家和地区。通过智能化管理系统，淘宝村能够实现农产品的快速通关和跨境配送，提高了农产品的国际竞争力和市场占有率。淘宝村目前跨境农产品的销售额占比超过20%。农村电商还通过国际化合作和品牌建设，实现了农产品的品牌化和国际化发展。通过与国际知名电商平台和品牌的合作，农村电商能够将中国的农产品推向国际市场，提高农产品的知名度和美誉度。同时，农村电商还通过品牌建设，提升农产品的附加值和市场竞争力。"拼农货"通过与国际知名电商平台和品牌合作，将中国的农产品销往全球多个国家和地区。通过品牌建设和营销推广，拼农货成功将中国的农产品打造成为国际知名品牌。国际化的发展方向不仅推动了农村电商的跨境销售和市场拓展，还促进了农产品的品牌化和国际化发展。通过与国际知名电商平台和品牌的合作，农村电商能够将中国的农产品推向国际市场，提高农产品的知名度和美誉度。同时，农村电商还通过品牌建设，提升农产品的附加值和市场竞争力，实现了农产品的品牌化和国际化发展。

第二节　农村电商企业的战略定位与竞争策略

农村电商企业的战略定位应基于市场需求、政策扶持以及自身资源优势等多方面因素综合考虑。农村电商企业应做到明确其目标市场，即广大的农村消费群体。这一群体具有独特的消费习惯和偏好，对价格敏感，注重产品的实用性和性价比。因此，企业在产品选择和定价策略上应充分考虑这些因素，提供符合农村消费者需求的产品和服务。农村电商企业还要充分利用政策扶持的优势。党中央、国务院高度重视农村电商的发展，出台了一系列支持政策和措施。《"十四五"电子商务发展规划》❶明确要将电子商务与一、二、三产业加速融合，全面促进产业链、供应链数字化改造。这些政策为农村电商企业提供了良

---

❶ 商务部，中央网信办，国家发展改革委."十四五"电子商务发展规划［Z］.商电发〔2021〕191号．2021-10-09．

好的发展环境和机遇。农村电商企业自身资源优势的发挥也是必不可少的。不同企业具有不同的资源禀赋和优势,如有的企业拥有丰富的农产品资源,有的企业则拥有先进的物流配送体系。企业应根据自身资源优势,制定符合自身特点的战略定位,以在市场中获得竞争优势。

在明确了战略定位之后,农村电商企业需精心策划并实施一套行之有效的竞争策略,以在竞争激烈的农村电商市场中独树一帜,实现其可持续发展。首要策略在于产品差异化,这是企业提升核心竞争力、打破产品同质化僵局的关键所在。企业需深入洞察农村消费者的实际需求与偏好,据此开发出独具特色的农产品和日用品。针对农村市场对健康食品的强烈需求,企业可推出有机农产品、绿色食品系列;同时,为满足农村消费者对便捷生活的向往,提供一站式购物体验及高效的物流配送服务也显得尤为重要。此外,在服务层面,企业还需不断优化售后服务体系,如建立全天候在线客服系统,确保消费者疑问能够得到及时解答;并运用大数据分析技术,精准推送商品推荐与优惠活动,实现个性化服务,进一步提升消费者的购物满意度。

接下来,供应链优化策略对于农村电商企业降低成本、提升运营效率具有不可小觑的作用。企业应着力构建高效稳定的供应链体系,确保能够快速响应市场变化,持续提供高质量产品。这包括与优质供应商建立长期合作关系,以保障产品质量的稳定性和供货的及时性,从而有效降低采购成本,增强市场竞争力。同时,随着农村基础设施的不断升级,企业应抓住机遇,与专业物流公司携手,构建覆盖广泛、运转高效的物流配送网络,确保商品能够迅速、准确地送达每一位农村消费者手中。此外,运用大数据、人工智能等先进技术对供应链进行智能化管理,实现各环节的实时监控与数据分析,这将极大提升供应链的透明度和可控性,助力企业及时发现问题并迅速作出调整。

营销创新策略则是农村电商企业吸引消费者、扩大品牌影响力的关键途径。在移动互联网技术日新月异的今天,企业应充分利用社交媒体平台,开展内容营销,如发布农业知识科普、病虫害防治指南等内容,不仅增强了品牌的专业形象,还提升了用户粘性。特别是通过建立"农业知识库",持续输出高质量内容,并结合百度 SEO 优化策略,有效提升品牌在搜索引擎中的排名,增强品牌的权威性和可见度。此外,直播带货、短视频营销等新兴销售模式的兴起,为企业提供了与消费者直接互动的新渠道。通过邀请知名主播或 KOL 进行直播带货,借助其庞大的粉丝基础和影响力,吸引更多潜在消费者关注并促成购买行为。同时,精心制作的短视频内容能够直观展示产品特色与优势,激发消费者的购买欲望,提升满意度。而大数据分析和精准营销技术的应用,则使企业能够更深入地了解消费者行为,实现精准推送,提高营销效率和转化率。

最后,品牌建设策略对于农村电商企业提升市场竞争力、赢得消费者信任具有深远意义。企业应首先明确品牌定位和核心价值,紧密围绕目标市场的需求,塑造独特的品牌形象。针对农村消费者对健康、绿色生活的追求，企业可将品牌定位为"健康、绿色、有机"，并以此为基石，强调产品的高品质与营养价值。在品牌推广方面，企业应充分利用线上线下资源，通过社交媒体宣传、行业展会参与等多种方式，提高品牌的知名度和美誉度。更重要的是，企业需始终坚守产品质量，提供卓越的售后服务，以实际行动赢得消费者的口碑与信任。同时，积极参与公益事业，履行社会责任，这不仅能够提升品牌的社会形象，还能在消费者心中树立起负责任、有担当的企业形象，为企业的长远发展奠定坚实基础。

第三节 农村电商与乡村振兴的深度融合战略

农村电商与乡村振兴之间存在着紧密的互动与促进关系。农村电商作为新时代的"三农"工作创新模式，不仅为农产品提供了更广阔的销售市场，打破了传统销售模式的地域限制，极大地促进了农产品的流通和价值的提升，为农民增收开辟了新渠道；同时，它还带动了农村物流、仓储、包装等一系列相关产业链的发展，促进了农村基础设施的完善和服务体系的升级，为乡村产业的多元化和现代化提供了有力支撑。此外，农村电商的兴起还激发了乡村的创新创业活力，吸引了大量青年返乡创业，为乡村振兴注入了新鲜血液和强劲动力。因此，农村电商是推动乡村振兴战略的重要引擎，两者相辅相成，共同促进了农村经济的繁荣与发展。

农村电商的兴起不仅拓宽了农产品的销售渠道，提高了农产品的附加值，还带动了农村物流、仓储等配套设施的完善，为农村经济发展注入了新的活力。首先，农村电商在拓宽农产品销售渠道方面发挥了重要作用。根据商务大数据监测，2023年全国农村网络零售额达到2.5万亿元，同比增长12.9%；全国农产品网络零售额达5 870.3亿元，同比增长12.5%。这一显著增长不仅拓宽了农产品的销售渠道，还有效促进了农民增收。湖南省永州市江永县通过推进电商新发展，走出了一条数商兴农、赋能乡村振兴加"数"跑的新路子。江永县投资600余万元打造集集聚、孵化、辐射、服务的电商街，电商街已累计孵化电商企业140余家，带动电商从业人员超过9 000人，实现电商交易额超过20亿元。2023年，江永县电商街创建为湖南省数字商务集聚区，全县电商销售突破4.5亿元，让3 500多户农户增收1.8亿元。农村电商的发展不仅拓宽了销售渠道，还对农产品质量提出了更高要求，倒逼农业生产者采用更为绿色、生态、高品质的种养模式。广西来宾市象州县通过实施"品牌象州"建设，探索"电商+区域品牌+产品"的新模式，成功培育30个"三品一标"农产品，获得3个农产品地理标志认证，形成"三乡两水一品牌，一米一果一茶叶"的电商品牌体系。这种品牌化、标准化、数字化的农产品销售模式,不仅提升了农产品的市场竞争力,还推动了农业生产的专业化和标准化发展。

其次,农村电商的发展带动了农村物流、仓储等配套设施的完善,为农村经济发展提供了有力支撑。据商务大数据显示,2022年全国农村快递业务量达75.3亿件,同比增长14.9%。农村电商的兴起促进了物流资源的整合和下沉,提高了农产品的运输效率。象州县建立县级智慧物流中心,购置4辆冷链配送车,引入4家快递公司,实现48小时县、乡、村三级物流配送功能,物流车专线配送覆盖全县电商服务站(点)。截至目前,象州县已建成县级电子商务公共服务中心1个、乡镇级电商站点8个、村级物流网点152个,农村地区电商覆盖率超80%。农村电商的发展还推动了农村物流体系的现代化升级。《关于推动农村电商高质量发展的实施意见》里提出,用5年时间,基本建成设施完善、主体活跃、流通顺畅、服务高效的农村电商服务体系。这一政策为农村电商的发展提供了明确的方向和有力的支持。海南省屯昌县在各乡镇设立了50多个快递网点,实现了乡镇快递服务全覆盖,并在每个行政村都设立了电商服务站,由专人负责运营和管理。这种县、乡、村三级物流配送体系的建立,不仅节约了物流成本,还提高了配送效率,实现了对农产品和工业品的高效集散和配送。农村电商的发展还促进了农村产业链的整合与协同,推动了农业供应链升级。传统的农产品销售渠道主要依赖批发市场、经纪人等中间环节,而农村电商平台则为农村地区提供了直供直销的新机制。通过平台上的线上交易与线下物流配送,农村地区可以直接将农产品从生产地转移至消费市场,减少了中间环节的成本和损耗,同时提高了商品的流通效率。山东省临沂市沂南县依托优质农产品资源和蓬勃发展的县域电商,初步建立了县乡村三级电商物流服务体系。2022年,沂南县实现网络零售额13.91亿元,同比增长35%,新增电子商务市场经营主体4 216家,全县在线活跃店铺8 000余家。这种线上线下的深度融合,不仅提升了农产品的市场竞争力,还带动了农村物流、仓储等相关产业的发展。

此外,农村电商的发展还推动了农村就业与创业,为农村经济发展注入了新的活力。随着电子商务的兴起,越来越多的返乡农民工、大学生和自主创业青年加入农村电商队伍,为乡村发展注入了新活力。他们带来了新的理念、技术和管理经验,推动了农村产业的升级和转型。云南省新平县举办"新青云客"青年电商人才培养工程,吸引了大量本土青年返乡创业,通过电商平台将农特产品带出深山,有效推动了当地经济发展。据统计,新平县实现网络零售额3.45亿元,同比增长43.94%。这种就业与创业的双重驱动,不仅增强了乡村经济的内生动力,还为乡村振兴战略的实施注入了新的活力。

最后,通过数字化技术在乡村治理中的应用,农村电商的发展还促进了农村治理现代化水平的提升,为乡村资源配置提供了科学手段,通过精准的数据分析和实时监测,能够更高效地调配乡村资源,确保资源使用的合理性和有效性。同时,电子商务平台的广泛应用，极大地推动了乡村公共服务的均等化发展。借助电商平台，乡村居民能够便捷地获取在线教育、远程医疗等多元化公共服务，这不仅打破了地域限制，还极大提升了乡村居民的生活质量。沂南县通过电商平台推广本地农产品和乡村旅游服务，不仅提升了农产品的市场竞争力，还带动了乡村旅游业的发展。这种线上线下相结合的服务模式，为乡村居民提供了更加便捷、高效的生活体验。电商平台作为新兴的传播渠道，也为乡村文化的展示与传承开辟了广阔空间。通过电商平台宣传乡村文化和特色产品，不仅增强了乡村文化的自信心和影响力，还有效促进了乡村文化的保护与传承。同时，数字化技术还为乡村生态文明建设提供了有力支持。它推动农业生产向绿色化、循环化、智能化方向转型，有效降低了资源消耗和环境污染，促进了乡村生态的和谐共生与美丽宜居。象州县通过电商平台推广绿色、生态、高品质的农产品，不仅提升了农产品的市场竞争力，还推动了农业生产方式的转型升级。农村电商与乡村振兴的深度融合战略是推进农村经济转型升级、实现农民增收致富的重要途径。未来，随着数字技术的不断发展和政策支持的持续加强，农村电商必将迎来更加广阔的发展前景，为乡村振兴战略的实施注入新的活力与动力。

第二十章

应对挑战与把握机遇的策略建议

第一节 农村电商发展面临的挑战与应对策略

近年来,农村电商作为信息技术与农村经济的深度融合的产物,正成为乡村振兴的新引擎。随着国家政策的推动以及市场需求的增加,农村电商发展迅速,普及率不断提高。然而,农村电商在发展过程中也面临着诸多挑战,包括运营成本较高、电商人才供应短缺、物流体系不健全、品牌竞争力差等。农村电商由于运营成本较高,经济产出周期较长并且其发展呈现区域性差异,覆盖面小,辐射域窄等问题。在经济发展水平较为落后的农村地区,电子商务下乡还不够彻底,覆盖程度十分有限,且末端服务能力不足。根据2020中国淘宝村研究报告可知,东部地区在淘宝村数量上保持较大优势,达到6 538个,占全国淘宝村总数的93.1%。中西部地区和东北地区淘宝村增速虽然较东部地区呈上涨趋势,但淘宝村数量仍由东向西呈递减格局。此外,农村电商的配套基础设施体系薄弱,尤其在物流运输方面区域分异明显。交通运输不便、农村消费体量较小导致农村货物运输价格高昂,加之定位系统不完善,收货人信息不明确导致的错误配送、延迟配送等情况也相对提高了物流下乡成本。

另一个挑战在于农村电商人才供应短缺,技术瓶颈扼制纵深发展。当前,农村电商产业人才需求同现有农村人才供应存在结构性矛盾。根据《2023年度中国电子商务人才状况调查报告》[1]显示被调查企业中,在智联招聘、Boss直聘、58同城、前程无忧、拉钩招

---

[1] 网经社电子商务研究中心. 2023年度中国电子商务人才状况调查报告 [Z]. 2024-09-10.

聘、今日招聘等平台，根据企业实际发展情况招聘常态化的占28%；企业业务规模扩大，有招聘人员的企业占19%；会有招聘需求，员工规模小幅度增长的占44.55%，超四成电商卖家存人才缺口。其中33%的企业急需平台运营方向人才；27%的企业急需复合型方向人才。16%的企业急需业务客服方向方向人才；8%的企业急需产品策划与研发方向的人才；6%的企业急需美工视频方向人才；4%的企业需要物流仓储和数据分析人才。通过数据分析可知，实现由人口红利向人力红利、人才红利转变仍需要相当长的时间。此外，"外来"农村电商人才同农村排他性环境存在矛盾，难以形成规模效应。中国农村保有特殊的乡土性，血缘地缘关系深厚。熟人社会模式下，大部分"外来人口"对于自然资源无使用权限，对于社会资源调动能力有限，难以有效整合农村现有资源，动员村民合作投资困难极大，发展受限。

农村电商物流体系有待升级的挑战原因之一，在于我国虽然数字经济基础设施建设速度较快，但部分农村地区基础设施薄弱，缺乏健全的物流体系。完整的电子商务交易最后一个环节就是物流的实现。虽然现阶段我国大部分农村地区实现了网络互联，但发展程度仍然不高，受到地理位置影响，某些地区网络信号差，传递速度慢，网络设备无法保障电商发展需要等问题，网络交易订单不及时，没有完善顺畅的产品包装、运输等物流体系。农村地区的交通不便利，货物得不到即时配送，且乡镇农村短距离配送的物流成本也比较高。据测算，乡镇农村配送在三十公里内物流成本是城区的三倍，达到六十公里则变成五倍，因此只有物流量达到一定程度才能分摊掉较高的成本。

还有一个突出的挑战在于农村电商品牌竞争力差，缺乏品质监管。农业产品的生产普遍存在聚集性的特点，这样容易造成产品品种单一、同质化严重等问题。在一些淘宝村常常会出现上千家卖家同卖一类商品的情况，产品缺乏品牌优势，导致店铺竞争力不足。要想深挖农村电商品牌价值，当务之急是做好农产品的品牌分类和定位，让品牌成为主体，成为一种新生产工具，在此基础上再进行农产品电商营销突围。除此之外，还要做好农产品的质量监管，逐步从产品认证、产地证明、产品检测检疫等方面入手，采取有效措施，严把农产品质量安全产地准出关，为保证农产品质量，打造农产品品牌提供强有力的保障。

针对上述挑战，农村电商发展首先要强化国家政策保障，遵循农村地方性发展规律。农村电商是数字经济时代助力乡村振兴的重要载体，要加大对农村电商发展的政策扶持力度，整合社会资源要素，整合零散农产品和分散性资源，激活农民创业就业积极性，促进农业经济走向规模化、产业化和智能化。面对诸如疫情等突发事件，农村电商经济展现了较强的发展韧性。随着全面推进乡村振兴战略进入新的发展阶段，政府必须发挥宏观调控指导作用，规划、制定有利于农村电商发展的各项优惠政策，把握农村市场发展方向，打破城乡市场壁垒，进一步构建全国统一大市场。要注意农村电商制度内容构建与供给对地方性农村电商发展规律的适应性问题，在此基础上进一步加强国家政策扶持。各部门及地方政府创新制度安排需要把握以下两个方面：一是加大财政扶持力度，为农村电商运营相关环节提供融资保障，从税收、相关生产要素与农产品定价到减税降费，降低制度性交易成本，为农村电商发展提供良好的资金支持，最大程度降低农户经营风险。根据"三农"发展需求，打破城乡数字鸿沟，整合资源以最大限度拓展农村电商市场。二是保证物流运输关键环节畅通无阻，完善农村物流基础设施建设，打造完备的信息化物流运输体系。一方面，政府需要重视农村地区，特别是中西部偏远地区的交通运输主线，提高乡村公路覆盖率、贯通铁路和航运网络。根据其地方特色完善当地运输方式，为"消费品下乡，农产品进城"提供完备的交通运输网络，解决快递物流发展不平衡不充分的问题。另一方面，快递末梢继续延伸至村，支持必需性消费品供给至家家户户。提高农副产品运输冷链技术、智能规划配送路线，保证合理调配资源，提高农村电商物流配送效率，缩短配送时间，降低物流成本。

农村电商的发展离不开人才的支持。当前，农村电商产业人才需求同现有农村人才供应存在结构性矛盾。要培育一批精通电商技术的农村人才队伍，需要政府、企业和社会各方的共同努力。政府应加大对农村电商人才的培训力度，提供系统的电商技能培训，特别是针对当地农民特别是种养大户和农村干部，充分调动他们带头开展电子商务业务的积极性，发挥示范带动作用。此外，政府还应出台相关政策，吸引外部电商人才进入农村，并提供良好的工作和生活环境，增强其归属感，防止人才外流。企业也应积极参与到农村电商人才的培养中来，通过校企合作、实习实训等方式，为农村电商输送更多专业人才。

物流是电子商务的重要支撑，也是农村电商的短板之一。要完善农村电商物流体系，需要政府、企业和社会各方的共同努力。政府应加大对农村物流基础设施建设的投入和支持，推动农村物流的改造升级和创新发展。通过整合和优化各类物流资源，完善县、乡、村三级物流体系建设，形成"两中心一站点"农村电商物流运营体系。企业应积极参与到农村物流配送网点的建设中来，提高物流服务的覆盖面和质量。同时，还应引入新技术，如物联网、大数据、区块链等，提高物流效率，降低物流成本。

另外，要加强品牌建设，提升产品质量。品牌是农村电商发展的核心竞争力。要加强农村电商的品牌建设，需要政府、企业和社会各方的共同努力。政府应出台相关政策，鼓励和支持农村电商企业进行品牌建设，提高产品的知名度和竞争力。企业应加强产品质量监管，确保产品质量安全，提高消费者的信任和满意度。同时，还应注重产品的包装设计和营销策略，提升产品的附加值和市场竞争力。农村电商在发展过程中虽然面临着诸多挑战，但通过强化国家政策保障、开展新农人培训、完善农村电商物流体系、加强品牌建设等应对策略，可以推动农村电商实现高质量发展。农村电商作为乡村振兴的重要引擎，将为促进农民增收、农产品流通、农业转型等发挥重要作用。

第二节 如何更好地把握新质生产力带来的机遇

农村电商要把握新质生产力带来的机遇，实现跨越式发展，就必须在多个维度上全面发力，形成合力。技术创新与应用是其中的关键一环。在这个智能化、数字化的时代，人工智能、物联网、大数据、云计算等前沿技术正以前所未有的速度改变着各行各业。农村电商必须紧跟技术潮流，将这些技术深度融合到传统产业中，推动产业转型升级。通过智能制造技术，对农产品进行精细化、深加工，不仅提升产品的附加值，还能延长产业链，促进农村一、二、三产业的深度融合与协同发展。同时，要积极培育农村电商新业态，如直播式共富工坊，利用农业物联网、行业大数据等信息技术平台，推动工坊的辐射发展，形成农村电商集群效应。通过产业链上下游的紧密分工与合作，既能发挥规模效应，降低运营成本，又能实现差异化发展，满足市场的多元化需求。

人才是农村电商发展的核心驱动力，也是当前面临的瓶颈之一。要把握新质生产力带来的机遇，就必须重视人才的引进与培养。一方面，要立足本土，打造实用型农村电商人才。通过设立农村电商人才孵化基地，为有志于电商事业的农民提供专业培训和实践机会。特别是要加强"村播"的培育，利用大数据分析与追踪，对农民主播进行常态化、系统化的培训和技能更新，提升他们的流量掌控、网络营销、账号运营、品牌打造等综合能力。另一方面，要拓宽人才引进渠道，通过政策支持和激励机制，吸引那些既懂互联网运营又深知农村市场的复合型人才加入农村电商行业。他们不仅能带来新的思维方式和经营理念，还能为农村电商的发展注入新的活力和动力。物流体系的建设与完善是农村电商发展的基石。近年来，虽然国家和地方政府加大了对农村物流的投入和支持，推动了农村物流的改造升级和创新发展，但部分农村地区的物流体系仍不完善。因此，需要进一步加大投入力度，织密、织牢农村地区物流网络系统。通过整合和优化各类物流资源，加强县乡村三级物流体系的建设和完善，确保农产品能够高效、便捷地"进城"，工业品也能顺畅地"下乡"。同时，要积极推广智能物流技术，提高物流效率和服务水平，降低物流成本，为农村电商的发展提供有力的支撑。品牌建设与市场推广是农村电商高质量发展的关键所在。农村电商要树立正确的品牌意识，加强品牌能力的培育和提升。通过精准的品牌定位、独特的品牌形象、有效的品牌传播和严格的品牌保护，打造具有地域特色和市场竞争力的农产品品牌。同时，要加强对农产品质量和安全的监管和保障，建立健全产品标准、产品检测、产品追溯、产品召回等制度，确保农产品的品质和信誉。此外，要充分利用社交媒体、电商平台、直播带货等多种渠道进行市场推广，提高农产品的知名度和美誉度，进一步拓展市场空间，提升农村电商的市场竞争力。

政策支持与政府角色在农村电商的发展中起着至关重要的作用。政府应出台一系列扶持政策，如税收优惠、财政补贴、金融支持、市场准入、监管标准、知识产权保护等，为农村电商的发展提供有力的法治和制度保障。同时，政府要加强与快递企业、电商主体等的联动和协作，打造多站合一、服务同网的发展模式，促进物流网络的高效衔接与共享。此外，政府还应通过出台鼓励措施、制定相关政策，积极培育多元化新型农村电商主体，推动农村电商实现高质量发展。可以鼓励农民合作社、家庭农场、农业企业等参与农村电商经营，形成多元化的市场格局；同时，还可以引导社会资本投入农村电商领域，推动农村电商的快速发展和壮大。

随着国家对乡村振兴战略的重视，农村电商迎来了前所未有的发展机遇。农村电商不仅为农民提供了更便捷的购物方式，还为农产品打开了更广阔的市场。同时，农村电商的兴起也为创业者提供了无限的商机。为了更好地把握新质生产力带来的机遇，农村电商需要在技术创新与应用、人才驱动与培养、物流体系的建设与完善、品牌建设与市场推广以及政策支持与政府角色等多个方面进行深入探索与实践。

第三节 推动农村电商可持续发展的路径与措施

随着科技的日新月异，新质生产力已悄然成为驱动社会经济发展的核心引擎。在此背景下，农村电商作为农村经济领域的一股新兴力量，正迎来前所未有的发展机遇。为了充分利用新质生产力的优势，推动农村电商迈向可持续发展之路必须从多个维度出发，制定并实施一系列科学有效的路径与措施。

技术创新与深入应用，无疑是农村电商发展的首要驱动力。通过积极引入人工智能、大数据、云计算等前沿技术，农村电商平台能够显著提升运营效能，优化用户体验。具体而言，利用大数据分析消费者行为模式，可以实现精准营销，大幅度提升销售转化率；借助人工智能算法优化库存管理，可以有效减少库存积压，降低运营成本。同时，推动物联网技术在农产品溯源、冷链物流等领域的广泛应用，能够确保农产品的新鲜度与安全性，从而增强消费者信任，提升市场竞争力。在人才方面，高素质的专业人才是农村电商持续发展的核心资源。为了吸引和培养更多优秀人才需要深化与高校、职业学校的合作，共同开设农村电商相关课程，致力于培养既精通电商运营又熟悉农业知识的复合型人才。此外，通过制定和实施一系列政策扶持与激励机制，可以吸引更多高素质人才投身于农村电商事业，为行业注入新鲜活力。同时，还应定期开展专业培训与交流活动，不断提升现有从业人员的专业技能与管理水平，为农村电商的稳健发展提供坚实的人才支撑。物流体系的建设与完善，是农村电商发展的关键环节。为了保障农产品的快速流通与高效配送必须加大对农村物流基础设施的投资力度，不断提升农村地区的物流配送能力。通过增设更多的农村物流站点、优化物流线路布局，可以显著提高配送效率。同时，推动冷链物流的快速发展，确保农产品在运输过程中保持新鲜与优质，满足消费者对高品质农产品的迫切需求。此外，鼓励物流企业与电商平台建立深度合作关系，实现信息共享与资源优化配置，从而进一步提升物流效率与服务品质。

品牌建设与市场推广，对于提升农村电商的市场竞争力具有重要意义。通过注册商标、申请地理标志等措施，可以打造具有鲜明地域特色的农产品品牌，进而提升农产品的附加值与市场影响力。同时，充分利用社交媒体、短视频等新兴媒体平台，加大品牌宣传力度，提升品牌知名度与美誉度。积极参与各类农产品展销会与电商活动，拓宽销售渠道，增加市场份额，为农村电商的持续稳健发展奠定坚实基础。政府在推动农村电商发展中扮演着至关重要的角色。为了充分发挥政府的引导与扶持作用要不断完善相关政策法规体系，为农村电商的发展提供坚实的制度保障。通过出台税收优惠、财政补贴等激励政策，有效降低企业运营成本，激发市场活力。同时，加强商务、农业、交通等部门之间的协调配合，形成工作合力，共同推动农村电商物流体系的建设与完善。区域协同与资源整合也是提升农村电商整体竞争力的重要手段。通过加强区域间的信息共享与资源整合力度，推动农产品供应链的协同发展，可以降低运营成本、提高运营效率。建立跨区域的农产品交易平台，实现农产品的统一采购与分销，从而促进农产品流通市场的繁荣发展。同时，鼓励跨区域的农村电商企业开展合作与交流活动，共同开拓市场、提升整体竞争力，为农村电商的可持续发展注入新的活力与动力。

新质生产力为农村电商的发展开辟了广阔的空间与无限的可能。通过技术创新、人才培养、物流体系建设、品牌建设、政策支持以及区域协同等多方面的综合施策，能够推动农村电商实现可持续发展目标，为乡村振兴与农村经济繁荣作出积极贡献。

参考文献

[1] 孙艳平.农村电商发展理论与实践研究[M].北京:文化发展出版社,2023.

[2] 何伟,孙克,胡燕妮,等.中国数字经济政策全景图[M].北京:人民邮电出版社,2022.

[3] 伍聪.电子商务发展与乡村振兴战略[M].北京:中国人民大学出版社,2021.

[4] 李晓明,徐和平,张小齐,等.新编电子商务概论[M].北京:中国铁道出版社,2022.

[5] 梅燕.中国农村电子商务发展路径选择与模式优化[M].杭州:浙江大学出版社,2020.

[6] 陈良.沙集模式十五年[M].南京:江苏人民出版社,2021.

[7] 李永飞.中国农村电子商务精准扶贫模式和路径研究[M].武汉:武汉大学出版社,2020.

[8] 陈思思,许鸿儒.数字经济、新质生产力与农村产业现代化[J].技术经济与管理研究,2024(9):37-42.

[9] 王寅,杨宛谕,蔡双立.绿色数字经济与新质生产力协同发展的理论机制与实践路径——基于"技术—要素—产业"理论框架的组态分析[J/OL].南开经济研究,2024(12):85-103[2025-02-15].

[10] 吕宛青,余正勇.新质生产力赋能生态产品价值实现:理论逻辑、困境挑战与实践路径[J].价格月刊,2024,(12):8-17.

[11] 毕慧芳,黄颖.农村电商新思维[M].北京:电子工业出版社,2018.

[12] 邱伟.下一个风口[M].北京:中国人民大学出版社,2024.

[13] 赵琨.新质生产力与电子商务的融合发展:现代服务业的创新[J].市场周刊,2024,37(25):75-78.

[14] 代丽,张栋梁.数字新质生产力赋能农业社会化服务水平提升的路径与机制[J].农业现代化研究,2024,45(6):1026-1037.

[15] 黄群慧,盛方富.新质生产力系统:要素特质、结构承载与功能取向[J].改革,2024(2):15-24.

[16] 蒋永穆,乔张媛.新质生产力:逻辑、内涵及路径[J].社会科学研究,2024(1):10-18,211.

[17] 高帆."新质生产力"的提出逻辑、多维内涵及时代意义[J].政治经济学评论,2023,14(6):127-145.

[18] 王琴梅,杨军鸽.数字新质生产力与我国农业的高质量发展研究[J].陕西师范大学学报(哲学社会科学版),2023,52(6):61-72.

[19] 刘金霞,房满地.发展农村电子商务助力全面乡村振兴[N].驻马店日报,2024-02-22(5).

[20] 梁艳萍.乡村振兴背景下温县农村电商发展的现状、问题及对策研究[D].南京:南京林业大学,2023.

[21] 秦芳,王剑程,胥芹.数字经济如何促进农户增收?——来自农村电商发展的证据[J].经济学(季刊),2022,22(2):591-612.

[22] 尹志超,吴子硕.电商下乡能缩小农村家庭消费不平等吗——基于"电子商务进农村综合示范"政策的准自然实验[J].中国农村经济,2024(3):61-85.

[23] 郑福,周祚山.乡村振兴背景下农村电商发展机遇、困境及对策研究[J].中国商论,2024(7):29-32.